물가의 원숭이

물가의 원숭이
인간 진화의 또 다른 설명

초판 1쇄 발행 2023년 2월 23일

지은이 피터 리스-에번스
옮긴이 성명훈

펴낸곳 스누북스
주소 08826 서울 관악구 관악로 1
도서주문 02-889-4424, 02-880-7995
홈페이지 www.snupress.com
페이스북 @snupress1947
인스타그램 @snupress
이메일 snubook@snu.ac.kr
출판등록 제15-3호

ISBN 978-89-521-3079-2 03470

물가의 원숭이

인간 진화의 또 다른 설명

피터 리스-에번스 지음
성명훈 옮김

The Waterside Ape

옮긴이의 말

우리는 어떻게 걷게 되었을까? 인간은 어째서 지금의 모습을 하게 되었을까? 이 질문에 대해 이 책은 인간 진화의 '또 다른' 설명으로 수생 유인원 가설aquatic ape hypothesis(AAH)을 소개한다. '또 다른'이라는 표현을 쓴 이유는 이 가설이 고인류학계에서 정설로 받아들여진 것은 아니지만, 많은 가능성을 가진 가설이기 때문이다.

이 책의 저자 피터 리스-에번스와 마찬가지로 의과대학에서 학생들을 가르치고 환자를 진료하는 이비인후과 의사로서 나 역시도 우리의 머리, 얼굴, 목에 있는 여러 세밀한 신체 기관의 형성 과정에 궁금증을 가지고 있었다. 인간의 머리와 목의 구조가 어떻게 오늘날과 같은 모습을 가지게 되었는지 탐구하면서 수년 전 리스-에번스가 발표한 부비동의 기능과 기원에 관한 논문("The paranasal sinuses and other enigmas: an aquatic evolutionary theory")을 통해 수생 유인원 가설을 접했다.

다른 영장류와 달리 인간만이 가지는 매우 독특한 신체 기관과 구조가 있다는 사실에 주목한 리스-에번스는 이 책에서 수생 유인원 가설의 타당성을 뒷받침하는 여러 과학적·고고학적·의학적 관찰과 근거를 설명한다. 이비인후과 의사로서 나는 이 설명들이 매우 흥미롭고 많은 부분에서 설득력이 있다고 보았고, 이 책을 통해서 인체의 구조와 기능의 의미에 대한 새로운 통찰도 갖게 되었다. 고인류학자 중에는 이 가설이 터무니없다고 생각하는 이들도 많다. 그러나 내 진료 경험에 비추어 보건대 타당성이 높다고 느낀 부분도 있어, 이 분야에 대한 활발한 논의와 연구가 진전되었으면 하는 바람으로 번역하여 소개하게 되었다.

이 책을 우리말로 옮기면서 고인류학과 진화에 관련된 많은 개념과 용어를 새롭게 이해하게 되었다. 독자들의 이해에 도움이 될 수 있도록 간략한 주석도 달았고, 일부 내용과 표현에 대해서는 해당 분야의 전문가인 의과대학의 동료들에게 의견을 구하기도 했지만, 용어와 개념에 있어서 여전히 부족한 면이 있을 것이다. 독자의 넓은 양해를 구하고, 번역의 오류나 사고 방향의 문제점에 대해서 기탄없는 조언을 부탁한다. 또한 출판을 맡은 서울대학교출판문화원에도 감사의 뜻을 전한다.

끝으로 생물학이나 의학에 전문적 식견을 지닌 사람뿐만 아니라 인간, 바로 우리 자신에 대해 관심 있는 모든 독자들이 이 책을 통해 인간의 기원에 대한 이해를 넓힐 수 있기를 기대한다.

2023년 2월

성명훈

차례

물가의 원숭이
The Waterside Ape

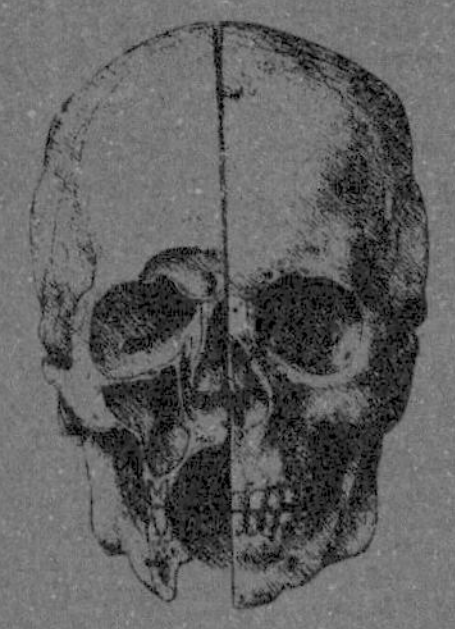

서문

개러스 모건•

제가 20대 초반이던 1972년에 제 어머니 일레인 모건은 『여성의 유래The Descent of Woman』••라는 책을 쓰셨습니다. 세계적인 베스트셀러가 된 이 책은, 인간의 피하지방층과 유선형 체형이 사바나가 아니라 수중 생활에 적응하기 위해 진화한 결과일 수 있다는 앨리스터 하디 경의 관찰에서 영감을 받아 쓰게 된 것입니다.

나무에서 떨어지는 뉴턴의 사과나 욕조 밖으로 넘쳐흐르는 아르키메데스의 목욕탕 물 같은 깨달음의 순간이었습니다. 어머니는 자세히 살펴볼수록 하디 경의 이론이 일리 있다고 생각했고, 유인원과 인간의 차이점을 조사하면서 다른 영장류에서는 볼 수 없는 인간의 고유한 특성 대부분이 물속에서 생활하는 수생종에서 흔

• 개러스 모건(Gareth Morgan)은 피터 리스-에번스가 수생 유인원 이론에 관심을 갖도록 계기를 만들어 준 일레인 모건(Elaine Morgan)의 아들이다.

•• 이 책의 제목은 다윈의 책 『인간의 유래(The Descent of Man)』를 참고한 것 같다.

히 보인다는 것을 발견했습니다. 일레인은 인간의 기원과 관련하여 사바나 가설이 인간의 수생적 특징을 설명할 수 없다는 것을 생리적·해부학적 증거에 예리한 지성과 실용적인 상식을 더해 입증했고, 많은 독자가 이에 호응했습니다.

그렇지만 일부 학자들은 납득하지 못했습니다. 심지어 한 저명한 인류학자는 일레인이 일으킨 큰 반향에 대해 '초기 인류는 물놀이하는 동안 작은 물고기가 자신의 성기를 조금씩 깨물기 때문에 여름휴가 때도 결코 물에서 시간을 보내지 않았을 것'이라고 비꼬기도 했습니다. 어떤 사람들은 일레인이 극작가이자 시나리오 작가라는 이유로 이 이론이 학술적으로 유효하지 않다고 말하기도 했습니다. '사바나 이론' 또는 '사냥하는 유인원 이론'이 극작가이자 시나리오 작가인 로버트 아드리에 의해 널리 알려졌으며 이 이론이 1924년 레이먼드 다트가 발견한 단 하나의 인간 두개골 모양에 기반을 두고 있다는 점을 생각하면, 납득하기 어려운 반론입니다. 잘 알려진 비판 중 하나는 수생 이론이 반증 가능한 가설을 제시하지 않기 때문에(이는 일반적으로 받아들여지는 유사 과학의 정의입니다) 유사 과학이라는 것이었습니다. 그러나 이제 상황이 바뀌고 있습니다.

수년에 걸쳐 많은 증거가 나오면서 일레인은 이 주제로 책을 여러 권 썼고, 수생 유인원 이론은 느리지만 확실하게 주류 이론으로 바뀌기 시작했습니다. 디스커버리 채널은 데즈먼드 모리스가 출연하는 다큐멘터리를 촬영했고, 『여성의 유래』는 미국 대학의 필독서가 되었습니다. 1987년에는 네덜란드 팔켄뷔르흐에서 이 주제로 대규모 학술회의가 열렸고, 뒤를 이어 사우샘프턴, 선시티, 오슬로,

겐트에서 학술회의와 심포지엄이 열렸습니다. 2013년 런던 회의에서는 이 책의 저자인 피터 리스-에번스가 의장을 맡기도 했습니다.

일레인의 온라인 TED 강연은 조회수 100만 회를 넘겼으며, 『여성의 유래』는 25개 이상의 언어로 번역되었습니다. 최근 몇 년 동안 데이비드 애튼버러 경은 BBC 라디오 4에 두 편짜리 시리즈 〈진화의 상처〉를 발표했으며, 2016년에는 일레인의 책을 바탕으로 만든 〈물가의 원숭이〉를 선보였습니다. 이 두 번째 시리즈를 통해서 피터 리스-에번스를 알게 되었습니다.

저는 프로그램 제작에 부분적으로 관여했던 터라 대중의 반응이 궁금했는데, 온라인 댓글은 무척 고무적이었습니다. 한 웹사이트에서는 훌륭하고 합리적인 주장이 700건 넘게 게시되며 활발한 토론이 벌어지기도 했습니다.

반면 학계의 반응은 실망스러웠습니다. 지리학 교수이자 기후학자인 마크 매슬린은 앨리스 로버츠와 함께 "데이비드 애튼버러 씨, 미안하지만 우리는 '물가 원숭이'에서 진화하지 않았습니다. 그 이유는 다음과 같습니다."라는 글을 게재했습니다.

이 글이 왜 그렇게 피상적일까 의문이 들었는데, 글을 쓴 사람들이 라디오 프로그램을 듣지도 않았고, 글의 내용에 대해 실제로 전 세계 연구 기관의 교수 수십 명에게 지적을 받았다는 사실을 나중에 알게 되었습니다. 매슬린과 로버츠의 반론을 조금이라도 고려할 가치가 있다면, 그것이 인류 진화 연구에서 세워졌던 이론을 반박하는 새로운 '압도적 증거'를 부정하는 다수의 완고한 주장 중 하나라는 점뿐입니다. 그렇지만 그들은 무슨 이유에서인지, 그 증거나 논리가 무엇인지는 언급하지 않았습니다.

그러면서 "열 손실에 대한 적응이 우리의 체모 패턴을 더 잘 설명한다."와 같은 검증할 수 없는 몇 가지 가설을 내놓았습니다. 그렇다면 보온을 위해 인류가 체모를 잃게 되었다는 말인가요?

근거도 없고 검증할 수도 없는 또 다른 가설은 "자발적인 호흡 조절은 잠수보다 말하기와 관련이 있을 가능성이 더 크다."라는 것입니다. 그렇지만 숨을 참고 말하는 사람은 없습니다. 고함원숭이는 숨을 참지 않으면서도 효과적으로 목소리를 냅니다.

"성 선택은 우리의 체지방 분포를 설명할 수도 있다."라는 또 다른 주장도 있습니다. 요즈음 제 복부 주변에 지방이 눈에 띄게 불어났는데, 그걸 매력적이라고 생각하는 여성이 있을지 모르겠군요. 반면에 같은 사람이 다른 글에서는 "인간의 지방 분포는 식이 적응으로 더 잘 설명된다."라고 말했습니다. 이렇게 검증할 수 없는 가설을 무수히 생각해 내면 그중 하나는 맞을 수도 있겠군요.

그들이 제시한 다른 작은 '증거'들도 그다지 설득력이 없습니다. "인간은 다른 동물에 비해 실제로 수영을 잘하지 못한다."라는 말이 사실일까요? 우리는 해달보다 더 빨리 헤엄치고, 쇠돌고래만큼 깊이 잠수하며, 물쥐보다 오래 숨을 참은 채 더 멀리 헤엄칠 수 있고, 다른 어떤 포유류보다 더 높은 곳에서 다이빙할 수 있습니다. 사바나 원숭이치고는 나쁘지 않습니다.

마지막으로 그들은 수생 이론을 반대하는 가장 강력한 증거로 "우리의 손가락은 오래 목욕하면 말린 자두처럼 쭈글쭈글해진다."라는 명제를 제시합니다. 사실, 어부들은 쭈글쭈글해진 손가락으로 가장 잘 잡을 수 있는 건 바로 물고기라고 말할 것입니다. 사바나에 살면서 이런 식의 적응이 생길 가능성은 거의 없습니다.

매슬린과 로버츠의 의견 중에서 제가 동의하는 한 가지는 항상 화석, 비교해부학, 생리학, 유전학이라는 확고한 증거에 근거해서 가설을 수립하고 검증해야 한다는 것입니다. 이 책에서 여러분은 수생 유인원 이론의 검증 가능한 가설 중 일부를 접하게 될 것입니다.

비교해부학에 기초하고 화석 증거로 검증된 가설은 찬물 속에 자주 들어가는 현대인이라면 흔히 '서퍼의 귀surfer's ear'라고 불리는 외골증exostosis이 외이도에 생기기 때문에, 우리의 먼 조상이 물속에서 먹이를 찾았다면 두개골 화석에도 외골증이 보여야 한다는 것입니다. 100만 년에서 200만 년 된 인류의 두개골 화석에서 외골증이 입증된 바 있습니다.

생리학에 기초하고 비교해부학을 통해 검증된 또 다른 사실은 스쿠알렌squalene이라는 유기화합물에 관한 것입니다. 스콸렌은 고래에서 수달에 이르기까지 수중 포유류의 피부에만 존재하는데, 인간이 수생 유인원이라면 피부에서 스콸렌을 생성해야겠지요. 실제로 인간의 피부에서는 스콸렌이 만들어집니다.

또한 인간은 아기가 태지vernix로 덮인 채 태어나는 유일한 영장류입니다. 만약 이것이 수생 적응aquatic adaptation을 의미한다면 다른 해양 포유류도 동일한 특징을 보여야 하는데, 실제로 반수생semi-aquatic 동물인 바다표범 등에서 그와 같은 특징을 발견할 수 있습니다.

반면에 사바나 이론에 대한 반증 가능한 가설은 하나뿐입니다.

초기 인류가 사바나에 살았다면 발굴된 화석 근처에 남아 있는 동식물은 사바나에서 온 것이어야 하지만, 덩굴 식물과 함께 발굴된 해양 생물의 화석은 이 가설을 뒷받침하지 못합니다.

검증할 수 있는 가설이 없는 상황에서 사바나 이론은 유사 과학에 지나지 않으며, 실제로 그마저도 틀렸다고 입증된 유사 과학일 뿐입니다. 반면, 수생 유인원 이론에 관해 지금까지 축적된 문헌과 증거들은 방대할 뿐 아니라 자체적으로 생명력을 가지고 있습니다. 학술 논문, 서적, 기사는 물론이고 단편소설과 동화책, 심지어 팝송까지 나올 만큼 수생 유인원 이론은 대중의 상상력을 사로잡았습니다.

2018년 5월 『스쿠버 다이빙』 잡지의 한 기사에는 또 다른 가설의 실험 결과가 실렸습니다. 이는 BBC 라디오 4 시리즈 〈물가의 원숭이〉에서 제가 가졌던 질문에 대한 답도 제시해 주었습니다. 제 질문은 "만약 초기 인류가 사바나에서든 해안에서든 중신세Miocene의 가뭄기 동안 진화했다면 담수를 어떻게 얻었을까?"였습니다. 물을 마시지 않고도 땀샘을 통해 바다에서 수분을 충분히 흡수할 수 있었던 것은 아닐까요?

앨리스터 하디 경은 영국 서브아쿠아 클럽British Sub-Aqua Club• 회원들에게 1960년 처음으로 자신의 수중 가설을 제시했는데, 가장 먼저 수중 가설을 접한 이들은 의심할 바 없이 수생 유인원 이론을 지

• 수중 활동의 안전성 향상을 위해 1953년 영국에서 설립된 세계 최초의 다이빙 단체로, 현재 전 세계에 1,700개가 넘는 비영리 지부를 두고 있다.

지했습니다.

2004년 일레인은 10년 이내에 수생 유인원 이론이 진화인류학의 주류가 될 것이라고 언급한 바 있습니다. 대중의 지지 측면에서 확실히 그랬고, 결정적으로 이 책을 통해 피터 리스-에번스는 임계점을 넘어서기에 충분한 양의 증거들을 제시합니다. 수생 적응과 밀접한 관련 있는 몇몇 신체 기관에 대해서 포괄적이고 상세한 인체 해부학 지식을 가지고 있는 피터 리스-에번스는 자신의 전문 지식을 일반 독자가 쉽게 이해할 수 있으면서도 엄격한 학문적 요구 사항도 충족시킬 수 있도록 이 책을 썼습니다.

저는 수생 유인원 이론과 관련된 연구의 정황을 이미 잘 알고 있다고 생각했지만, 이 귀중한 책을 통해서 열두 가지가 넘는 완전히 새롭고 놀라운 사실을 발견할 수 있었습니다. 후두 하강과 관련된 흥미롭고 타당해 보이는 진화 메커니즘을 포함하여 아직 검증되지 않은 새로운 가설도 발견했습니다. 이는 앞으로 이어질 더 많은 발견의 초석이 될 것이라고 확신합니다. 지금이 진화인류학자가 되기에 참으로 좋은 시기입니다.

들어가기

오래된 문제를 새로운 각도에서 바라보고
새로운 의문이나 가능성을 제기하는 데는
창조적 상상력이 필요하며,
이를 통해 진정한 과학의 발전이 이루어진다.
_알베르트 아인슈타인

나는 코와 부비동 연구에 특별한 관심이 있다. 이비인후과 교수로 임용되고 얼마 되지 않은 1985년, 이비인후과 수술 교과서의 「코와 부비동의 해부와 생리」 장章을 집필해 달라는 요청을 받고는 의과대학 시절에 접했던 르네상스 시대의 의사 장 프랑수아 페르넬의 말이 떠올랐다. "해부학과 생리학의 관계는 지리학과 역사학의 관계와 같다. 해부학은 사건의 무대를 기술한다."

이 주제로 글을 쓰려고 준비하면서 인간과 다른 영장류의 두개골 구조를 비교한 결과 우리와 영장류 사촌인 고릴라, 침팬지 간의 해부학적·생리학적 차이가 크다는 사실에 무척 놀랐다. 머리와 목 부분만이 아니라 인간 몸에는 다른 육상 포유류에서는 볼 수 없는 독특한 특징들이 있었고, 나는 이 특징들을 사바나 진화 이론으로 대표되는 전통적인 학설과 조화시켜 받아들이기 어려웠다.

그때 누군가의 권유로 일레인 모건의 『수생 유인원The Aquatic Ape』이라는 흥미로운 책을 접하고는 호미닌이 해양에서 진화했다는 주장에 흥미를 느끼게 되었다. 그리고 수생 이론으로 다른 영장류나 육상 포유류와 인간의 해부학적·생리학적 차이를 훨씬 더 논리적으로 설명할 수 있음을 깨달았고, 초기 인류의 발달이 수중 적응 기간의 영향을 받았다는 것도 알게 되었다.

코와 부비동에 관한 집필을 마친 뒤에도 나는 머리와 목 부분에서 보이는 예외적인 진화의 차이를 의학적인 관점에서 더 자세히 조사하고 싶었고, 화석 증거뿐만 아니라 더 논리적인 설명을 찾고 싶었다. 그래서 일레인 모건과 몇 가지 아이디어를 논의했고, 1992년에 이비인후과학 학술지에 그와 같은 독특한 해부학적·신체적 차이에 대한 수생 이론을 포함하는 논문을 썼다.

그중 하나가 우리의 외이도 깊숙한 부분에서 뼈가 자라나는 것처럼 보이는 기이한 상태다. 이비인후과 의사들은 한 세기 전부터 이른바 귀의 외골증에 대해 알고 있었지만, 그 원인을 설명할 수 있는 사람은 아무도 없었다. 외골증은 검사를 통해 쉽게 관찰할 수 있는데, 대개는 돌출된 뼈의 크기가 작지만 고막이 보이지 않을 정도로 커지는 경우도 있다. 신기하게도 이렇게 뼈가 튀어나오는 현상은 수영이나 서핑을 즐기는 사람들, 다시 말하면 외이도가 빈번하게 물에 잠기는 사람들에게서 자주 볼 수 있다. 그렇기 때문에 겉보기에는 거의 증상이 없는 귓속을 들여다보면서 "환자 분은 수영을 좋아하나 봐요!"라고 말하면, 환자들은 "도대체 어떻게 아세요?"라며 놀라곤 한다.

외골증은 일반인에게 2-6퍼센트의 확률로 발생하지만, 자주 서핑을 하는 사람이나 수영 강사의 경우에는 70-90퍼센트까지 나타날 수 있다. 그래서 외골증을 '서퍼의 귀'라고 부른다. 자라난 뼈의 크기와 외골증 발생률은 귀가 물(특히 찬물)에 노출되는 빈도 및 시간과 직접적으로 관련이 있는 것으로 보인다.

뼈가 자라는 원인에 대해서는 많은 연구가 이루어졌지만 몇 가지 점은 여전히 불분명하다. 외골증이 대개 양쪽 모두에 생기는 것은 양쪽 귀가 물에 잠긴다는 사실로부터 그런대로 예측할 수 있다. 하지만, 왜 물에 노출되는 신체의 다른 곳이 아니라 외이도의 깊숙한 부위에서만 뼈가 자라는 것일까? 또한 왜 항상 고막 근처의 두세 곳에서만 자라는 것일까? 그리고 진화론적 관점에서 볼 때, 뼈가 돌출되는 이유와 그 기능은 무엇일까?

이 신기한 변형은 의사들이 환자에서 관찰할 수 있는 해부학적·신체적 특징인 동시에, 다른 고등 영장류나 육상 포유류에서는 볼 수 없는 인간의 고유한 질병이기도 하다. 이러한 점은 우리의 초기 호미닌 조상이 약 600-700만 년 전에 유인원과 침팬지로부터 분리되어, 사바나에서 두 발로 걷는 수렵·채집자로 진화했다고 제시하는 전통적인 진화 이론과 조화를 이루기 어렵다.

포유류는 5천만 년에 걸쳐 이상적으로 보이는 형태로 진화해 왔다. 한쪽 끝에는 머리, 다른 쪽에는 꼬리가 있고, 그 사이에 수평으로 척추가 놓여 장기들을 지지하고, 각 모서리에 다리가 하나씩 있어 최적의 안정성을 이룬다. 많은 의학적 질병은 인간이 두 발로 서면서, 다른 육상 포유류와 달리 척추가 수직을 이루기 때문에 생기는 것 같다. 우리 몸의 아래쪽으로 가해지는 추가적인 압력이 탈장, 질탈출증prolaps, 치질, 추간판탈출증, 정맥류 같은 문제를 설명한다. 하지만 왜 영장류 가운데 오직 한 부류만이 이런 진화적 변화를 겪게 되었고, 다른 동물에는 없는 이 같은 의학적 문제를 갖게 되었을까?

아프리카 유인원인 고릴라와 침팬지는 다른 고등 영장류와 마찬가지로 2천만 년이 넘도록 외형과 행동에 변화가 없었지만, 왜 원숭이 가족의 한 부류는 육체적 특성과 삶의 방식이 극적으로 변화하는 진화를 통해 직립보행을 하며 털 없는 몸과 큰 뇌를 가진 초기 호미닌 인간이 되었을까? 이는 1920년대 엘리엇 스미스와 다른 사람들이 믿었던 것처럼 호모 사피엔스가 '진화의 정점'이고 인간이 진화 과정의 종착역이라는 뜻이 아니다. 600-700만 년 전에 네발 달린 유인원으로부터 현생인류가 부상한 것은 모든 진화적 변화의 공통된 동기인 생존 추구 때문이었다. 일레인 모건은 『진화의 상처』에서 이렇게 설명한다. "인간이 나무나 흰개미 또는 문어보다 진화적 정점에 이르렀다고 말할 수 없다. 인류의 출현이 다른 종들의 출현보다 더 필연적인 것은 아니었다."[1]

많은 논란을 불러온 수생 진화 이론에 대한 언론과 주류 인류학자들의 비판과 조롱에도 불구하고, 지난 25년 동안 우리가 예측했던 것 가운데 많은 부분이 사실로 확인되고 수생 유인원 이론이 일부에서 받아들여지고 있다는 사실은 기쁜 일이다. 인류학과 자연과학 분야에서 가장 위대한 두 사람인 인류학자 필립 토비아스 교수와 데이비드 애튼버러 경이 초기 호미닌 진화론 연구의 타당성을 인지하고 많은 관심과 함께 추가 연구를 위해 지원해 주신 것에 감사한다.

인간 진화에 관해서 호미닌의 조상 혈통을 증명하기 위해 화석과 고고학적 증거에 초점을 맞춘 책은 많지만, 대안적인 수생 이론을 언급한 경우는 거의 없었다. 이 책은 인간, 영장류 및 기타 육상 포유류 사이의 비교해부학 및 생리학적인 독특한 차이점을 논리적으로 설명하기 위해서 의학적인 관점에서 쓰였다. 이 책에는 우리의 초기 호미닌 조상이 반수생 서식지에 적응하는 데 오랜 진화의 시간을 보냈다는 점에 대한 합리적인 설명이 담겨 있으며, 중요한 화석 증거를 포함해 지난 20년간 축적된 과학적 증거에 기반을 둔 새로운 개념이 많이 수록되어 있다.

이비인후과학을 전공한 동료 의사들도 귀에 외골증이 생기는 원인이나 그 형성에 대한 설명이 우리가 초기 호미닌으로 진화해 온 과정을 이해하는 데 도움을 줄 것이라는 점을 거의 알지 못한다. 이 책이 초기 인류가 다른 육상동물들에서 보이지 않는 독특한 특징을 가지고 나무 위에서 살던 우리의 조상으로부터 진화해 왔고, 그렇기 때문에 우리가 지구상에서 가장 우월한 포유동물인 호모 사피엔스*Homo sapiens*(지혜로운 인간)가 될 수 있었다고 주장하는 수생 유인원 이론의 타당성을 독자들에게 설득하는 데에 도움이 되었으면 한다. 적어도 이 책이 초기 호미닌의 진화 과정에 대해서 건설적인 학문적 논의를 이끌어 이 견해에 동의하지 않는 이들도 이 이론이나 과학적인 증거들을 무시하지 않고 그 차이점을 설명할 수 있는 신빙성 있는 반론을 제시하기를 기대한다.

어떤 이들은 우리 조상 유인원 가족이 육상의 사바나 유인원이 아니라 반수생 포유동물로 진화했다는 상당한 증거가 있는 사실을 받아들이기 어려울지도 모른다. 그러나 내 생각에 수생 유인원 이론만이 인류가 가진 독특한 영장류의 특징들에 대해 논리적 이유를 제공한다. 또한 우리의 초기 호미닌 조상이 어떻게 생존하고 투쟁하면서 마침내 성공적으로 오늘의 인류가 되었는지를 설명해 준다.

연대표

45억 4천만 년 전	지구가 형성되었다(우주 나이의 약 1/3에 해당함). 초기에는 대기에 산소가 없었고, 지구의 대부분이 극심한 화산 활동으로 녹아 있는 상태였다. 시간이 지남에 따라 지구가 냉각되었고, 단단한 지각이 형성되면서 표면에 물이 응축되었다.
38억 년 전	단세포 원생동물(protozoa)로 지구상에 생명이 시작되었다.
32-24억 년 전	광합성 유기체가 대기를 산소로 채우기 시작했다.
6억 년 전	대기 중 산소 농도가 공기를 호흡하는 생명체가 출현할 만큼 충분히 상승했다.
5억 8천만 년 전	중국의 캄브리아기 화석 기록은 세포내 합성을 보여 준다. 지질, 단백질과 함께 산소를 활용하여 더 복잡한 다세포 유기체가 발달할 수 있었다. DHA는 해양 생물 진화에서 새로운 광수용체나 신경 신호 전달을 위한 핵심 구성 요소 중 하나였으며, 대부분의 종에서 신경 발달을 위한 필수 물질로 남아 있다.
5억 4,100만 년 전	척추동물을 포함한 복잡한 생명체와 최초의 물고기가 약 5억 3천만 년 전에 바다를 지배하기 시작했다. 생명체가 식물, 동물, 곤충, 파충류 및 곰팡이의 형성과 함께 점차 육지로 확산되었다. 새, 공룡의 후손, 그리고 가장 최근에 포유류가 나타났다.
5억 년 전	최초의 뇌 구조인 후뇌(hindbrain)가 벌레에서 나타났다.
2억 5천만 년 전	뇌에 고(古)포유동물(paleo-mammalian) 영역이 출현했다.
6,600만 년 전	지름 10킬로미터의 소행성이 지구를 강타해 생성된 거대한 가스 구름이 햇빛을 가리고 광합성을 억제했으며, 이로 인해 비조류 공룡을 포함한 생명체의 75%가 멸종되었다.
6천만 년 전	포유류의 다양성이 증가했다. 그중 일부는 바다로 옮겨 가서 고래로 진화했고, 영장류와 같은 다른 동물들은 나무 위로 올라갔다.
600-700만 년 전	부분적으로 직립보행을 하고 나무 위에서 서식하는 호미니드와 침팬지 간의 유전적 분열에 대한 최초의 증거가 있다.

450만 년 전	직립보행을 했지만 아마도 일부 수목 생활을 하는 아르디피테쿠스(*Ardipithecus*)가 출현했다.
350만 년 전	두 발로 걷는 오스트랄로피테쿠스(*Australopithecines*)가 나타났으나 여전히 뇌의 크기는 작았다.
250만 년 전	더 큰 뇌(700cc)를 가진 호모 하빌리스(*H. habilis*)가 도구를 사용한 증거가 있다.
200만 년 전	최초로 '아프리카를 떠난' 호모 에렉투스(*H. erectus*)는 대뇌 피질이 확대되었고(880cc), 자바에서 발견되었다.
130만 년 전	주로 열을 얻고 신체를 보호하기 위해 불을 사용하기 시작했다.
60만 년 전	더 큰 두뇌(약 1,200cc)를 가진 하이델베르크인(호모 하이델베르겐시스)이 출현했다.
50만 년 전	더 큰 뇌를 가진 네안데르탈인이 유럽과 아시아에서 진화했다.
30만 년 전	요리를 위해서 일상적으로 불을 사용했다.
20만 년 전	호모 사피엔스(*H. sapiens*)가 동아프리카에서 진화했다.
10만 년 전	해부학상 현생인류(anatomically modern humans, AMH)가 출현하고, 호모 사피엔스가 두 번째로 '아프리카를 떠나' 유라시아로 이주했다.
7만 년 전	'인지혁명'이 보다 큰 지역사회, 교역, 창의적 예술, 말하기와 함께 시작되었다.
4만 5천 년 전	호모 사피엔스가 오스트레일리아에 다다랐다.
3만 년 전	네안데르탈인이 멸종했다.
1만 6천 년 전	인류가 아메리카에 정주했다.
1만 3천 년 전	호모 플로레시엔시스(*H. floresiensis*)가 인도네시아에서 멸종하여 호모 사피엔스가 유일하게 생존하는 인류의 종족이 되었다.
1만 2천 년 전	동식물의 가축화와 함께 '농업혁명'이 시작되었으며, 특히 레반트와 '비옥한 초승달(Fertile Crescent)' 지역에서 더 영구적인 '물가' 정착이 이루어졌다.

01 인류 진화의 이론들

과학자들은 지식의 탐구에서
'발견'이라는 횃불을 든 사람이 되었다.
_스티븐 호킹

오늘날 찰스 다윈은 역사상 가장 중요하고 영향력 있는 과학자로 인정받고 있다. 그렇지만 그가 비글호를 타고 갈라파고스 군도로 가서 수집한 증거에 바탕을 둔 급진적 진화 이론은 19세기 중반까지만 해도 다른 사람에게 말하거나 출판하기 어려운 것이었다.

빅토리아 시대의 영국에서는 교회가 사람들의 생활에 막강한 권력과 영향력을 행사했기 때문에, 다윈이 1859년 『종의 기원』을 출판하겠다는 용기를 내기까지는 20년이 걸렸다. 다윈은 소심하고 겸손했으며 건강도 좋지 않았고, 무엇보다 자신의 이론이 교회와 지배층으로부터 격렬하게 비난받을 것을 알고 있었다. 그럼에도 그가 출간에 동의한 것은 다른 동식물 연구가•인 앨프리드 월리스가

• 동식물 연구가(naturalist)는 대략 19세기까지 동물, 식물, 광물 등 자연물을 연구하

자신의 아이디어를 선점할 것을 걱정했기 때문이다. 말주변이 없고 자신의 이론을 직접 자세히 설명할 만큼 건강하지도 않았던 다윈은 조지프 후커와 토머스 헉슬리 같은 동식물 연구가들이 대신 싸워 주는 데 의존했다.

다윈은 『종의 기원』 도입부에서 주저하면서 다음과 같이 썼다. "최근까지 대다수 동식물 연구가들은 종들이 독립적인 창조물이며 불변한다고 믿었다. 반면 일부 동식물 연구가들은 종들이 변화를 겪었고, 지금 존재하는 생명체의 모습은 이전 형태의 직계 후손이라고 믿었다."[1] 그는 마지막 장에서야 인류 진화를 언급하며, "인간의 기원과 그 역사에 빛이 비추어질 것이다."라는 명언을 남겼다.

『종의 기원』에 이어 다윈이 1871년에 발표한 『인간의 유래』는 인간과 유인원이 공통의 조상에서 진화했다는 그의 이론을 자세히 설명한다.[2] 비록 진화 방식 면에서 고등 유인원과 인간의 현저한 차이점에 대해 많은 논쟁이 있지만, 오늘날 이 이론의 타당성에 대해서는 거의 논란이 없다(그림 1.1). 그러나 당시에는 벨기에와 독일에서 발견된 아주 적은 수의 선사시대 네안데르탈인의 뼈와 지브롤터에서 발견된 몇 개의 뼈만 있었기 때문에, 다윈은 '과연 인간도 다른 종들처럼 이전 형태의 후손일까'라는 우려를 나타내기도 했다.[2]

최근 일레인 모건은 "혈중 단백질의 생화학적인 성상, DNA 구조, 면역반응의 비교를 통해 확립된 유전적 관계를 고려할 때 인간

는 사람을 지칭했던 말로, '박물학자', '자연학자' 등으로도 번역할 수 있다. 20세기 이후 자연과학 분야가 동물학, 식물학, 광물학, 지질학 등으로 분화되면서 요즘에는 많이 사용하지 않는 용어다.

그림 1.1 1859년『런던뉴스』삽화

"버그 선생님, 도와주세요."(버그는 당시 왕립동물학대방지협회 회장이다.)

억울한 고릴라: "저 사람이 내 족보를 넘봐요. 자기가 내 후손이라고 주장해요."
버그: "자, 다윈 씨, 그를 어쩌면 그렇게 모욕할 수 있죠?"

과 침팬지 사이의 차이점은 유사점보다 더 놀랍다."라고 기술했다.[3] 여기서 차이점이란 골격, 근육, 피부, 두뇌의 구조적 차이, 독특한 보행 방법에 따른 자세의 차이, 사회 조직의 차이를 말하며, 마지막으로 지적 능력을 극적으로 발달시켜 과학자들이 스스로 자신의 종을 '호모 사피엔스'(지혜로운 인간)라고 부르게 만든 언어와 도구의 사용도 포함된다.

고릴라, 침팬지, 호미닌 이전 유인원pre-hominid ape이라는 세 고등 영장류가 아프리카 영장류에서 진화했다는 점에는 의심의 여지가 거의 없다. 그러나 호미닌이 두 발로 걷고, 더 큰 두뇌를 가지며, 몸에 털이 없어지고 피하지방이 생기며, 땀샘과 피지선이 발달하고, 사회적·성적 습관 변화와 같은 독특한 적응을 가져온 분기分岐적 진화 경로를 선택하게 만든 상황은 무엇이었을까? 상기도와 소화기관에서 발견할 수 있는 호미닌의 독특한 변화 역시 다른 어떤 유인원에서도 볼 수 없는 것들이다. 진화라는 면에서 우리는 다른 어떤 종보다 특별하지 않다. 다만 진화와 유전에 대해 이해하고 우리의 과거 역사를 분석할 수 있는 지적 능력을 독특하게 진화시켰을 뿐이다.

진화에서 인류의 위치

화석을 통해 초기 인류인 호미닌(사람족)이 진화해 온 여정을 이해하는 데에는 많은 공백이 있다. 하지만 부족한 증거의 조각을 유전학

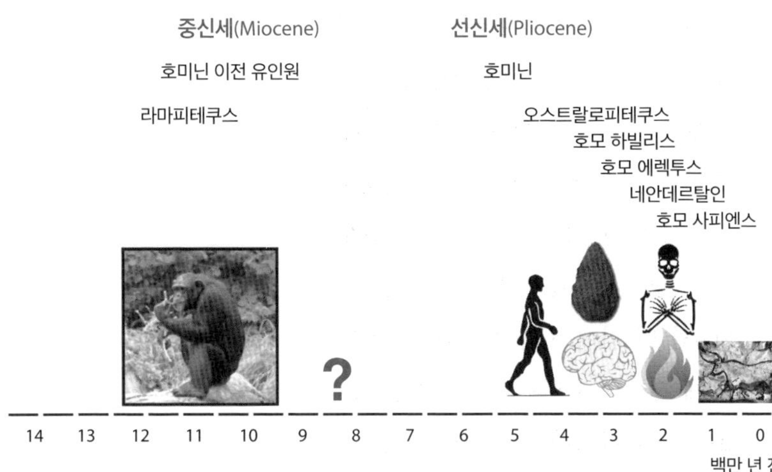

그림 1.2 진화의 블랙홀

적 분석과 함께 잘 맞춰 보면 300만 년에서 400만 년 전 처음으로 두 발로 서기 시작한 오스트랄로피테쿠스로부터 인류가 어떻게 진화해 왔는지 그 윤곽을 대략 그려 볼 수 있다(그림 1.2). 호미닌 조상의 두개골 화석 기록이나 초기 인류의 주거지와 먹거리로 볼 때, 눈에 띄게 새로운 속성이나 모습이 나타나는 몇 번의 분명한 단계가 있다. 이는 기술적·지적으로 발전했을 뿐 아니라 그들의 생활양식과 사회 조직의 상호작용이 변화했음을 보여 주는 증거들이다. 이 중요한 발전에는 직립보행, 도구 사용, 큰 두뇌, 불의 사용, 장례 의식, 그리고 궁극적으로 약 7만 년 전에 '인지혁명'을 가져온 수준 높은 예술적·지적 발전 등이 포함된다.

호미닌의 조상이 나무 위에 주로 머물다가 넓게 펼쳐진 초원지대에서 생활하는 새로운 모습으로 변화함으로써 진화했다고 가정하는 사바나 이론으로는 이러한 독특한 특징들을 설명하기 어렵다. 그보다는 다른 결정적인 조건이나 상황이 궁극적으로 호모 사피엔스의 출현에 이르는 진화의 여정에서 인간을 영장류 사촌과 떼어놓는 데 더 유리하게 작용했음이 분명하다.

고등 영장류에서 분기적 진화가 현저하게 일어난 결정적인 시기는 중신세Miocene• 후기와 선신세Pliocene 초기였다. 이 시기는 약 900만 년 전에 시작해서 대략 500만 년 동안 지속되었다. 앞선 중신세 시기의 유인원처럼 보이는 호미닌 이전 영장류의 화석은 아프리카와 아시아 여러 곳에서 많이 발견된다. 턱 구조의 초기 변화로 볼 때 호미닌 유인원의 전신이었을 것으로 추정되는 라마피테쿠스*Ramapithecus* 화석은 G. E. 루이스에 의해 1930년 인도에서, 그 후 리키에 의해 아프리카에서 발견되었다. 이 시기 동안 유인원과 비슷한 많은 생물이 아시아, 아프리카, 유럽의 온대 삼림 지역에서 번성했다.

그렇지만 이후의 진화에서 소위 '블랙홀'이라고 불리는 수백만 년의 시간 동안 무슨 일이 일어났는지는 이 시기의 화석 증거가 별로 없기 때문에 분명히 알 수 없다. 이 기간의 대부분이 빙하기여서 얼어붙은 거대한 빙원 때문에 해수면이 지금보다 훨씬 낮았고, 따라서 많은 고고학적 유적지가 현재 물속에 잠겨 있다.

• 중신세는 지금으로부터 약 2,300만 년 전부터 530만 년 전까지를 말한다. 이때는 이보다 앞선 점신세(漸新世, Oligocene)나 이후의 선신세(鮮新世, Pliocene) 때보다 더운 기후였다. 그 결과 바다의 해조류 숲과 육지의 초원 지대가 나타났다. 이후 기온이 내려가면서 초원 지대가 확산되고, 대륙 내부의 건조화가 동반되었다.

그림 1.3 유인원에서 사람으로 변화하는 과정을 보여 주는 상징적 그림

그림 1.3을 보자. 네 발로 기는 원숭이의 상징적인 모습부터 시작해서 유인원/사람으로 보이는 여러 단계를 거쳐서 점차 더 직립하고 몸에 털이 더 적어지면서 오른쪽 끝에 이르면 사람으로 식별할 수 있는 모습이 나타난다. 그러나 우리는 언제 어떤 변화들이 일어났는지 아직 정확하게 알지 못하기에 이것은 단지 추측일 뿐이다.

다윈 이후 수백 년 동안 진화와 관련한 주된 의문 중 하나는 커다란 두뇌와 직립보행 중 무엇이 먼저였는가 하는 것이다. 우리의 초기 선조들은 두뇌가 커지고 지능이 높아지면서 똑바로 일어서게 되었고 팔과 손을 자유롭게 사용해 무기를 들고 손재간을 향상시킬 수 있었는가? 아니면 생존하기 위해서 일단 두 발로 선 다음 손과 팔을 사용해서 다른 일도 할 수 있다는 사실을 알게 된 것인가?

화석 증거들은 침팬지, 고릴라, 보노보, 오랑우탄 같은 유인원류가 선신세에서 지금에 이르기까지 진화적으로 거의 변화하지 않았음을 보여 준다. 그렇지만 1970년대에 동아프리카 올두바이 협곡에서 발견된 약 350만 년 전 유적은 유인원 종족의 한 부류에서 극적인 진화 단계가 일어났음을 알려 준다. '오스트랄로피테쿠스'(남쪽 유인원)라고 불린 이 종족은 두 발로 서서 걸었다는 점에서 다른 유인원들과 달랐다. 그렇지만 두개골은 여전히 침팬지의 두개골과 비슷한 크기여서 직립보행이 큰 두뇌보다 훨씬 앞선다는 사실을 보여 주었다.

다윈이 살았던 당시에는 직립보행, 뇌의 진화, 유인원과 인간을 구별하는 차이와 관련된 다른 측면들은 깊이 고려되지 않았다. 원숭이들은 나무 위에서 살고 인간은 땅 위에서 살았기 때문에 단지 인간이 나무에서 사바나로 내려온 것이고, 더 멀리 볼 수 있다는 이점 때문에 두 발로 서게 되었고 '수렵·채집인'이 되었다고 가정했다. 돌이켜 보면, 이는 "이것 이후에, 따라서 이것 때문에*post hoc ergo propter hoc*"•라는 오류가 작용한 결과다. 이 당시에는 고고학적 증거가 희박하고, 진화적 변화의 메커니즘을 잘 알지 못했기 때문에 중간 단계나 호미닌을 다른 영장류와 구별되게 하는 중요한 차이점에 대한 다른 설명을 전혀 고려하지 않았다.

그 이후로 학자들은 '사바나 이론'을 받아들였고, 앨리스터 하디 경[4]과 일레인 모건[3]이 제시한 새로운 아이디어를 비판 또는 무시하고 있다. 인간의 진화에 대한 훌륭한 책이 많이 출간되었지만, 다른 영장류와 비교했을 때 인간에서 보이는 독특한 특징에 대해

• 인과 관계가 성립하지 않는 것을 인과 관계가 있는 것으로 잘못 판단하여 생긴 오류를 지적하는 라틴어. 즉, 앞의 사건이 뒤에 발생한 사건의 원인이 되었다고 믿는 것으로, 이는 인과 관계를 부정하는 다른 요인은 무시하고 사건의 순서에만 기초하여 결론을 도출함으로써 생기는 오류를 말한다.

그럴듯한 설명을 제시한 책은 없다. 일레인 모건, 필립 토비아스 교수[5]와 데이비드 애튼버러 경[6] 덕분에 논쟁이 지금껏 계속 이어질 수 있었고, 고고학적 관점보다 의학적 관점에서 바라보는 일부 사람들이 인류 진화가 사바나 시나리오와는 조금 다른 과정을 밟았을지도 모른다는 생각을 해 왔다.[7-10]

사바나 이론

19세기에 제안되고 1924년 레이먼드 다트가 지지한 '사바나 이론'은 20세기 대부분에 걸쳐서 학계를 지배했다. 이 이론은 기후와 행동 양식의 변화로 인해 삼림 속 나무 위에서 살던 유인원들로부터 인류의 조상이 점차 진화했다고 주장한다. 중신세 후기에 발생한 가뭄 때문에 숲속 주거지가 없어지고 풀로 덮인 초원 지대나 사바나가 확장되면서 호미닌 이전의 유인원들은 나무에서 평야로 서식지를 옮겼다. 숲속의 무성한 초목에 의존할 수 없게 된 사바나 유인원들은 먹을 것을 구하기 위해서 작은 동물의 죽은 고기를 먹는 잡식성으로 발전했고, 나중에 사냥꾼으로 진화하게 되었다. 이 이론에 의하면, 직립보행이라는 중요한 진화는 먹이를 찾거나 포식자를 피하기 위해 평원의 키가 큰 풀들 너머로 더 멀리까지 볼 수 있는 장점 때문에 나타났고, 나중에는 자유로워진 두 손으로 무기를 들 수 있다는 이점 덕분에 인간은 사냥감을 추적하는 사냥꾼으로 발전했다.[11]

그렇지만 다트와 극작가인 로버트 아드레이가 쓴 것처럼 우리가 남아프리카의 평원에서 커다란 사냥감을 사냥하기 위해서 똑바로 일어서게 되었을까?[11] 아니면 야생의 사냥감이나 사슴을 쫓을 필요 없이 강가나 물속에서 먹이를 얻을 수 있는 훨씬 덜 힘든 환경을 찾았을까?[6]

사바나 이론의 중요한 약점 한 가지는 인간과 유인원 사촌들 사이에 생리적으로 차이가 크다는 것이다. 예를 들어 이 이론이 제시하는 것처럼 사바나로 옮겨 간 것이나 큰 두뇌와 직립보행이 그렇게 유리했다면, 어째서 다른 영장류 사촌이나 사바나에 사는 포유류에게는 이와 같은 특성이 나타나지 않았을까? 지난 2천만 년 동안 다른 유인원 종족들은 형태나 생리학적으로 거의 변화 없이 고릴라와 침팬지로 남아 있다. 파타스원숭이, 버빗원숭이, 개코원숭이도 나무에서 사바나로 이주했고 주거 환경이 변화했지만 신체적 변형이나 변화는 거의 없다.

수변 이론

전통적인 사바나 진화 이론에 최초로 의문을 제기한 사람은 독일의 생물학자이자 병리학자인 막스 베스텐호퍼였다. 그는 인간의 진화에 물이 중요한 역할을 했을 수 있다고 처음 제안했다. 그는 1942년 출간한 『인간에 이르는 독특한 길』에서 물에 대한 적응이 인간의 발전에 중요한 역할을 했다는 생각을 언급했다.[12] 그리고 인간이 원숭이로부터 진화했다는 다윈의 기본 개념을 논박하고, 인간은 과거에 물과 더 밀접했으며 뭍으로 돌아온 건 최근의 일이라고 보았다.

1960년 4월 저명한 해양생물학자 앨리스터 하디 경이 쓴 논문이 『뉴 사이언티스트』지에 게재되었다.[4] 이 논문에서 그는 인간이 나무 위의 유인원으로부터 진화하면서 생겨난 많은 극적인 변화를 잘 설명한다는 이유로 수생 진화 이론을 지지했다. 그는 육상 동물에서는 찾아볼 수 없고 사람에게 보이는 독특한 특징들이 수생 동물이나 반수생 포유동물에 존재한다는 사실을 관찰했다. 또한 중신세 가뭄 초기에 숲속 주거지와 초목이 감소하는 환경 변화의 결과로 유인원들 간에 경쟁이 벌어졌고, 인류의 조상인 일부 유인원들이 내륙의 물가나 강어귀, 해변 등에 새로운 서식지를 마련하게 되었다고 제안했다. 그들은 얕은 물가에서 조개나 성게 같은 먹을거리를 사냥하는 데 익숙해졌다. 그즈음 동아프리카에서 발생한 대지구대Great Rift Valley•와 아파르Afar 지역의 범람이 이런 변화를 가져오는 데 이상적인 환경을 제공했을 것이다.

'수생' 유인원들은 처음에는 네발로 물속을 헤치며 걷다가 머리와 기도를 물 밖으로 내놓기 위해 점차 직립 자세를 취하게 되었다. 그 결과 골반은 수직 방향으로 자리 잡고, 몸체는 더 유선형이 되었다. 그리고 수심이 좀 더 깊은 곳까지 활동 영역을 넓혀 육지와 물

• 서아시아의 시리아 북부에서 동아프리카의 모잠비크 동부에 걸쳐 아프리카 대륙의 동쪽을 따라 약 5천 킬로미터에 걸쳐 발달한 지구대로, '루시'라는 이름으로 알려진 오스트랄로피테쿠스 아파렌시스(*Australopithecus afarensis*) 화석을 포함한 여러 종류의 호미닌 조상 뼈가 이곳에서 발견되었다.

그림 1.4 코주부원숭이

속에서 다양한 활동을 할 수 있게 되면서 포식자들로부터 더욱 안전하게 몸을 지킬 수 있게 되었다. 이후에 부력을 이용해 헤엄치고 잠수하는 능력을 가지게 되고, 사바나보다 물속에서 더 쉽게 양다리로 서는 안정성을 확보할 수 있었다. 이는 바다로 들어갈 수 있는 능력을 가진 유일한 다른 영장류인 코주부원숭이에서도 볼 수 있다 (그림 1.4).

코주부원숭이는 보르네오 해안가의 맹그로브 습지에 사는데, 수컷의 코가 매우 큰 것이 특징이다. 육지에서는 나무 위에 사는 다른 원숭이들과 마찬가지로 네발로 다니다가, 얕은 물을 건널 때에는 머리를 물 위로 내놓기 위해서 두 발로 서는 자세를 취한다. 땅 위에서도 이러한 이동 방식을 사용하는 경우가 관찰되기도 했다.

하다는 인류의 조상이 한동안 수중 환경에 적응했다는 것이 진화의 역사에서 특별한 사례가 아니라는 주장을 설득력 있게 피력했다. 조류, 파충류, 포유류 중에 육상 생활을 버리고 수생 생활에 맞게 변화한 종들이 있다는 사실을 우리는 잘 알고 있다. 초기의 예로, 어룡ichthyosaur 같은 공룡류는 멸종되기 전까지 물에 들어가 다리 대신 물갈퀴를 진화시켰다. 포유류 중에는 고래류가 수중 생활에 성공적으로 적응했다. 바다소, 매너티 같은 코끼리와 가까운 몇몇 유제류有蹄類(발굽동물)도 마찬가지다. 또한 펭귄 같은 수생 조류나 바다사자, 바다표범, 수달 같은 수생 포식자들, 수생 설치류(비버, 물쥐 등)와 수생 파충류(악어, 바다뱀 등), 물가에서 곤충을 잡아먹는 땃쥐나 데스만 두더쥐 등도 있다.

이와 비슷한 변형이 영장류목에서 일어나지 않았으리라고 가정할 이유가 없다. 수생 이론은 유인원의 한 종류가 이 길을 선택해 시작했고, 새로운 반수생 환경에 적응하여 점차 두 발로 서는 유인원, 즉 호모 에렉투스와 호모 사피엔스의 조상인 오스트랄로피테쿠스가 출현했다고 추정한다.

인류의 요람과 기후 변화의 영향

초기 호미닌의 진화가 동아프리카의 대지구대에서 일어났다는 것이 일반적인 견해다. 최근까지도 사실상 거의 모든 학자가 초기 호미닌은 사바나 생활에 적응한 육상 동물로서 숲속에 사는 네발 동물 영장류로부터 진화했다는 것을 받아들였다. 초기 호미닌 진화에 대한 일반적인 개념들은 모두 사바나 이론에 근거한 것이다.

엘리자베스 우르바는 1985년에 전 세계적인 기후 변화를 아프리카 포유동물 진화의 원인으로 처음 제시했고,[13] 이는 순환파동가설turnover pulse hypothesis•로 발전했다. 최근에는 리처드 포츠가 또 다른 의견으로 변이선택가설variability selection hypothesis을 제시했다.[14,15] 이 가설은 고립된 환경에서 되풀이되는 변화와 지구의 내재적 되먹임feedback 메커니즘이 복잡하게 서로 얽히는 흐름이 환경에 극단적이고 불규칙한 가변성을 장기적으로 가져와, 적응 변이를 높이는 행동과 형태를 선택한다는 것이다.[16] 물론 많은 이에게 이 진화 이론은 이해하기 어려울 수 있다.

선신세Pliocene-홍적세Pleistocene 시기에 극단적인 기후 환경 변화가 있었다는 증거가 있다. 많은 해양 기록에서 아프리카 기후가 약 280만 년 전에 건조하고 척박하게 바뀌어 간 것을 확인할 수 있는데, 이 변화가 동아프리카의 식물군과 인류의 진화에 심대한 영향을 주었을 것이다.[15,17] 예를 들면, 호미닌의 종분화(새로운 종이 형성되는 것)와 두뇌 크기 변화는 대지구대에 깊은 호수가 만들어진 것과 통계학적으로 관련이 있어 보인다. 큰 두뇌를 가진 호모 에렉투스가 출현한 시기는 지금으로부터 약 200만 년 전 호수의 크기가 가장 컸을 때와 일치한다.[18]

• 기후와 생태계에 생긴 큰 사건들이 여러 혈통에서 빠른 멸종과 새로운 종들의 교체(파동)로 이어진다는 가설이다. 큰 사건이란 급격한 기후 변화, 지각판 이동, 화재 같은 큰 참사들을 말한다.

이러한 중요한 기후 및 환경 변화가 대지구대 지역의 일반적 거주환경에 지대한 영향을 미쳤을 뿐 아니라, 호수나 담수, 초목의 유무에 따라 이주에도 영향을 주었을 것이다. 그렇지만 이때의 기후 변화는 유인원과 초기 호미닌이 보인 근본적이고 급진적인 생리학적·해부학적 특성의 차이, 즉 직립보행, 체모 소실, 피하지방, 체온 조절 방식과 같은 차이를 만들어 낼 정도로 결정적이지 않았던 것으로 보인다. 이런 것들은 이미 300만 년 전 중신세 말기부터 진화되었다.

실제로 우리의 조상뿐 아니라 사촌 영장류나 다른 육상 포유동물들도 모두 지상에서 동일한 기후와 환경 영향에 노출되었을 것이다. 그러나 다른 종족들은 호미닌 특유의 특징이나 이와 비슷한 적응을 발달시키지 않았다. 따라서 이러한 진화적 적응은 일반적인 기후나 다른 환경 요소와 관련짓기보다는 해부학적·생리학적 용어로 설명해야 한다.

이러한 주요 해부학적·생리학적 변화들은 초기 호미닌의 신체가 완전히 다른 환경에 노출될 경우에만 일어날 수 있었다. 호미닌이 사바나에서 진화했다면, 숲의 나무든 사바나 숲의 바닥이든 환경에는 큰 차이가 없었을 것이다. 한 가지 가능한 설명은 '인접한 외부 환경'에 먹을거리를 찾기 위해서 수영하고 잠수해야 하는 물가의 서식지가 포함되어 있었으며, 이들이 살던 곳이 땅만 있는 환경은 아니었다는 것이다.

나는 인간이 가진 독특한 특성을 하나하나 살피고 각각 논리적인 용어로 설명하는 것이 중요하다고 믿는다. 아인슈타인은 다음과 같이 말했다. "오래된 문제를 새로운 각도에서 바라보고 새로운 의문이나 가능성을 제기하는 데는 창조적 상상력이 필요하며, 이를 통해 진정한 과학의 발전이 이루어진다." 지난 30년 동안 무시할 수 없는 새로운 과학적 증거가 많이 발표되었다.

수생 유인원 가설과 같은 새로운 이론들은 객관적으로 평가되고 논의되어야 한다. 앨리스 로버츠의 『진화: 인간의 역사』[19]나 크리스 스트링어의 『인간 진화의 완전한 세계』[20] 같은 훌륭한 교과서들에도 수생 이론에 대한 언급이 없다. 반세기 전에 출간된 『인간은 과거에 더 수생이었는가? 앨리스터 하디 이후 50년』[10]은 차치하고, 지난 10년 사이에 수생 이론을 언급한 사람은 미셸 오덴트 박사가 유일하다. 산부인과 의사로 수중분만법의 선구자이기도 한 그는 『해양 침팬지 인간의 출생』[21]을 저술했다.

02 수생 이론에 대한 논란

새로운 생각이 거부되는 것은
흔히 주류 패러다임에 정면으로 맞서기 때문이다.
여기서는 사바나 가설이 주류 패러다임이다.
_필립 토비아스

웨일스 출신의 텔레비전 작가이자 몇 권의 책을 저술한 바 있는 일레인 모건은 인간 진화 이론 중 '수생 유인원 가설'을 지지하는 사람이다. 그녀는 1967년 데즈먼드 모리스가 인류 진화에 대해 쓴 『털없는 원숭이』[1]라는 책을 읽고 '사바나 진화 이론'의 모순에 관심을 가지게 되었다. 모리스는 그 책에서 하디가 말한 호미닌 진화의 '수생 이론'을 언급했지만, 화석 증거가 없다는 이유로 무시했다.

일레인은 1972년에 발표한 첫 번째 책인 『여성의 유래』에서 진화 과정에서 여성의 역할을 경시하는 명백한 차별을 지적했고,[2] 이는 1985년 『수생 유인원 가설』[3] 출간으로 이어졌다. 그렇지만 학계는 일레인의 주장에 의미를 두지 않았고, 그녀가 학자가 아니라는 이유로 무시하며 일레인의 책을 비판했다.

1992년 영국 고등과학협회의 연례 학술회의에서 데이비드 애튼버러 경이 '수생 유인원'에 관한 심포지엄을 구성하고, 일레인 모건과 이 학설을 지지하는 사람들이 발표했다. 이 학술회의에서는 인간의 두뇌가 크게 발달하기 위해서는 바다에서 얻는 먹을거리가 중요했고, 부비동은 수생 호미닌의 두개골이 물에 잘 뜨도록 하기 위해 존재하며, 서핑이나 수영을 자주 하는 사람의 외이도에서 외골증이 흔히 관찰된다는 점도 언급되었다.• 이 작은 뼈들이 초기 인류의 두개골에서 발견된다면, 수생 유인원 가설을 입증하는 결정적인 화석 증거가 될 것이라는 예측이 나오기도 했다.[4]

그러나 학계와 언론은 이와 같은 견해를 또다시 일축했다. 학술회의가 진행되는 기간에 『타임스』지에는 "어떻게 유인원이 인류의 주류가 되었는가?"라는 제목의 기사와 함께 초기 유인원의 합성 사진을 게재하고, "수영 코치의 원조?"라는 사진 설명을 붙였다(그림 2.1). 그다음 주에는 버나드 레빈이 특유의 풍자적인 어조로 "부비동만 믿고 다윈 진화론 논쟁에 뛰어들다. 잃어버린 연결 고리는 바로 이거야!"라는 논평을 『타임스』지에 실었다(그림 2.2).

이후 몇 년 동안 비판자들은 신이 났다. 인류학자인 존 랭던은 1997년 발표한 비평에서 수생 유인원 가설은 틀렸다고 증명할 수 없기 때문에 적절한 과학적 가설이 될 수 없다고 주장했다.[5] 랭던은 '사바나 가설'이 '고고인류학의 공통 원칙'이라고 생각했고, 일부 인류학자들은 수생 유인원 가설 개념이 반박할 가치조차 없다고 말하

• 실제로 우리나라의 해녀들에게도 외골증이 많이 나타난다(11장 참조).

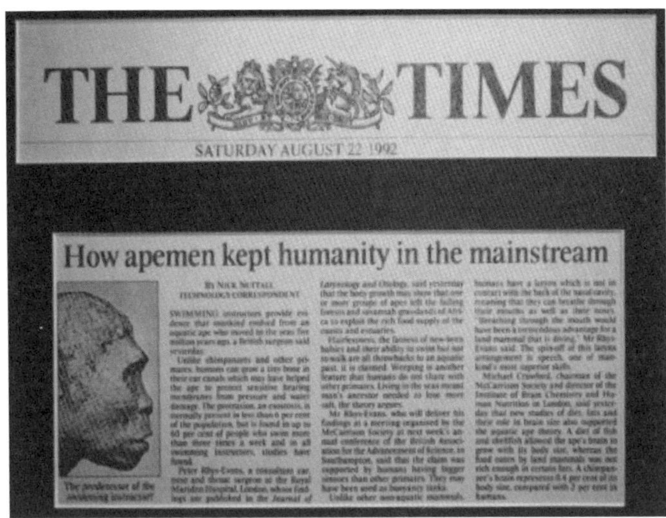

THE TIMES

SATURDAY AUGUST 22 1992

How apemen kept humanity in the mainstream

그림 2.1 1992년 8월 22일 자 『타임스』 기사

Bernard Levin plunges into the Darwinian debate with only his sinuses for support

The missing link, ç'est moi

그림 2.2 1992년 8월 31일 자 『타임스』에 버나드 레빈이 기고한 기사

기도 했다. 그뿐만 아니라 수생 유인원 가설을 주장하는 사람들이 제시하는 증거들은 대부분 연부조직의 해부와 생리적 발달에 대한 것인 반면, 고고인류학은 화석에서 밝혀진 근골격계 시스템과 두뇌 크기를 넘어서는 해부학적 구조의 발달에 대해서 거의 추측하지 않았다. 랭던이 내린 결론은 수생 유인원 가설이 비교해부학적으로 부정되기 어렵고, 이를 부정할 수 있는 유일한 자료가 화석 증거라는 것이었다.

남아프리카공화국에서 가장 존경받는 과학자 중 한 사람인 필립 토비아스 교수는 초기 호미닌의 화석 유적에 대한 연구로 잘 알려진 고인류학자다. 그는 평생 동안 '사바나 가설'을 지지했고, 우리의 조상들이 광활한 대지를 더 잘 바라보기 위해서 두 발로 서고 뛰기 시작했다고 믿었다. 그러나 2011년에는 다음과 같이 적었다.

> 나는 1985년에 전통적인 개념을 피력하는 「사바나의 정복과 직립보행의 확립」이라는 글을 쓴 적이 있다. "아프리카 유인원들은 대륙의 중앙부에 있는 습한 밀림 지역에서만 발견되며, 그들의 조상 유인원들도 역시 숲속에서 살던 존재들이었다. (…) 성긴 삼림 지대와 사바나가 확대되고 원시 삼림 지역이 줄어들면서 똑바로 서서 두 발로 걷는 것이 선호되는 조건이 형성되기 시작했다. 사바나를 덮은 긴 풀을 헤치고 달리는 능력은 '키가 크게 걸을' 수 있는 유인원들에게 보다 유리했을 것이다. 직립성은 키가 큰 풀이 우거진 초원 위로 멀리까지 내다보고, 사자와 같은 날카로운 이빨을 가진 포식자들을 살필 수 있는 기회를 제공했을 것이다. 어찌 보면 그런 일련의 조건 때

> 문에 지구상에 호미닌이 출현한 것 같다." 이 설명이 바로 사바나 가설의 정수이자 이 이론을 지지하는 나의 마지막 진술이었다. 1995년, 이번에 나는 사바나 가설에 대해 다음과 같이 말했다. "우리는 말할 수 없이 중대한 오류를 범했다."[6]

1998년 토비아스는 일레인 모건과 마크 베르하겐의 업적을 인용하면서 인간 진화에서 물의 중요성에 대해 새롭게 관심을 보이길 촉구했다. 다른 이론들도 있기 때문에 토비아스는 수생 유인원 가설을 인간이 직립보행을 하게 된 주된 원인으로 옹호하지는 않았다. 그러나 그가 알기로는, 인간과 수생 포유동물을 연결하는 생리학적·생화학적 특성들을 설명할 수 있는 다른 가설이 없었다.

토비아스는 초기 호미닌처럼 진화하는 집단의 거점에서 가장 중요한 요소는 물과의 근접성이라고 지적했다. 인간은 열대성 또는 아열대성 기후에서 물이 없으면 쉽게 탈수되기 때문에 우리의 조상들은 샘, 강, 호수, 민물 가까이 살아야만 했다. 인류의 초기 구성원들이 어디에서 진화를 하든, 그들은 마실 물과 체온을 식힐 물이 필요했다. 또한 토비아스는 물이 지구 전역에 인류를 분산하는 데에도 결정적 역할을 했다고 역설했다.

> 오랜 증거와 새로운 증거를 모두 살펴볼 때, 이제 인류 진화를 연구하는 학자들이 마음을 열고 인류 진화에서 물의 역할에 대해 공정하고 객관적인 사고를 해야 할 시점이다. 우리는 물에 대해 통합적인 평가를 해야 한다. 첫째, 식수로서, 둘째, 수생 식물과 동물의 먹이

공급원으로서, 셋째, 전 지구적으로 인류 확산을 촉진하거나 방해하는 수로로서 물을 생각해야 한다. 그리고 마지막으로 인간의 피부, 땀샘, 땀의 화학적 성분, 체온 조절과 변화, 열 발산과 물 소비 등 인간이 사바나에 적응한 다른 포유동물과 매우 다를 뿐만 아니라, 어떤 경우에는 수중 포유동물을 떠올리게 하는 특별한 특징들을 갖고 있음을 외면해서는 안 된다.[6]

그러나 필립 토비아스처럼 세계적으로 유명하고 존경받는 과학자조차도 수생 유인원 이론을 고려하지 않으려는 침묵의 벽을 허물지 못했으며, 그의 견해도 대체로 무시되었다.

"새로운 생각이 거부되는 것은 흔히 주류 패러다임에 맞서기 때문이다. 여기서는 사바나 가설이 주류 패러다임이다."라고 토비아스 교수는 저서 『바로 밖에서Out There』에서 기술했다. 그리고 계속해서 이렇게 덧붙였다. "사바나 가설이 많은 사람들의 생각을 흐려 놓을 때 적어도 인류학자들은 전보다 더 열린 마음으로 새 가설을 검증해야 한다."[6]

새로운 과학적 증거들이 속속 등장하는 가운데 2013년 5월 데이비드 애튼버러 경, 도널드 조핸슨과 다른 많은 세계적 학자가 런던에서 '인간의 진화: 과거, 현재, 미래'라는 제목으로 국제 학술회의를 개최했다. 이 자리에서 수변 유인원 이론을 지지하거나 반대하는 주장들이 같이 논의되었으나, 이 무렵 사바나 유인원 이론은 대체로 많은 사람들에게 불신을 받고 있었다.

그럼에도 비판자들은 늘어 가는 과학적 증거들을 계속 무시했다. 유명한 방송인이자 언론인인 버나드 레빈이 약 20여 년 전에 『타임스』지에 장난스럽게 기고한 것은 차치하고, 2013년 학술회의가 열리고 있을 때 과학 잡지 『네이처』의 수석 편집자 중 한 명인 헨리 지가 다음과 같은 글을 쓰기도 했다.

> 사람들은 자신이 진화에 대해 알고 있다고 생각한다. 그렇지만 '수변 유인원 이론'은 과학이 아니다. 그것은 창조론이다. […] 인간 진화에 관한 말도 안 되는 쓰레기 더미에서 골라낸 불가사의하고 섬뜩하기조차 한 근사한 헛소리다.[7]

이들은 많은 세계적 연사가 학술회의에서 증거와 함께 수변 유인원 가설을 지지한 것에 대해서는 언급조차 하지 않았다.

인류학자인 존 호크스는 "수변 유인원 가설은 유사 과학으로 분류하는 것이 옳다. 이 가설이 자기들 나름의 생각으로 만들어진 것이고, 이를 지지하는 사람들의 비과학적인 접근 때문이다."라고 기술했다.[8] 체질인류학자인 유지니 스콧은 수변 유인원 가설을 외계인과 인간의 이종교배나 빅풋Bigfoot•과 같은 유사 과학적 주장과 마찬가지인 '사이비 인류학'의 한 예라고 말했다.[9]

• 미국, 캐나다의 로키산맥 일대에서 목격된다는 미확인 동물로, '사스콰치(Sasquatch)'라고도 불린다.

수변 유인원 가설과 무관하게 인간 진화에서 물이 어떤 역할을 했는지 연구하고자 하는 일부 인류학자들은 수변 유인원 가설에 대한 대중의 지지가 늘어가는 것에 당혹감을 느꼈다. 이들은 수변 유인원 가설은 깊은 물속 환경에 적응하는 것이라고 생각했기 때문이다. 로버트 폴리와 마르타 라르는 "고인류학 연구에서 물과 관련된 어떤 것에라도 눈길을 주는 것은 잘못 해석될 수 있다."라고 말하기도 했다. 그러나 "인간은 다른 육상 포유동물처럼 물에 크게 의존하는 종이기 때문에 진화 과정에서 우리가 주로 민물과 가까운 육상 주거지에서 살았다는 사실은 의심할 여지가 없다."라고 주장한다. 그러면서 "주류 의견의 압력 때문에, 수변 유인원 가설 지지자들이 하디와 모건의 핵심 주장에서 벗어나 일반화된 논점을 강조하는 쪽으로 도망치는 경향이 있다."라고 말하기도 했다.[10]

2016년 9월 데이비드 애튼버러 경은 BBC 라디오 4에서 〈물가의 원숭이〉라는 토론회를 두 차례에 걸쳐 진행했다. 이 토론회에서는 몇 가지 직접적인 질문들이 제기되었다. 첫째, 인간과 우리의 조상들은 얼마나 오랫동안 수생 및 해양 자원을 사용해 왔는가? 둘째, 우리는 수생 및 해양 자원에 의존하는 연안 환경에 생리적·인지적으로 적응했는가? 그리고 마지막으로, 지난 15년간의 연구에서 이 질문들 중 어떤 것이라도 이를 부정하거나 설명하는 증거가 나타났는가?[11]

방송 다음 날인 9월 16일, 버밍엄대학의 교수인 앨리스 로버츠와 런던 대학(UCL) 지리학 교수인 마크 매슬린이 〈컨버세이션닷컴The Conversation.com〉에 "데이비드 애튼버러 씨, 미안하지만 우리는

'물가 원숭이'에서 진화하지 않았습니다. 그 이유는 다음과 같습니다."라는 글을 게재했고,[12] 이는 『가디언』, 『인디펜던트』, 『사이언티픽 아메리칸』에 실렸다. 이 글에서 그들은 40년 전에는 의미가 있었을지 모르지만 2016년에는 아무 의미를 갖지 못하는 주장을 했다. 기사의 많은 부분이 3년 전 『네이처』지의 편집자인 헨리 지가 런던 국제 학술회의 이후에 썼던 내용을 반복한 것이었다. 구체적으로 그들은 다음과 같이 말했다.

1. 수변 모델을 지지할 만한 화석이나 다른 증거가 없다.
2. 수변 모델은 "어떤 반증 가능성•도 가지고 있지 않기 때문에 유사 과학이다."(Henry Gee@Nature 제공, 로버츠가 리트윗)

이 기사에 대응하여 데이비드 애튼버러 경과 수변 이론을 지지하는 많은 세계적인 학자가 다음과 같은 답변을 썼다.

> 우리의 선조들은 실제로 해안가에서 진화했을 수 있다. 그 이유는 다음과 같다.[13]
>
> 제시된 두 가지 반론은 모두 〈물가의 원숭이〉 프로그램에서 직접 검토된 바 있다. 로버츠와 매슬린은 지난 15년이 넘는 기간 동안 동

• 반증 가능성(反證可能性, falsifiability)은 검증하려는 가설이 실험이나 관측에 의해서 부정될 가능성이 있다는 것이다. 예를 들면, "아침에 태양이 동쪽에서 떠오른다."라는 가설은 아침에 태양이 동쪽에서 떠오르지 않는다는 관측에 의해서 반증될 수 있다.

료 학자들의 심사를 받아 학술지에 발표된 많은 연구, 즉 방송에서 모두 다루었지만 기사에서 무시한 이 연구들을 보았으면 한다.

1. 반수생 포유동물과 비교한 인간의 잠수 생리와 능력(Schagatay, 2014; Schagatay and Fahlman, 2014, in *Human Evolution*)
2. 현대 인간과 100-200만 년 전 화석 두개골에서 보이는 외이도의 외골증은 호모 에렉투스와 네안데르탈인이 자주 수영을 했다는 증거임(Rhys-Evans and Cameron, 2014, in *Human Evolution*)
3. 탄소 동위원소 검사에 의하면 200-300만 년 전의 초기 호미닌들이 얕은 물가에서 서식했고, 습지의 사초sedge나 파피루스를 이용함(Magill et al., 2016, in *PNAS*)
4. 약 200만 년 전 투르카나 분지에서 거대한 메기를 잡아먹은 흔적(Braun and Archer, 2014, in *Journal of Human Evolution*), 게셔 베놋 야코브의 아슐리안 유적에서 발견된 대형 잉어를 잡아 처리한 흔적(Alperson-Afil et al., 2009, in *Science*)
5. 호모 에렉투스에서 보이는 비후성골경화증pachyosteosclerosis, 즉 두껍고 부서지기 쉬운 뼈는 얕은 물에서의 잠수 습관을 시사함(Verhaegen and Munro, 2011, in *Journal of Comparative Human Biology*)
6. 80만 년 전 게셔 베놋 야코브에서 가시연꽃 씨를 얻기 위해 얕은 물에서 잠수한 것(Goren-Inbar et al., 2014, in InternetArch)
7. 50만 년 전 자바섬 트리닐 지역에서 식량과 도구로 사용한 큰 홍합을 얻기 위해서 물속에서 걷고 탐색했다는 증거(Joordens

and Munro et al., 2015, in *Nature*)

8. 피너클 포인트 지역에서 발견된, 16만 4천 년 전 홍합과 고둥을 먹었다는 증거(Marean et al., 2007, in *Nature*)
9. 인간의 두뇌 발달에 DHA* 외에도 요오드, 철분, 셀레늄, 아연과 다른 영양소들이 필요한 점(Broadhurst et al., 2002, in *British Journal of Nutrition*)
10. 태지가 출생 즉시 물속에서 적응하기 위한 것이라는 반증 가능 가설이 세워졌고, 검증 및 증명됨(Brenna et al., 2018, Scientific Reports)

위에서 언급한 연구들이 어째서 인간 진화의 수변 모델을 지지하지 못하는지 로버츠와 매슬린이 설명해 줄 수 있다면 독자들에게 도움이 될 것이다. 어째서 위의 연구자들을 가리켜 '유사 과학'을 주장하는 사람들이라고 말하는 것일까?

로버츠와 매슬린은 지난 15년간 동료 심사를 받았으며 인간 진화의 역사에서 수변 주거와 적응을 보여 주는 연구들을 일반 대중이 알지 못하도록 해야 한다는 뜻일까? 대중이 과학에 참여하는 일은 어떤 논의가 과학적으로 받아들여질 수 있는지 판단하기보다는 논쟁을 피하지 않고 증거를 확인하는 것이라고 생각한다. 이것이 동료 심사를 받는 학술지의 역할이다.

로버츠와 매슬린의 낡은 주장을 그대로 믿기보다는 우리가 제시

* DHA는 사람의 뇌, 대뇌 겉질, 피부, 망막의 주요 구조적 성분인 오메가-3지방산이다.

하는 연구 원본을 읽고 스스로 판단하기를 독자들에게 권한다.

앞에 언급한 교수들과 달리, BBC와 데이비드 애튼버러 경이 가장 최근의 과학적 문헌을 추적하고 이를 대중에게 널리 알린 것에 갈채를 보낸다.

서명자들,

에리카 샤가타위(스웨덴 미드스웨덴 대학, 동물생리학 교수)

피터 리스-에번스(영국 런던 리스터병원, 이비인후과 고문의사)

캐슬린 스튜어트(캐나다 오타와 캐나다자연사박물관, 리서치 사이언티스트)

마크 베르하겐(벨기에 메헬렌, 인류 진화 연구원 겸 일반의사)

마리오 파네이하우터(벨기에 겐트 대학, 의학 및 세균학 교수)

나마 고렌 인바르(이스라엘 예루살렘히브리 대학, 고고학 교수)

스티븐 먼로(호주국립박물관, 큐레이터)

앨지스 큘루커스(웨스턴오스트레일리아 대학, 연구원)

스티븐 커네인(캐나다 셔브룩 대학, 의학 교수)

톰 브레너(미국 코넬 대학, 교수)

마이클 크로퍼드(영국 런던 임피리얼 대학, 초빙 교수)[13]

이런 진화가 300만 년 또는 400만 년 만에 일어날 수 없다고 주장되기도 했지만, 이러한 진화적 변화가 상대적으로 짧은 기간에 일어났을 가능성이 훨씬 크다. 왜냐하면 우리의 조상들은 다른 유인원들과 완전히 다른 반수생 서식지에 적응했기 때문이다. 만약 그들이 아무 변화 없이, 수백만 년 동안 유인원 사촌들과 함께 지내왔던 나무 위에서 숲의 바닥과 초원으로 이동하기만 했다면 이처럼 크고 독특한 변화를 가져온 강력한 동력은 없었을 것이다. 그들이 매우 다른 생태적 틈새에서 살아남아야만 하는 것이 아니었다면 어째서 유인원 종족 가운데 한 종만이 급진적인 변화를 택하게 되었을까? 건조한 지역이 증가하고 삼림 주거가 없어진 환경이 물가나 습지, 강변에 살고 있던 유인원 무리가 먹이를 찾기 위해서 얕은 물속으로 뛰어들어 좀 더 수생적 존재로 적응하도록 초기 자극을 제공했을 수 있다.

하디와 모건이 기술했듯이, 이러한 흔하지 않은 조건에서 몸에 털이 없고 두 발로 걷는 유인원의 진화가 나타나기 시작했다. 그들 중에 호미닌류인 오스트랄로피테쿠스가 있었고, 이들이 아파르만을 따라 유적이 발견된 남쪽 하다르 쪽으로 모험을 떠났을 수 있다.[14] 다른 오스트랄로피테쿠스들은 지금의 케냐 지역인 쿠비포라 또는 탄자니아 지역의 올두바이 협곡으로 이동했는데, 이곳은 호모 하빌리스의 화석들이 발견된 곳이다.[15,16] 지금으로부터 약 100만 년 전에 호모 에렉투스가 출현했으며, 그 뒤로도 진화적인 발전은 3만 년 전경 대지구대가 마지막 건조화를 겪을 때까지 이어졌다.[17,18]

수변 이론은 직립 오스트랄로피테쿠스가 나무 위에서 땅으로 내려올 때 반수생 생활의 결과로 다양한 적응들을 진화시켰고, 이는 사바나에서 생활하던 다른 유인원들에 비해 분명 유리하게 작용했을 것이라고 가정한다. 안정된 직립보행은 이들이 땅 위에서 앞발을 자유롭게 사용하고 물건과 무기를 들고 운반할 수 있게 했으며, 이는 그들이 대지의 새로운 환경에서 지배적인 사냥꾼으로 등장하는 데 확실히 유리했다는 것이다.

무엇이 증거인가

나무 위에서 생활하던 유인원에서 초기 인류로 이어지는 진화적 발달에 대한 진실이 무엇이든 간에, 일어난 사건들의 순서를 명확하게 설명할 수 없을지라도 그 가정들은 과학적 사실에 근거해야 한다. 우리는 커다란 그림 맞추기 퍼즐에서 작은 조각들만 가지고 있을 뿐이다. 하지만 수변 이론은 고등 영장류와 인간 사이에 존재하는 수수께끼 같은 불일치들에 대해서 더욱 논리적이고 일관된 답을 제공하는 것으로 보이며, 다른 종에서 보이는 인간과 유사한 발달이 이를 뒷받침한다.

진화적 변화에 대해 화석 증거는 초기 호미닌 진화에서 직립보행이 최초의 결정적 적응이었다는 것을 의심할 여지없이 증명했다.[19] 최근 라이트마이어가 진행한 호모 에렉투스의 초기 두개골과 두개골 뒷부분에 관한 상세한 연구는 골격 구조의 (비교학적) 변화와 관련한 유용한 정보를 제공해 주었다.[20] 일레인 모건의 '수변 이론'을 뒷받침하는 증거인 피하지방의 변화, 체모 소실, 체온 조절 기능의 변화 등은 연부조직의 적응과 관련된 것이어서 구체적인 변화 시기를 특정하기는 어렵지만 이것은 온전히 과학적 추론에 근거한 것이다.[21] 빙하기가 끝난 이후 수많은 고고학적 유적이 물에 잠겼고,

파도에 의한 침식이 일어나는 해양 환경의 특성을 고려할 때 이 시기의 것으로 추정되는 초기 호미닌 화석이 거의 발견되지 않았다는 점은 놀라운 일이 아니다. 하지만 원시 오스트랄로피테쿠스의 유적들이 모두 아파르 반도와 올두바이 협곡의 해안 지역이나 내륙의 물가 가까이에서 발견되었다는 점에 대해 사바나 이론의 주창자들은 우연의 일치라고 주장한다.

그러나 수변 이론을 비판하는 이들은 이 이론을 뒷받침하는 확정적인 화석 증거가 있다는 사실을 잊어버린 것 같다. 인류학자들과 과학자들이 간과해 온 화석 증거는 초기 인류가 식량을 구하기 위해 물속으로 들어갔으며 다른 유인원 선조들과 달리 상당한 시간 동안 수영과 잠수를 했다는 것을 보여 준다. 이는 수변 이론을 뒷받침하는 결정적인 증거인데, 현대적인 CT 촬영 영상과 잘 보존된 초기 영장류 인간의 화석 유적이 증가함에 따라 증거가 더 많아질 수 있다. '서퍼의 귀'로 잘 알려진 외이도에 생기는 외골증이 이와 관련이 있다는 것이다.[22,23]

『네이처』지의 수석 편집자인 헨리 지는 2013년 국제 학술회의 당시의 발언에 이어 2016년 9월 데이비드 애튼버러 경의 BBC 라디오 방송 때에도 의견을 냈다.[24]

> 도대체 왜 BBC는 '수생 유인원 가설'에 또다시 기웃거려 관심을 받게 하는가? 그것은 '이론'이 아니다. 선별된 유사 사실들을 바탕으로 '주장'되는 흥밋거리일 뿐이며, 반증조차 할 수 없기 때문에 과학이 아니다.

헨리 지는 계속해서 다음과 같이 말하는데, 다행스러운 점은 그가 자신의 정보 출처를 밝혔다는 사실이다.[24]

> 이래도 확신하지 못하겠다면, 다음 사고실험을 생각해 보라. 지식과 지혜의 원천으로 유명한 아이들의 수수께끼에서 가져왔다.
>
> 질문: 왜 코끼리는 발바닥을 노랗게 칠할까?
>
> 정답: 그렇게 하면 노란색 커스터드 푸딩 그릇에 거꾸로 누워서 자기 몸을 숨길 수 있으니까.

최근의 과학적 증거를 고려하길 꺼리는 사람들에게 나는 바로 그 노란 푸딩 안에 증거가 있다고 말하겠다. 호미닌 조상들은 생존을 위해 수백만 년 동안 허우적거리며 싸웠고, 결국 두 발로 걸으며 지능을 가지고 지배적인 호미닌 영장류 종인 호모 사피엔스, 곧 오늘날의 우리로 진화했다. 물과 바다에서 나는 식량을 먹었기 때문에 커다란 두뇌와 훨씬 뛰어난 지능을 갖게 되었다.

진화학자들은 수변 이론을 지지하는 최근의 과학적 증거들을 무시하는 대신 받아들이고, 더 이상 정당성을 갖지 못하는 오래된 논평을 반복하기보다 의미 있는 토론과 논쟁에 참여하는 것이 더 유익할 것이다. 결국 호미닌 진화는 뼈와 두개강cranial cavity 크기 같은 화석 증거에만 나타나는 것이 아니라, 몸 안에서 해부학적·생리학적·생화학적 적응 과정이 수백만 년에 걸쳐 일어난 것이다. 그리고 저명한 인류학자, 과학자, 의사, 동식물 연구가, 학자 등 많은 이가 다양한 진화의 측면과 이론을 이해하기 위해 긴 시간을 바치고 있다.

나는 앞으로 논의할 수변 이론의 과학적 증거들이 호미닌 진화에서 나타난 다양하고 독특한 적응들을 논리적으로 설명해 줄 거라고 굳게 믿는다. 그들이 두 발로 물속에서 걸은 덕분에 인간은 직립하고 두각을 나타내게 되었으며, 수중 생활에 적응된 인두와 후두가 하강한 덕분에 먹고 말하고 논쟁하며 지적인 대화를 계속할 수 있었다. 시간이 지나 수변 이론이 받아들여졌을 때, 이 이론을 비판했던 사람들이 자기가 했던 말을 되삼키면서 목메지 않기를 바란다. 그리고 이 이론이 실제로 옳다는 것을 깨닫고 커스터드 푸딩 그릇 안에 거꾸로 들어가 숨을 때 얼굴이 달걀로 뒤범벅되지 않기를 바란다.

03 우리의 유전적 유산

인간유전체사업은 역사책이다.
우리 종족이 시간을 헤쳐 나온 여정의 서술이다.
인간의 모든 세포에 대한 상세한 청사진을 갖춘
운영 지침서이자 변혁적인 의학 교과서다.
이는 의료인들에게 질병을 치료하고 예방하고 완치하는
막강하고 새로운 능력을 줄 것이다.
_프랜시스 콜린스•

인간유전체사업Human Genome Project 보고서가 발표된 후 15년 동안 우리는 매달 유전적 유산에 대한 새로운 발견이나 유전성 질환들을 퇴치할 놀라운 방법을 찾아냈다. 전 세계의 수많은 과학자가 약 30억 달러의 비용을 들여 인간유전체에 대한 완전한 첫 번째 보고서를 2001년에 내놓았고, 이로써 유전자인 DNA 염기서열의 수수께끼가 풀렸다. 2014년 12월에는 많은 임상의사와 연구자들이 암

• 프랜시스 콜린스(Francis Collins)는 미국국립보건원(NIH) 인간유전체연구소의 소장을 맡으면서 역사상 최초로 시도된 인간유전체연구사업(게놈 프로젝트)을 이끌었고, 미국국립보건원 원장을 역임했다.

또는 희귀한 유전성 질환을 더 잘 이해하고 궁극적으로 치료하기 위해 '10만 유전체사업'이 시작되었다.[1] 매달 100가구 이상 모집되고, 생존해 있거나 사망한 전 세계의 사람들에게 수백만 개의 시료를 받아, 염기서열이 완전하게 파악된 인간 유전체가 이미 25만 개나 있다.

이 결과들은 환자의 가족들이 마주하는 불확실성을 획기적으로 줄여 줄 뿐만 아니라 향후 치료 방법의 선택, 사회적 지원, 가족계획 등 생활의 여러 영역에 큰 영향을 줄 것이다. 또한 유전체검사 결과는 많은 아이가 조기에 유전적 돌연변이 검사를 받고 상태를 좀 더 효과적으로 관리하는 데 도움을 줄 수 있다. 영국에서는 모든 사람이 태어나면 유전체 염기서열을 확인하려는 계획이 있고,[1] 이미 우리는 조상의 유전체 기록을 파악하기 위해서 타액 샘플을 보내 분석할 수 있다.

현재 축적되는 엄청난 양의 데이터는 고고학적 자료들과 함께 호미닌의 분화와 진화의 순서를 정확하게 추정하는 데 도움을 준다. 최근까지는 비교적 정교하지 못한 연대측정법으로 치아와 골격의 화석 분석에 의존해 왔지만, 이제는 고고학적 유물에서 충분한 DNA를 추출할 수 있다면 초기 호미닌에 관해 훨씬 더 정확한 유전정보를 수집하고, 네안데르탈인과 우리의 조상인 호모 사피엔스가 어떤 관계인가를 비롯해 많은 질문에 답할 수 있다.

1859년 다윈의 『종의 기원』이 발간된 이래 과학계는 어떤 동물이나 식물의 진화적 변화가 특정 서식지에서 생존에 유리할 수도 있고 그렇지 않을 수도 있다는 점을 인지하고 있었다. 다윈의 위대한 저서에는 '진화'라는 단어가 언급되지 않았다. 자연선택 과정에 대한 이론이 자세하게 설명되어 있지만, 사실 '적자생존'이라는 표현은 진화의 본질적인 과정을 기술하기 위해 철학자 허버트 스펜서가 만들어 낸 것이다.

그로부터 12년 뒤인 1871년 다윈이 『인간의 유래』를 출간할 때만 해도 화석 증거는 독일의 네안데르 계곡에서 나온 몇 개의 원시인 유골과 지브롤터와 벨기에에서 발견된 두개골 정도밖에 없었다. 하지만 다윈은 "우리의 초기 선조들은 다른 곳보다 아프리카 대륙에 살았을 가능성이 더 높다."라고 기술했다.[2] 당시 다윈은 다른 모든 종처럼 사람도 이미 존재하던 어떤 형태로부터 유래한 것이 아닐까 생각했지만, 이런 유전적 특징들과 변형들이 어떻게 다음 세대로 전달되는지 알 수 없었다. 유전의 원칙들은 19세기 말이 되어서야 밝혀졌다.

이제 우리는 이러한 특징들이 유전자 복제에 의해 한 세대에서 다음 세대로 전달되고, 신체적 차이가 무작위적인 유전적 돌연변이에 의해 생긴다는 것을 알게 되었다. 유기체를 구성하는 세포들은 계속 분열하며, 일정한 비율로 돌연변이가 생성되면서 조금씩 다른 세포들을 만들어 낸다(예: 다른 색깔의 눈). 만약 이 변화가 생존과 번식에 더 유리한 점을 제공한다면(예: 파란 눈이 더 매력적이다), 이러한 변화는 지속될 가능성이 있다. 개개의 종은 자신들이 속한 동물계나 식물계의 위계 속에서 특정한 영역을 발전시킨다. 그러나 환경은 계속해서 변하고 경쟁하는 종들이 생존에 유리한 새로운 돌연변이를 만들 수도 있다. 그로 인해 연속적인 변화와 진화가 일어나며,

특정 환경에서 더 잘 생존할 수 있는 종을 만들어 낸다. 갈라파고스 군도를 탐험한 다윈은 핀치새들에서 이런 종의 적응 사례를 많이 발견했고, 여기서 진화 이론에 대한 영감을 얻었다.

이 같은 식물과 동물의 미세한 특성 변화는 농부, 양치기나 목동 등에 의해 수천 년 동안 인지되고 활용되어 왔다. 이들은 주어진 환경에 더 강하거나 적합한 변종 또는 잡종을 자기 소유의 동물이나 식물에 선별적으로 교차 교배하여 생존력과 번식력이 강한 새로운 자손을 얻었다.

멘델과 그의 실험

다윈이 진화에 관해 위대한 집필을 하고 있을 무렵에 브륀(지금의 체코 브르노)의 성 토마스 수도원에 있던 무명의 수도사는 식물을 이용한 실험에 착수했다. 그 수도원은 과학 교육에 헌신하는 곳이었고, 그곳의 신참 수도사 그레고어 멘델은 교육 경험과 자격증을 얻기 위해 빈으로 파견되었다. 시험에 떨어진 뒤 수도원으로 돌아온 그는 완두콩 재배 실험을 시작했고, 1863년에 그 결과를 발표했다.[3] 유전법칙에 대한 그의 생각이 얼마나 중요했는지는 그가 사후 유전학의 창시자로 인정받은 1900년경이 되어서야 알려졌다. 이 법칙은 다른 성질이나 속성이 부모로부터 자손에게 어떻게 전달되는지를 설명하는데, 이는 동물계와 식물계의 모든 종에 적용된다.

멘델은 세 가지 이유로 완두콩을 연구했다. 첫째, 완두콩은 저

렴한 데다가 쉽게 구할 수 있고 모양, 색깔, 크기가 다양해서 구별하기 쉽다. 둘째, 쉽게 자가수분을 하거나 교차수분이 된다. 셋째, 대량으로 재배하기 쉽다.

멘델은 완두콩이 매끈하거나 주름지거나, 노랗거나 연두색이거나, 식물의 키가 크거나 작거나, 꽃잎이 보라색이거나 흰색이거나 등 두 개의 표현형phenotypes이 나타나는 일곱 가지 다른 특성을 관찰했다. 몇 세대에 걸쳐 순수한 특성을 수분하자 모체와 동일한 것들이 나왔고, 상대적인 두 속성인 노란색 완두콩과 연두색 완두콩을 교차수분하면 첫 세대(f1)에는 항상 노란색 완두콩이 나오지만, 이것들을 자가수분하면 다음 세대(f2)에는 노란색 완두콩과 연두색 완두콩이 3 : 1의 비율로 생산되는 것을 발견했다. 이와 같은 현상은 다른 표현형에서도 마찬가지였다.

그는 완두콩의 색깔을 정하는 속성이 각 모체로부터 유전되며, '우성'인 노란색 인자(Y)와 '열성'인 연두색 인자(g)가 존재한다고 보았다. 그리고 노란색(Y) 완두콩과 연두색(g) 완두콩을 교차수분한 자손(f1)은 두 요소를 모두 가지고 있지만 표현형은 항상 노란색인데, 그것은 우성인 Y요소가 있기 때문이라고 결론 냈다(그림 3.1). 첫 세대(f1, 모두 Yg)를 자가수분하면, 자손들(f2)의 형태는 YY, Yg, gY와 gg이다. 그중에서 YY, Yg, gY는 노란색이고, gg는 연두색이 된다. 이 요소들이 지금은 유전자로 불리고, 유전자의 조합으로 만들어지는 유전형은 동형접합체homozygote(동일한 짝, 예를 들면 YY는 우성 동형접합체, gg는 열성 동형접합체)이거나 이형접합체heterozygote(다른 짝, 예를 들면 Yg 또는 gY)다. 비록 겉으로 보이는 모양(표현형)이 노란색이라 하

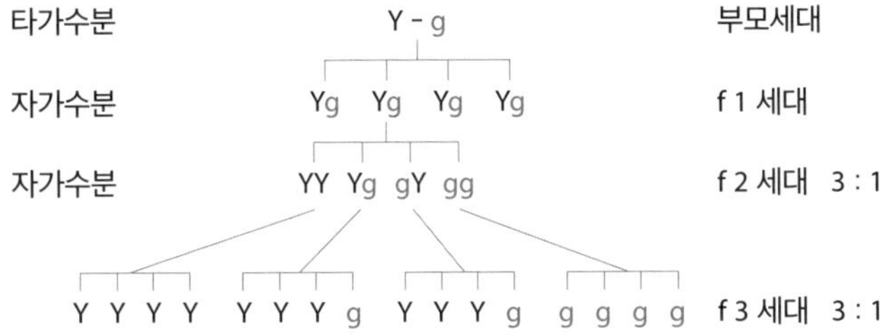

그림 3.1 멘델의 식물 실험

더라도 열성 g유전자(연두색)가 존재하고, 이것이 다음 세대로 전달될 수 있다.

또한 멘델은 이러한 속성이나 유전자가 다른 속성들과는 독립적으로 전달된다는 것을 보여 주었다. 이는 사람의 유전에서 파란 눈을 가진 것이 갈색이나 금발 머리카락의 확률을 올리거나 줄이지 않는 이유를 설명한다. 이제 우리는 다른 성질을 조절하는 유전자들이 세포 안에서 각기 다른 염색체에 위치한다는 것을 알게 되었다. 그리고 인간 유전체 분석을 통해 어떤 사람의 눈 색깔까지 미리 알 수 있다.

DNA가 세포 안에서 유전 정보를 한 세대에서 다음 세대로 전달하는 분자라는 사실이 1940년대에 밝혀졌지만, 로절린드 프랭클린과 모리스 윌킨스가 엑스레이로 DNA를 연구한 것은 1950년대 초반이 되어서였다. 프랭클린이 촬영한 엑스레이 사진은 제임스 왓슨과 프랜시스 크릭이 DNA의 이중나선 구조를 밝혀 낼 수 있도록 했다. 이것은 스스로 복제할 수 있고, 동일한 세포를 부모에게서 자손에게 전달하는 능력을 줄 수 있는 것이다.[4] 크릭과 왓슨은 이 발견으로 노벨상을 받았고, 노벨상을 두 번이나 수상한 영국의 과학자 프레더릭 생어는 DNA 염기서열 분석 방법을 발견했다.

진화의 동력은 끊임없이 변화하는 환경과 자연선택 속에서 종이 생존하려는 노력이다. 1,000만 년 전에서 1,500만 년 전 우리의 선조들이 아프리카의 우거진 삼림 속을 네발로 다니던 종족 중 하나였다는 것을 우리는 안다. 그런데 유인원, 고릴라 또는 침팬지의 조상이나 다른 어떤 육상 포유류에서도 일어나지 않았던 일이 우리 종족의 한 갈래에서 일어났음이 틀림없다.

오늘날 볼 수 있는 인간의 고유한 특성들은 동시에 진화한 것이 아니라 수백만 년에 걸쳐 서서히 진화한 것이다. 그렇지만 결국 호모 사피엔스로 진화하도록 하는 긴 여정을 시작하게 한 초기의 추동력이 틀림없이 있었을 것이다. 그것은 우리의 조상들이 살고 있던 주거 환경을 변화시킨 기후나 지각 활동의 변화일 수도 있고, 연속적으로 일어난 유전자 변이일 수도 있다. 이 둘이 동시에 일어난 것일 수도 있다. 공룡의 멸종을 가져온 극적인 변화와 비슷한 환경 변화 속에서 생존을 위한 투쟁과 멸종의 위협들이 다른 유인원들이 아닌, 우리 조상의 한 부류에서만 일어난 무작위적인 유전 변이와 연관되어 있음에 틀림없다. 이것은 변화한 진화의 시나리오에서 그들의 사촌보다 우리의 조상이 생존에 더 유리했음을 뜻한다.

무슨 일이 언제 일어났는지에 대한 지식은 화석 자료에 근거하여 파악할 수 있지만, 애석하게도 이 시대의 자료들이 드문 실정이다. 초기 호미닌 화석들은 대부분 동아프리카의 대지구대 지역에서 발견되었고, (150년 전 다윈이 예측했던 것처럼) 네발로 기던 유인원들이 두 발로 걷는 초기 호미닌으로 진화한 것이 이 지역에서 일어났다는 점에 대해서는 대부분 동의한다.

존재 조건

다윈은 유전적 요소 외에도 소위 진화에서의 '후성유전적 동력'이라고 불리는 중요한 두 가지 사항을 고려해야 한다고 생각했다. 첫 번째는 '자연선택' 또는 '적자생존'이고 두 번째는 '존재 조건conditions of existence'인데, 다윈은 둘 중 '존재 조건'의 영향력이 더 크다고 생각했다. 예를 들어 일란성 쌍둥이가 서로 다른 환경에서 자라면, 그들은 결국 서로 다른 특성들을 가지고 다르게 반응할 것이다.

이러한 '존재 조건'은 세포 조절 시스템이나 유전체genome의 후성유전적 변화에 의해 결정되는데, 여기서 유전체란 몸 안의 모든 유전자를 포함하는 DNA의 완전한 집합체다. 각 유전체는 그 유기체를 만들고 유지하는 데 필요한 모든 정보를 가지고 있다. 사람의 경우 30억 개 이상의 염기쌍으로 되어 있는 전체 유전체의 사본copy이 핵을 가지고 있는 모든 세포에 들어 있다. 환경 변화나 외부 사건이 이들 유전자를 조정하거나 작동을 조절할 수 있지만, 세포 안에 있는 기본 유전체를 바꾸지는 않는다. 환경 변화와 외부 사건은 메틸 그룹과 같은 분자를 DNA 기본 골격에 추가하여 어떤 유전자가 발현될 것인가를 바꾸는데, 이것이 유기체가 환경 요인에 어떻게 반응할지를 결정할 것이다.

중신세 후기의 가뭄

그렇다면 호미닌의 진화적 변화와 그들의 환경에 막대한 영향을 준 '존재 조건'이나 요소들은 무엇이었을까? 우선 동아프리카 아파르 지역의 지질학적·생태학적 구조를 바꾼 극적인 기후 변화를 꼽을 수 있다. 지금부터 800만 년 전에서 500만 년 전까지 계속되었던 중신세 후기와 선신세 초기의 가뭄으로 유인원들이 살던 숲속 서식지가 소실되었고, 생존을 위해 적응해야만 하는 환경이 되었다.

증거에 따르면 남아프리카의 기후가 800만 년 전부터 지속적으로 건조해져 500만 년 전에서 450만 년 전까지 C4•(주로 열대 초본들) 사바나가 최대로 확장되었다.[5] 이는 약 800만 년 전 대규모 건조화가 시작된 시점에 습기와 강우의 주공급원이 대서양에서 인도양으로 변화한 것과 관련 있을지 모른다. 적도와 극지 사이의 기온 차이가 커지면서 C4 식물이 확산되었다. 약 1,500만 년 전 중신세 후기에 지구 전체의 기온 하강과 증가한 남극 빙하층이 삼림지대를 건조 또는 반건조 환경으로 바꾸기 시작했다.[6]

새로운 식량 공급원을 찾아야만 했고, 변화한 환경에 더 성공적으로 적응할 수 있었던 유인원들이 살아남아 결국 특정한 생태학적 틈새 속에서 지배적인 종이 되었다. 이러한 환경 변화가 영장류 진화의 운명을 바꾸는 데 중요하게 작용했을 것이다. 진화의 고

• 다년생 초본이 광합성을 할 때 이산화탄소를 확보하는 방식에 따라 C3 식물과 C4 식물로 나눈다. C3 식물은 차가운 계절 변화에 적응되어 있고, 습지나 건지 모두에서 성장한다. 반면 C4 식물은 온화하거나 더운 계절 조건에 더 적응되어 있다.

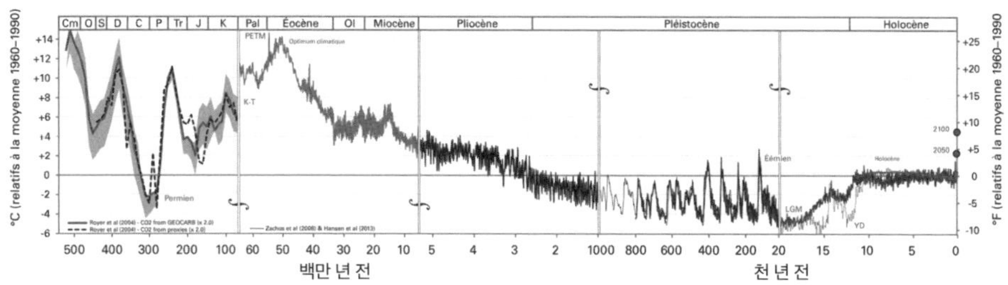

그림 3.2 지난 6천만 년 동안의 지구 기온 변화

전적 이론은 유인원 가족 중 우리의 조상이 된 무리들이 나무 위에서 사바나로 내려와 수렵·채집자로 진화했으며, 더욱 멀리 보기 위해 똑바로 서게 되었다고 말한다. 또한, 사바나를 누비면서 사냥감을 추적하고 사냥하기 위해서 '오래 달리는 법'을 배우게 되었다고 설명한다. 그러나 최근 들어 이에 대해 의문이 제기되고 있고, 다른 유인원 집단과 비교해서 호모 사피엔스가 가진 여러 고유한 특징을 사바나 이론이 설명하지 못한다는 증거도 늘어나고 있다.

지구의 기온은 지난 6천만 년 동안 극적인 변화를 보여 왔다(그림 3.2). 그중 특히 흥미로운 것은 중신세 후기에 있었던 기온 하강인데, 이는 삼림이 감소하는 시기와 일치한다. 1,500만 년 전 극적인 기온 하강이 있었고, 700만 년 전에서 300만 년 전 사이의 선신세 동안 서서히 안정을 되찾았다. 그 이후 약 50만 년 전 홍적세 때까지 약 4만 1천 년을 주기로 기온이 오르락내리락했다.

그런 다음 홍적세 후기에 네 번의 뚜렷한 빙하기가 있었고, 1만 5천 년에서 2만 년 전에 급격한 기온 상승이 뒤따랐다. 이후 완신세 Holocene부터 오늘날까지 기후가 비교적 일정하게 유지되고 있다. 수백만 년 동안 결정적인 시기에 일어난 기온의 변동이 지구상의 생물과 진화 경로, 사람을 비롯한 많은 종들의 이동에 중요한 영향을 미쳤을 거라는 점은 분명하다.

홍적세 말기의 마지막 빙하기와 그 이후 지구의 기온 변화는 유럽에서 네안데르탈인과 궁극적인 지배자가 된 호모 사피엔스의 운명을 결정짓는 데 많은 영향을 미쳤을 것이다. 네안데르탈인은 유럽에서 약 3만 년 전에 사라진 것으로 생각된다. 가장 최근 스페인 남부에서 출토된 네안데르탈인 화석의 연대는 2만 7천 년 전으로 추정된다. 정확하게 그 당시에 그들이 갑자기 멸종했을 것 같지는 않다. 인간과의 이종교배를 통해 그들 중 소수가 이후에도 오랫동안 살아남아 있었을 것이다.

대지구대

중신세 말기에 일어난 극적인 기후 변화뿐 아니라 동아프리카에서 약 670만 년 전에 일어난 대규모 지각 변동도 존재 조건에 큰 영향을 주었을 것이다. 대지구대Great Rift Valley는 레바논의 베카 계곡부터 동남아프리카의 모잠비크까지 6천 킬로미터에 달하는 지질학적 골짜기를 말한다. 동아프리카판이 유럽 쪽으로 이동하면서 그 결과로 넓은 저지대가 침수되었고 내륙에 바다를 형성하면서 올두바이 협곡과 대지구대가 형성되었다(그림 3.3). 이 바다는 수백만 년 후에 결국 말라 버려서 그곳이 바다였다는 것을 보여 주는 소금 퇴적물을

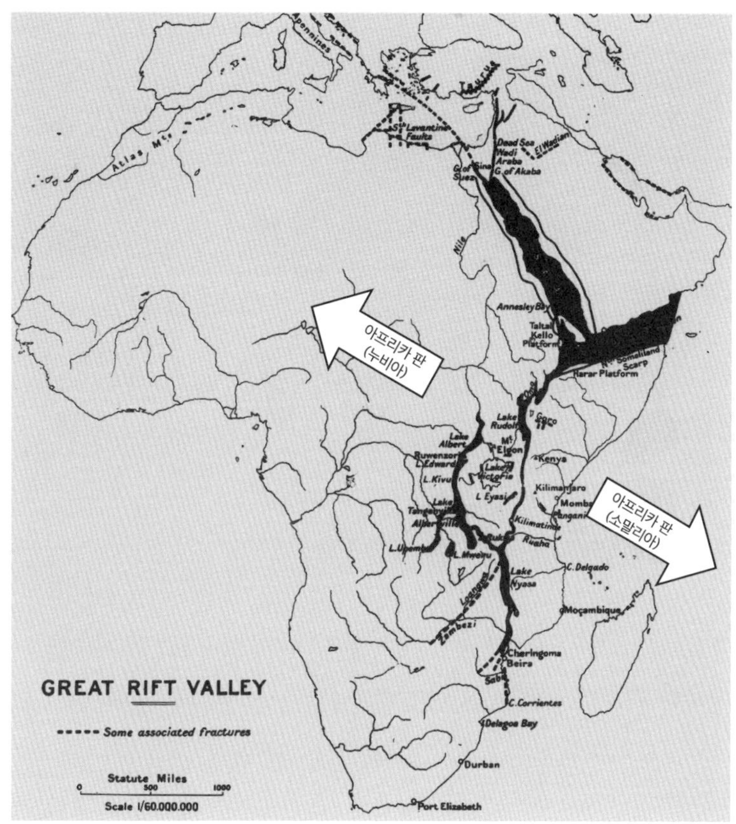

그림 3.3 대지구대

남기게 되었다.

리처드 리키는 대지구대가 형성되면서 나타난 환경의 다양성이 "진화적 변화를 가져오는 데 이상적인 환경"을 제공했다고 추측했다.[7] 300만 년에서 400만 년 전의 초기 오스트랄로피테쿠스 화석이 '인류의 요람'인 대지구대와 올두바이 협곡 지역에서 발견된 이

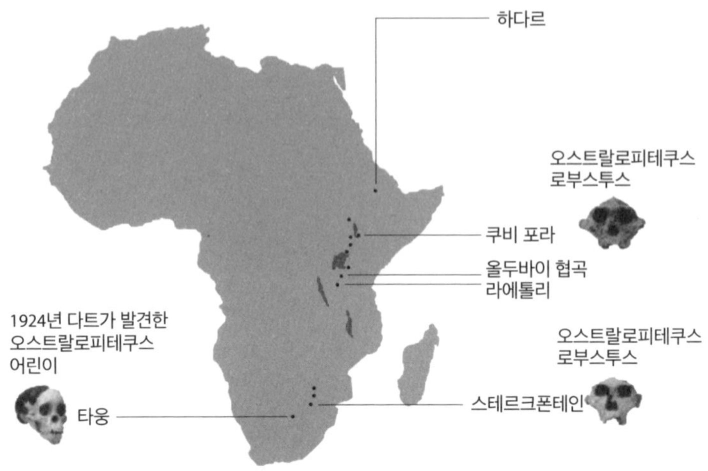

그림 3.4 대지구대에 위치한 초기 오스트랄로피테쿠스 유적지

후로 이 생각은 올바른 추측임이 증명되었다(그림 3.4). 대지구대 서쪽보다 빅토리아 호수 동쪽의 대지구대 분지 가까운 곳에 초기 오스트랄로피테쿠스 유적지가 있다는 사실이 특히 흥미롭다. 대지구대 양쪽의 주된 차이는 동쪽 계곡이 주로 소금물을 머금은 얕은 호수라는 점인데, 이 호수가 초기 호미닌에게 필요한 물가 서식지와 식량을 제공했을 것이다. 반면 서쪽 계곡은 깊은 민물호수가 대부분이다.

초기 호미닌이 수백만 년에 걸쳐 아프리카에서 진화하고, 약 200만 년 전에 아프리카를 떠나 유라시아 대륙이나 인도네시아 방면으로 처음 이동했음은 분명하다. 이들은 결국 데니소바인*Denisovian*,* 극동 지역에서는 호모 플로레시엔시스*Homo floresiensis*, 유럽에서는 네안데르탈인이 되었다. 우리 인간의 조상들이 약 10만 년 전에 모두 아프리카에서 시작했다는 것도 의심할 바 없다. 유전학적 증거로 볼 때, 아프리카 이외의 지역에서는 호모 사피엔스의 흔적이 어디에서도 발견되지 않는다. 이즈음에 아프리카를 떠나는 두 번째 이동이 일어나고, 유럽으로 향한 이들은 네안데르탈인과 만나 결국 그들을 대체하는 우리의 유전적 유산을 만든다.

『인간의 유래』에서 설명했듯이, 다윈은 유전적 요소 외에도 '존재 조건'이 '자연선택'보다 진화적 적응을 결정하는 데 더 큰 영향을 미친다고 생각했다. 유인원 집단으로부터 호미닌이 갈라져 나올 무렵 상당한 지각 변동과 기후 변화가 아프리카 지역에서 일어나 그 지역에 살던 동식물에 막대한 영향을 끼친 것으로 보인다.

특히 안전하고 안정적이었던 숲속 서식지가 붕괴되고 일상적인 식량 공급원이 사라지게 되었다. 점점 더 척박해지는 환경과 남은 숲 지대를 차지하려는 치열한 경쟁은 적응력을 가진 영장류들이 새롭게 형성된 대지구대의 호수와 습지 주변 등 물가 서식지를 찾아 나서도록 했다. 그들이 새로운 생태계인 물가 서식지에서 수백만 년에 걸쳐 매우 독특하게 적응하고 반수생 포유동물의 특징을 가지도록 진화할 수 있었음을 제시하는 증거가 있다. 그들은 살아남았을 뿐만 아니라, 독특한 형태의 이동 방법과 생활 양식을 진화

● 홍적세 후기에 살던 화석 인류의 하나로, 2008년 7월에 시베리아의 알타이산맥에 위치한 데니소바 동굴에서 4만 1천 년 전의 손가락뼈와 어금니 화석이 발견되면서 알려졌다. 8만 년 전부터 3-4만 년 전경까지 시베리아와 우랄·알타이산맥, 동남아시아 지역에서 생존했다고 추정된다(4장 참조).

시켰으며 육지와 물가의 서식지 모두에 적응하고 자원을 활용하는 다재다능하고 지배적인 포유동물이 되었다.

04 인류의 초기 조상들

과거는 미래와 마찬가지로 무한하고
가능성의 스펙트럼으로만 존재한다.
_스티븐 호킹

두 발로 걷는 초기 호미닌

유전적 증거와 화석 기록은 살아 있는 모든 인간이 서로 밀접하게 관련되어 있으며, 약 20만 년 전 동아프리카에서 살았던 공통 조상을 공유한다는 점을 보여 준다. 우리와 가장 가까운 사촌인 침팬지와 공유한 마지막 공통 조상은 지금으로부터 약 600-800만 년 전에 살았다. 첫 번째 호미닌이 이 무렵에 나타난 것이다. 2002년 아프리카 차드에서 발견된 사헬란트로푸스 차덴시스*Sahelanthropus tchadensis*는 생존 연대가 약 600-700만 년 전으로 추정되는데, 두개골에서 아래쪽을 향해 뚫려 있는 대후두공foramen magnum이 처음으로 관찰되었다. 대후두공은 두개골에서 척수가 빠져나가는 통로다. 이로써 이들

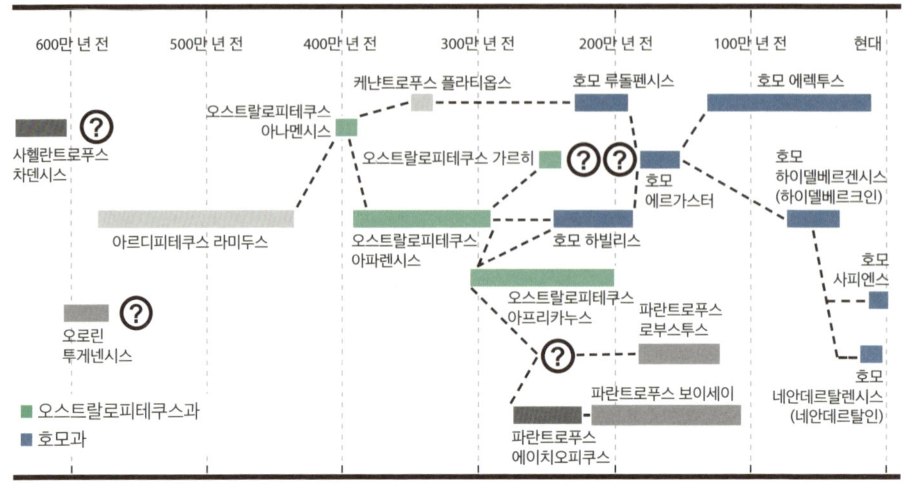

그림 4.1 진화에서 인간의 위치

의 척수가 세워져 있었고, 이들이 두 발로 걸었음을 알 수 있다. 그렇지만 두개골의 용적은 침팬지와 비슷했다(그림 4.1).

최초의 직립보행 호미닌 지위를 다투는 또 다른 후보는 오로린 투게넨시스*Orrorin tugenensis*로, 1974년에 어금니가 발견되고 나중에 대퇴골과 팔뼈가 발견되었다. 직립보행과 나무 위 서식을 암시하는 특징을 보였으며, 대퇴골이 두껍고 원통형인 점이 직립보행에 적합하다는 것을 나타낸다.

에티오피아 북부 대지구대 근방, 아와시강 계곡 중간에 있는 유적지에서 발견된 100여 개의 표본 중에는 놀랍게도 골격이 완전히 보존된 다른 과family 호미닌, 아르데피테신*Ardepithecine*이 포함되어 있다. 아르디피테쿠스 라미두스*Ardipithecus ramidus*의 유적들은 생존 연대가 약 450만 년에서 430만 년 전으로 추정되며, 부분적인 직립 보행과 나무 위 서식을 시사하는 특징들이 있다.[1]

오스트랄로피테쿠스

이 지역에서 가장 주목할 만한 발견 중 하나는 도널드 조핸슨이 에티오피아의 아와시강 계곡에서 찾은 거의(40퍼센트) 완전한 골격이다(그림 4.2). 이에 대해 그는 "한때 인간의 가장 중요한 특징이라고 생각되던 큰 두뇌를 발달시키기 훨씬 이전인 350만 년 전 우리의 선조들이 직립보행을 했다는 것을 증명하는, 인간과 비슷한 무릎 관절을 발견했다."[2] 라고 기술했다.

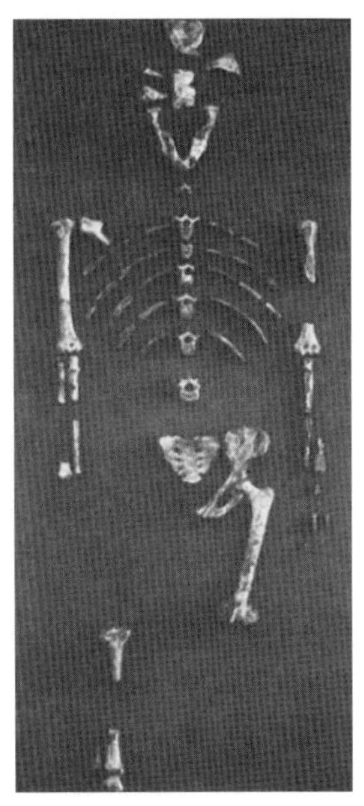

그림 4.2 루시(조핸슨이 발견한 오스트랄로피테쿠스 아파렌시스)

그날 저녁 조핸슨이 이 흥미로운 표본을 가지고 베이스캠프로 돌아왔을 때, 비틀스의 노래 〈다이아몬드를 가진 하늘의 루시Lucy in the Sky with Diamonds〉가 볼륨을 높인 채 밤하늘로 퍼져 나가고 있었다. 이것이 '루시Lucy'라는 이름이 붙여진 이유다.[2] 완벽하게 보존된 골반과 엉치뼈를 볼 때, 의심할 바 없이 여성의 골격으로 생각되었다. 그리고 엉치뼈 아래

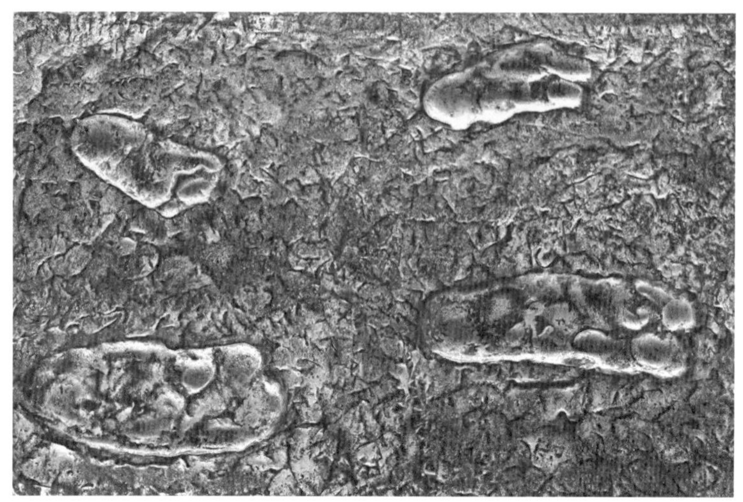

그림 4.3 라에톨리 발자국

있는 다리의 방향은 루시가 두 발로 서서 걸었음을 나타낸다.

두 번째로 중요한 발견은 1976년에 메리 리키가 라에톨리에서 찾은 화석화된 화산재에 보존되어 있던 발자국이다. 성인과 어린이가 나란히 걸어가는 이 발자국은 유인원이 두 발로 걸었음을 분명히 보여 준다(그림 4.3). 이 지역에서 발견된 이와 유사한 유인원 화석들은 600-700만 년 전에서 350만 년 전 사이에, 아프리카 북동부 대지구대 지역 어딘가에서 원숭이와 비슷한 작은 뇌를 가진 유인원이 두 발로 서서 걷기 시작했다는 것을 의심할 여지없이 증명했다.[3,4]

이에 대해 모건은 "무슨 일이 일어났음에 틀림없다."라고 기술한다. "이는 보편적인 포유류의 이동 방식인 네발 걷기가 그들에게 효율적이지 못하다는 것을 의미했다. 그들의 이동 방식은 단순히 다른 정도가 아니라, 다른 포유류에서 볼 수 없는 유일한 방식으로 전환되었다."[5] 공통 조상으로부터 인간과 유인원 사이의 분기가 이 시기에 발생했다는 다른 증거들이 분자생물학적 연구, 특히 DNA 혼성화hybridization 측정법을 통해서 나왔다.[4]

그 후 수백만 년 동안 일어난 호미닌의 변화에 대해 훨씬 더 많은 점들이 화석 증거를 통해 알려졌지만, 이 중 많은 것이 진화 계보를 잘못된 경로로 이끌었다. 그러나 우리는 오스트랄로피테쿠스('남쪽 유인원'이란 의미)로부터 내려오는 조상의 혈통을 추적할 수 있다. 이들은 호미닌이라 할 수 있는 다양한 중간 단계를 거치며 약 400만 년 전에서 200만 년 전에 살았다. 루시(오스트랄로피테쿠스 아파렌시스) 외에도 오스트랄로피테쿠스과에는 오스트랄로피테쿠스 아프리카누스*A. africanus*를 비롯해 오스트랄로피테쿠스 보이세이*A. boisei*, 오스트랄로피테쿠스 로부스투스*A. robustus*, 오스트랄로피테쿠스 기간토피테쿠스*A. gigantopithecus*('정말 큰 원숭이') 등이 있다.

홍적세 시대의 인류 구조

홍적세Pleistocene는 약 260만 년 전부터 시작해 1만 1,700년 전 마지막 빙하기가 끝날 때까지로 정의된다. '가장'이라는 의미의 그리스어 pleistos와 '최근'을 의미하는 kainos에서 유래한 홍적세라는 용어는 스코틀랜드의 지질학자이자 변호사였으며 찰스 다윈의 가까운 친구였던 찰스 라이엘 경에 의해 1839년에 소개되었다. 홍적세의 기후는 대체로 오늘날보다 훨씬 더 추웠으며 지구상의 물이 대부분 결빙되어 오늘날보다 훨씬 더 건조하고 해수면도 더 낮았다.

홍적세에 대륙들이 현재 위치로 이동했지만 남극 대륙과 남미 일부를 포함한 지구의 상당 부분은 빙하로 덮여 있었고, 북반구에서는 유럽의 대부분, 캐나다 전체, 그린란드 및 미국 북부 일부가 얼음으로 덮였다. 이 기간에 호모 사피엔스가 처음으로 등장했다. 홍적세 후기가 끝나갈 무렵에 이르면 인류가 전 세계 대부분의 지역에 거주하기에 이르렀다.

호모 하빌리스

홍적세 초기의 호모 하빌리스*Homo habilis*는 그 이후에 이어지는 진화에서 일어난 중요한 변화와 관련이 있다. 리처드 리키가 올두바이 협곡에서 발견한 200만 년 전의 호미닌 화석에는 이들이 도구를 만들고 사용할 수 있었음을 암시하는 비교적 완전한 손 화석이 있었다. 이 '핸디맨handyman'의 두뇌 용량은 약 700cc였는데, 호모 사피엔스의 절반에 불과하지만 오스트랄로피테쿠스 아프리카누스보다 약 50퍼센트 더 컸다. 고고학 기록에서 약 260만 년 전으로 거슬러 올라가는 가장 오래된 석기들이 에티오피아의 올두바이 협곡 지역에서 발견되었다. 이 지역에서는 오스트랄로피테쿠스와 호모 하빌리스를 포함한 여러 호미닌종이 공존하고 있었다.

호모 에렉투스

지금부터 약 200만 년 전에 호모 하빌리스의 뒤를 잇는 후계자가 더 큰 두뇌를 가지고 나타났다. 오랫동안 호모 에르가스터*Homo ergaster*•와 호모 에렉투스*Homo erectus*가 초기 호모 하빌리스와 호모 사피엔스의 중간 종으로 여겨져 왔다. 호모 에렉투스의 첫 화석이 1891년에 인도네시아 자바에서 처음으로 발견되었다(자바원인). 호모 에르가스터는 약 200만 년 전 처음으로 진화하여 190만 년 전에 아프리카 밖으로 나와 아시아와 인도네시아로 영역을 확장했을 것이다(아프리카를 떠난 호미닌의 첫 번째 이주).

그러나 호모 에르가스터 화석이 주로 발견된 곳은 케냐 북부였다. 투르카나 호수 근처의 나리오코토미강의 건조 지역에서 약 160만 년 전에 살았던 아홉 살 된 호모 에르가스터 소년(일부에서는 여전히 '호모 에렉투스'라고 부름)의 골격이 1985년에 발견되었다. 그 소년은 두개골 용량이 880cc였으며 키는 150센티미터가 넘었는데, 다 성장했더라면 180센티미터 이상 되었을 수 있다.[3,4] 치아 연구에서 나온 몇 가지 단서는 그의 사망 원인이 치아 감염으로 인한 패혈증이라는 점을 시사한다. 큰 골격과 튼튼한 체격은 현대의 인간과 매우 비슷해 보였다. 앨런 워커는 다음과 같이 말했다. "나리오코토미에서 우리는 선사시대 농구 선수를 발굴한 것인가?"[4] 이보다 10년 앞서 쿠비포라에서 거의 완벽한 호모 에렉투스의 두개골이 발견되었는데, 두개골 용량은 850cc에, 연대는 약 180만 년 전이었다.

• 다른 조상 호미닌보다 더 발전된 도구를 사용했기 때문에 '일하는 사람(working man)'이라고 부르기도 한다.

우리 조상의 주요 혁신 중 하나는 불을 사용한 것이다. 불을 이용하면 소화하기 힘들거나 독성이 있는 음식을 조리할 수 있을 뿐만 아니라 추위를 이기고 맹수를 퇴치할 수 있었다. 이러한 도구의 사용은 더 큰 두뇌와 함께 호모 에렉투스에게 일어난 중대한 진화였다. 인류의 조상들이 일상적으로 불을 사용한 정확한 시기는 파악하기 어렵지만, 투르카나 호수와 스와르트크란스에서 발견된 130-140만 년 전의 유적들은 불이 보호 수단으로 사용되었음을 보여 준다. 불에 탄 동물 뼈와 화로의 조각 같은 좀 더 확실한 유적이 30만 년에서 40만 년 전에 유럽과 중국 지역에서 발견되었지만, 일상적으로 불을 사용했다는 증거는 4만 년 전까지는 나타나지 않았다. 그러나 불의 사용은 우리 조상들이 특히 빙하시대에 아시아와 유럽의 더 춥고 열악한 지역으로 영역을 확장하고, 계절에 따른 식량 부족을 극복하기 위해 음식을 훈제해서 보존하는 데 중요한 역할을 했을 것이다.[4]

호모 하이델베르겐시스(하이델베르크인)

60만 년 전에서 20만 년 전의 홍적세 중기 동안 더 큰 뇌의 용량(약 1,259cc)과 더 발전된 행동 양식을 가지고 도구를 사용하는 독특한 호모 종이 나타났다. 이들은 아프리카를 비롯하여 유럽과 서아시아에서 살았다. 하이델베르크인*Homo heidelbergensis*은 유럽의 네안데르탈인, 시베리아에서 발견된 데니소바인, 그리고 현대인의 조상으로 간주된다.[6] 1907년에 독일 하이델베르크 근처에서 처음 하악골 조각이 발견된 이래로 대부분의 하이델베르크인 화석은 동아프리카에서 발견되었고, 그 연대가 70만 년 전까지 거슬러 올라간다.[7] 발굴 결과 일부 뼈들이 함께 묻혀 있는 것으로 밝혀졌는데, 이는 공동 매장 의식이 네안데르탈인 이전에 시작되었음을 시사한다.

아프리카에서 살던 집단은 세 방향으로 나뉘어 이동했다. 일부는 유럽 쪽으로 이동하여 스페인, 독일, 이탈리아, 그리스, 그리고 북쪽으로는 영국에서도 화석이 발견되었다.[8] 다른 일부는 아시아로 이동하여 데니소바인으로 진화했고, 동아프리카에 머물렀던 세 번째 집단 호모 로데시엔시스*Homo rhodesiensis*는 30만 년에서 20만 년 전에 해부학상 현생인류anatomically modern humans(AMHs)로 진화한 후 12만 5천 년에서 6만 년 전 유럽과 아시아로 두 번째 이주를 했다.[8]

호모 플로레시엔시스

큰 뇌를 가진 호모 에렉투스나 하이델베르크인, 건장한 체구의 호모 에르가스터와는 대조적으로 작은 호미닌 화석이 (자바원인이 발견된 섬에서 멀지 않은) 인도네시아 플로레스섬에서 발견되었다. 호모 플로레시엔시스*Homo floresiensis*는 뇌가 작았고, 키도 1미터 정도로 작아서 '호빗'이라는 별명이 붙었다. 이 화석의 연대는 약 10만 년에서 5만 년 전으로 거슬러 올라가지만, 같은 장소에서 발견된 '호빗' 석기 도구는 19만 년 전까지 거슬러 올라간다. 이 호미닌은 약 100만 년 전 아프리카에서 처음으로 탈출해 플로레스섬에 도달한 호모 에렉투스의 자손일 가능성이 높다.

그들은 고립된 섬에서 나타나는 왜소화 과정을 겪었다. 이와 같은 섬 왜소화insular dwarfism는 식량은 부족하지만 활동적인 포식자가 없는 상태에서 일어난다. 키도 작고 뇌의 크기도 작았지만, 이 초기 인류는 작은 코끼리나 큰 설치류를 사냥하고 불을 사용했을 가능성이 높다. 그들의 멸종 시기는 인도네시아에 호모 사피엔스가 도착한 직후와 일치하는 것으로 보인다. 이는 그들도 2만 년 후에 네안데르탈인이 유럽에서 겪은 것과 같은 운명을 겪었을 가능성을 시사한다. 네안데르탈인은 호모 사피엔스가 6만 년 전에 아프리카에서 두 번째로 이주한 후 지금으로부터 3만 년 전에 멸종되었다.

데니소바인

시베리아의 남서부, 중국과 몽골의 국경 근처 알타이산맥의 한 동굴에서 중요한 발견이 이루어졌다. 18세기의 러시아 은둔 수행자의 이름을 딴 데니소바 동굴은 원래 1970년대에 탐사된 바 있는데, 2008년에 미하일 슌코프를 비롯한 러시아 고고학자들이 더 많은 발굴을 통해서 어린 호미닌의 손가락뼈를 발견했다. 동굴에서 발견된 유물의 연대는 약 4만 년 전으로 거슬러 올라가지만, 그곳에서 최근에 발견된 유물은 12만 5천 년 전 것으로 밝혀졌으며, 아프리카에서 서아시아로 모험을 떠났던 하이델베르크인과 네안데르탈인의 유물들도 포함하고 있다.

데니소바 동굴의 시원한 기후가 보존해 준 고대의 DNA를 분석한 결과 놀랍게도 데니소바인뿐만 아니라 유럽의 네안데르탈인과 현대인이 모두 약 100만 년 전에 공통 조상을 공유했다는 사실이 밝혀졌다(그림 4.4). 스탠퍼드 대학의 앨런 로저스와 동료들의 연구에 따르면, 네안데르탈인과 데니소바인은 조상이 해부학상 현생

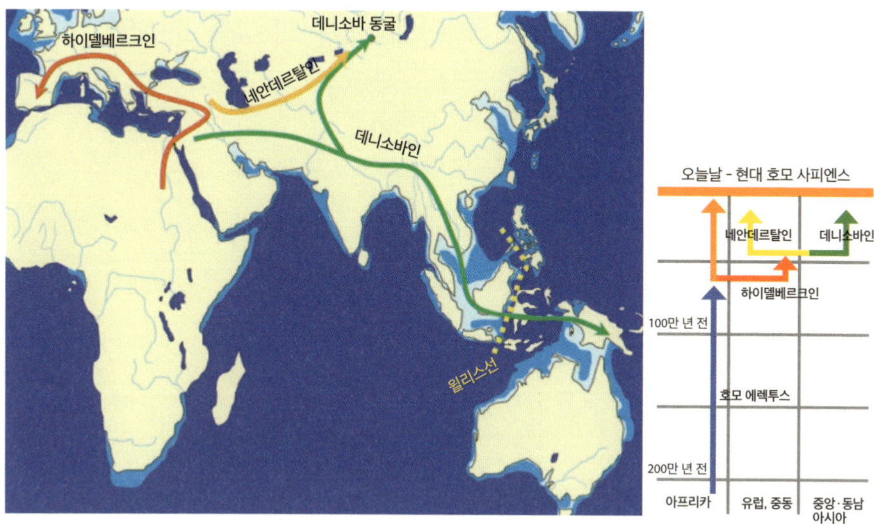

그림 4.4 데니소바인과 다른 호미닌들의 진화와 확산

인류에서 분리된 후 불과 수백 세대 만에 서로 분리되었다고 하며, 그 시기는 홍적세 후기로 추정된다.[9]

다양한 이론과 모델이 두 발로 걷는 초기 호미닌의 조상들이 어떻게 동아프리카에서 진화하여 지구상의 다른 지역으로 퍼져 나갔는지 설명한다. 고고학적 화석과 표본은 호미닌의 외형 변화, 도구 사용, 사회적 행동을 밝혀내는 데 도움이 되는 필수적 증거이지만, 다양한 호미닌 종 간의 관계를 이해하는 데 유전 데이터가 점점 더 중요해지고 있다.

05 네안데르탈인과 그들의 소멸

내가 가장 고치고 싶은 인간의 단점은 공격성이다.
동굴에서 살던 시대에는 그것이 더 많은 식량, 영토,
번식할 파트너를 얻는 등 생존에 유리했을지 모르지만
이제는 우리 모두를 파괴하는 위협이 된다.
_스티븐 호킹

아주 잘 알려진 우리 조상 중 하나는 네안데르탈인, 더 정확하게는 호모 네안데르탈렌시스*Homo neanderthalensis*일 것이다. 약 4만 년 된 이들의 유골은 1856년 독일의 네안데르 계곡에서 채석장 인부들이 처음 발견했는데, 이때는 『종의 기원』이 출판되기 바로 몇 해 전이었다. 이후로 홍적세 빙하기가 끝날 무렵인 40만 년에서 약 3만 년 전까지 살았던 유럽, 중동과 아시아에서 많은 수의 네안데르탈인 유골이 발견되었다. 이 유골과 유물은 대부분 잘 보존되어 있었다. 일부는 집단으로 함께 묻혀 있어 초기 호미닌이 의도적으로 죽은 사람을 장사 지냈음을 보여 준다. 네안데르탈인의 인구가 많아지면서 여러 집단으로 분리되었다는 증거들이 있다.[1]

네안데르탈인이 발견된 후 빅토리아 시대와 에드워드 시대에

그림 5.1 네안데르탈인을 묘사한 빅토리아 시대의 그림

언론은 그들을 종종 털 많은 사악한 야만인으로 묘사했고(그림 5.1), 심지어 '호모 스투피두스*Homo stupidus*'(어리석은 사람)라고 불러야 한다는 제안도 있었다. 당시 호모 사피엔스는 인류 진화의 정점으로 여겨졌고, 그래서 다른 잠재적 원시인 경쟁자가 우리 가계의 한 지점에 자리한다는 것은 받아들여지기 어려웠다.[2] 이때는 과학과 기술의 발전에 관심을 가졌던 세기여서 과학의 영역이 과거보다 훨씬 더 확장되었음에도 영국 과학계가 원시 존재에 거의 관심을 보이지 않았다는 것은 일견 놀라운 일이다.

네안데르탈인의 지리적 분포와 살던 곳의 추운 기후를 보여 주는 몇 가지 독특한 해부학적 특징이 있다. 그들은 골격이 짧고 강하며 근육이 많아 피부를 통한 열 손실을 최소화하는 데 유리했을 것이다. 일반적으로 더운 지역에 사는 사람들은 키가 크고 호리호리한데, 에스키모와 같이 추운 지역에 사는 사람들은 키가 더 작다. 경골(정강이뼈)과 대퇴골(허벅지뼈)의 길이 측정 값의 비율인 '대퇴지수Crural Index'가 네안데르탈인은 낮은 반면 초기 현생인류는 상당히 높게 나타난다.[3] 그러나 동유럽과 서부 아시아의 따뜻한 기후에서 발견된 일부 네안데르탈인의 유골은 더 가벼운 편이었다.

네안데르탈인의 또 다른 특징 중 하나는 뇌의 크기다. 성인의 경우 약 1,200-1,750cc로, 현생인류보다도 큰데(그림 5.2), 두개골은 더 넓고 이마 부분은 더 평평했다. 또한 코뼈가 길고, 얼굴 중간 부분이 튀어나온 것이 특징적이다. 추운 환경에서 들이마시는 공기를 따뜻하게 하는 데 도움을 얻으려면 비강의 크기를 늘리는 게 유리했을 것이다. 또한 대뇌 반구의 크기를 비교해 볼 때, 현생인류와 유사하게 오른손잡이였다는 강력한 증거가 있다.

영국 국립자연사박물관의 저명한 고생물학자 크리스 스트링어는 네안데르탈인과 크로마뇽인에 대한 현대적 분석을 바탕으로 '아프리카 기원설'을 제시했다.[4] 크로마뇽인은 유럽 지역에서 발견된 최초의 해부학상 현생인류로, 그들의 두개골 모양은 네안데르탈인보다도 현생인류와 훨씬 더 비슷했다(그림 5.2). 크리스 스트링어는 크로마뇽인의 대퇴지수가 현생인류와 유사하다는 점도 확인했다. 그는 네안데르탈인이 현생인류로 진화했다는 증거를 찾지 못했고, 해부학상 현생인류가 약 20만 년 전에 동아프리카에서 처음 진화했으며, 결국 지난 10만 년에서 12만 5천 년 사이 어느 시점에 아

그림 5.2 네안데르탈인(라페라시인)과 해부학상 현생인류(크로마뇽인)의 두개골

프리카에서 이주(두 번째 탈출)했다고 굳게 믿었다. 그들이 약 6만 년 전 유럽에 도착했을 때, 네안데르탈인은 이미 그곳에 자리 잡고 있었다. 그러나 3만 년 후에 네안데르탈인은 멸종되었다. 네안데르탈인들은 약 2만 7천 년 전까지 스페인 남부와 지브롤터에서 생존했던 것으로 보이는데, 프랑스에서는 3만 년 전 이후로 의미 있는 유적이 없는 이유에 대해 많은 논란이 있다.

1868년에 프랑스 레제지 마을 근처의 크로마뇽 동굴에서 약 4만 년 전의 것으로 보이는 초기 현생인류의 뼈가 발견되었다. 크로마뇽인은 유럽에서 발견된 최초의 호모 사피엔스로, 그들이 마지막 네안데르탈인과 같은 시대에 프랑스의 같은 지역에서 살았다는 사실은 과학자들의 흥미를 유발했다. 이제 중요한 일은 이 두 호미닌

집단 간의 관계를 파악하는 것이다.

진화론에서 보면 호모 사피엔스와 네안데르탈인이 마지막 공통 조상을 가진 것은 50만 년보다 더 이전이었지만, 지금의 유전학적 증거는 호모 사피엔스가 수십만 년 후 아프리카를 떠나 유럽으로 왔을 때 두 집단이 상호 교배를 할 정도로 충분히 유사했음을 보여 준다. 유전체를 분석하면 이들의 결합된 DNA 서열이 남아 있다.

전형적인 현대 유럽인의 DNA 가운데 약 2-3퍼센트는 네안데르탈인에서 온 것이고, 일부 동아시아인에게는 더 많은 네안데르탈인의 DNA가 있다. 반면에 아프리카인 대부분은 이 DNA를 가지고 있지 않다. 크로아티아에서 발견된 네안데르탈인 뼈에서 추출한 DNA는 두 집단이 약 6만 년 전에 상호 교배한 사실을 보여 준다. 2014년에 시베리아에서 발견된 5만 년 전 여성의 유골은 해부학상 현생인류와 네안데르탈인의 DNA가 섞여 있었다. 2016년에 그 유전체를 더 자세하게 분석하여 그녀가 태어나기 약 5만 년 전에 그녀의 조상 중 한 명에서 유전자 이입이 일어났음을 밝혔다. 이는 해부학상 현생인류가 아프리카에서 유럽으로 진출한 두 번째 이주가 약 10만 년 전임을 시사하는데, 이것은 당시에 믿었던 것보다 더 이른 시점이다.[5]

이는 빙하기 동안 유럽과 아시아에서 살아남은 네안데르탈인들이 열대 기후에서 진화한 새로운 호미닌에 의해 비교적 짧은 시간 안에 대체되었음을 의미한다. 그렇다면 도대체 무슨 일이 있었던 것일까? 두 진화적 사촌이 서로 교배할 정도로 조화롭게 살았다는 것은 분명하며, 유전적 증거는 네안데르탈인 남자와 호모 사

그림 5.3 프랑스 아르데슈 협곡에서 발견된 크로마뇽인의 벽화

피엔스 여자 사이에서 생긴 자손임을 암시한다.[6]

네안데르탈인 집단의 종말을 설명하기 위한 몇 가지 이론이 제시되었다. 네안데르탈인은 두뇌도 크고 건장한 체격을 가지고 있었지만, 새로 유입된 현생인류는 프랑스 남동부 아르데슈 협곡의 동굴에서 발견된 약 3만 1천 년에서 3만 3천 년 전 크로마뇽인의 예술에서 보듯이 훨씬 다재다능하고 창의적이었을 가능성이 있다(그림 5.3). 약 4만 년 전에 호모 사피엔스에서 오리냐크 창조성Aurignacian creativity•이라고 불리는 문화혁명이 있었던 것으로 보인다. 이 시기

• 프랑스의 오트가론 지방에 있는 오리냐크 유적에서 유래한 명칭으로, 오리냐크 문화는 4만 3천 년 전부터 2만 6천 년 전까지 유럽에 있었던 초기 현생인류와 관련 있다.

에 만들어진 날카로운 도구, 낚싯바늘, 작살 같은 정교한 도구가 많이 발견되었다.[7] 네안데르탈인들은 뼈, 사슴뿔, 상아를 많이 사용하지 않는 무스티에 기술Mousterian technology•을 가지고 있었다. 이들이 도구와 기구를 만들었던 재료는 대부분 근처에서 발견되는 것인 반면에, 호모 사피엔스가 도구를 만들 때 사용한 재료는 더 멀리 떨어진 곳에서 얻어야 하는 것들이었다. 이는 호모 사피엔스가 더 다양한 문화를 가졌으며 다양한 거래 활동을 했음을 보여 준다.

그러나 스페인의 라파시에가 동굴과 다른 두 곳의 동굴 예술에 관해서 『사이언스』에 발표된 내용은 황토색 안료를 사용한 이런 그림이 적어도 6만 4천 년 전에 네안데르탈인에 의해 그려졌음을 시사한다. 이는 호모 사피엔스가 유럽에 도착하기 최소 2만 년 전이다.[8] 이 유적은 인도네시아의 술라웨시섬과 유럽의 다른 곳에서 발견된 약 4만 년 전의 그림과 매우 유사하다.

언어와 함께 고차원의 상징적 지능과 의식을 포함하는 의사소통 능력의 차이가 호모 사피엔스의 우월성에 영향을 주었을 것이라는 증거들이 있다. 단지 인구수가 더 많았기 때문일 수도 있다. 또한 호모 사피엔스가 아프리카의 새로운 질병이나 감염병을 유럽 지역에 들여왔는데, 이에 대한 면역 체계가 네안데르탈인에게는 없었을 가능성도 있다. 최근 역사에서 우리는 17세기에 유럽을 황폐화시킨 전염병이 영국과 다른 지역에서 인구의 3분의 1을 사망에 이

• 무스티에 문화는 중기 구석기 시대의 문화로, 주로 석기이고 유럽 지방의 네안데르탈인과 연관되어 있다.

르게 한 것을 목격한 바 있다. 그리고 아프리카에서 시작된 후천성 면역결핍증후군AIDS이 전 세계적으로 수백만 명의 사망자를 초래한 것도 바로 얼마 전 일이다.

그러나 단지 호모 사피엔스가 당시 유럽의 네안데르탈인과 공유했던 작은 생태적 틈새에서 더 잘 살아남았기 때문일 수도 있다. 네안데르탈인은 빙하기를 네 차례 거치면서도 유럽에서 튼튼한 근육질로 진화하며 살아남았다. 이들은 열을 잘 보존하여 이러한 열악한 환경에 적응할 수 있었다. 현생인류가 아프리카를 두 번째로 떠난 시기에 대해 이르면 10만 년 전이라는 증거도 있지만[4] 대부분의 과학자들은 약 6만 년에서 7만 년 전, 마지막 빙하기가 끝나갈 무렵에 현생인류가 유럽에 도착했다고 믿는다. 만년설이 사라지기 시작하고 기후가 따뜻해지면서 동아프리카의 아열대 기후에서 기원한 민첩하고 키가 큰 현생인류가 덜 적대적인 환경에서 생존에 더 잘 적응했을 수 있다. 또한 크로마뇽인은 광활하고 건조한 지형에서 달리는 데에 더 적합했으며, 특히 정교한 무기를 사용한 사냥이나 수영 및 잠수에 더 익숙했다.

빙하기 조건에 성공적으로 적응했던 울리매머드, 거대 곰, 검치호랑이 등 다른 대형 포유류는 약 1만 3천 년 전에 멸종되었다. 과학자들은 이들의 급격한 멸종이 인간의 과잉 사냥 때문인지, 아니면 혹독한 조건에서 살아남을 능력이 없어서였는지에 대해 오랫동안 논쟁을 벌여 왔다. 그러나 최근 증거들은 대형 포유류의 갑작스러운 멸종이 대규모 우주 재앙의 결과일 수도 있음을 암시한다. 즉, 캐나다 남부에서 혜성이 지구와 충돌한 뒤 1,300년간 지속된 전 지구적 냉각 때문이라는 것이다. 그 이후 약 35종의 포유류 화석이 더 이상 발견되지 않았으며, 이는 북아메리카 클로비스 문화•의 종말과도 관련 있는 것으로 보인다.

영장류, 소, 사슴, 개, 고양이, 캥거루, 왈라비, 곰 등 오늘날 우리가 인식하는 많은 포유류는 홍적세에 적응하고 번성했다. 지구의 기온이 올라가고 빙원이 줄어들면서 해수면이 상승함에 따라 유럽과 북아메리카의 대륙붕 지역이 물에 잠겼으며, 하구와 강이 채워지고 넓어졌다. 영국과 부속 섬들이 유럽 본토와 분리되었고, 대륙의 형태는 오늘날과 더 비슷해졌다. 이처럼 확대된 수생 환경은 날씬하고 헤엄과 잠수를 하는 호미닌에게 훨씬 더 적합했을 수 있다. 이들은 현대 호모 사피엔스에서 관찰되는 반수생 포유류의 고유한 특성들을 추가적으로 지니고 수십만 년에 걸쳐 진화해 왔다.

완신세로 들어서면서 현생인류가 출현했으며, 약 1만 년 전에 농업 및 가축 사육의 시대가 열렸다. 네안데르탈인이 소멸한 이유가 무엇이든, 그들은 우리의 유전적 조상의 일부라는 사실은 분명하다. 우리의 유전체 안에는 그들의 DNA가 각인되어 있고, DNA 분석은 호미닌 진화에 관한 지식과 이해를 빠르게 발전시키고 있다.

• 클로비스 문화는 후기 빙하기에 나타난 북아메리카 원주민의 석기 문화다.

06 물가의 원숭이: 우리는 왜 이렇게 다를까

우리가 직립보행의 기원에 대해
당혹스러워하는 것을 인정해야 한다.
선입견이 우리의 생각을 제한하는 것일 수 있다.
_셔우드 워시번과 로저 르윈•

약 700만 년에서 900만 년 전에 우리의 조상 유인원들은 동아프리카의 숲에서 다른 네발 유인원들과 함께 살았고 수백만 년 동안 이곳에서 진화하면서 환경에 잘 적응해 왔다. 그러나 외부 환경 요인으로 인해 이후 200만 년에서 300만 년에 걸쳐 마지막 공통 조상의 일부는 진화적 변화의 결과로 분기되어 몇 가지 다른 특성을 가진 유인원이 되었다. 이후 이들은 각각 다른 생태적 틈새 또는 서식지에 적응하고 생존 방법을 찾아 나가면서 서로 다른 진화의 경로를 밟게 되었다.

• 셔우드 워시번(Sherwood Washburn)은 미국 인류학자로 영장류 연구 분야를 개척했으며, 로저 르윈(Roger Lewin)은 『뉴 사이언티스트』와 『사이언스』의 편집자로 진화와 생태에 관해 많은 글을 썼다.

그림 6.1 아프리카의 세 사촌들: 우리는 왜 이렇게 다를까?

이에 대해 제이콥 브로노우스키는 〈인간의 등장〉이라는 텔레비전 시리즈에서 다음과 같이 요약했다. "아프리카에 가뭄이 계속되면서 호수가 줄어들고 숲이 사바나로 변화했고 인간의 진화가 시작되었다."[1] 그 최종적인 결과로 고릴라, 침팬지, 보노보와 인간이 출현했고, 이들이 오늘날까지 살아남은 것이다(그림 6.1).

인간의 진화에 대한 이론들은 그 당시 일어났던 일과 다른 영장류 사촌이 현재까지 1천만 년 동안 거의 변하지 않은 이유를 완전히 설명하지는 못한다. 우리 인간은 다른 영장류나 육상 포유류와 완전히 다른 독특한 특징을 많이 가지고 있다. 버빗원숭이, 파타스원숭이, 코주부원숭이 같은 다른 영장류 종도 수백만 년 전에 사바나에서 살기 위해 나무에서 내려왔지만, 직립보행이나 털이 없는 몸과 같은 호미닌이 가진 특징을 획득할 기미는 보이지 않은 채 현재까지 물리적인 변형 없이 거의 동일하게 남아 있다.

그러나 하디가 관찰한 것처럼,[2] 인간이 가진 육상 포유동물의 독특한 특성 일부가 수생 및 반수생 포유동물에서 다양한 형태와 조합으로 나타나는 것을 볼 수 있다. 이러한 특성 하나하나가 개별적으로 수생 또는 반수생 환경이 인간 진화에 미친 영향을 온전하게 증명할 수는 없다. 하지만 종합적으로 보면, 지난 수백만 년 동안 어느 단계에서 초기 호미닌 인간이 물가 서식지의 영향을 상당히 받았다는 과학적 증거는 무수히 많으며, 그 단계에서 지배적이고 지적이며 커다란 두뇌를 가진 호모 사피엔스가 출현했다. 저명한 고인류학자인 필립 토비아스 교수가 결론을 내렸듯이 이러한 진화상의 변화는 사바나에서 일어날 수 없었고, 초기 인간의 일상생활에 중요한 영향을 끼친 물가와 관련이 있었을 것이다.

비교해부학·생리학적인 면에서 인간에게는 다른 육상동물에서는 볼 수 없는 고유한 특징이 많이 있다. 따라서 호미닌의 진화 과정을 사바나에서 살았던 육상동물의 맥락 안에서 설명하기 어렵다. 오히려 이것은 수백만 년에 걸쳐 이루어진 다른 반수생 동물의 진화적 적응과 비교할 때 완벽하게 설명된다. 여기에 언급된 일반적인 특징 외에 우리의 호흡, 청각 및 음성에 영향을 미치는 상부-기도 소화기관과 관련된 다른 특이한 현상은 수변 유인원 이론에 추가적인 증거를 제공하는데, 이와 관련해서는 7장에서 살펴볼 것이다.

직립보행

다윈 시대 이후로 인간의 진화에서 아주 중요한 질문 중 하나는 '더 큰 두뇌와 직립보행 중 무엇이 먼저인가?'였다. 초기 인간은 높은 지능을 가진 큰 두뇌를 먼저 발달시킨 후에, 손으로 무기를 들고 음식을 운반하기 위해서 두 발로 서서 뛰고 사냥을 시작했을까? 아니면 두 발로 걷기 시작한 다음에 팔과 손을 자유롭게 사용할 수 있다는 것을 깨달았을까? 그 답은 1970년대에 발견된 루시와 라에톨리 발자국에서 얻을 수 있는데, 두 발로 걷는 오스트랄로피테쿠스의 뇌가 여전히 침팬지와 같은 크기였기 때문에 직립보행이 먼저였음을 알 수 있다.

하지만 어째서 원숭잇과科의 한 무리는 똑바로 서기로 결심했을까? 결국 200여 종의 영장류와 4천 종이 넘는 포유동물 중에서 털 없는 두 발 유인원인 인간만이 궁극적인 직립보행을 하는 것이다. 우리 조상의 한 집단에 무슨 일인가 일어나서 이 중요하고 독특한 진화적 변화가 시작되었음에 틀림없다. 육지에 사는 포유류가 사용하는 거의 보편적인 이동 방법인 네발 보행은 안정성을 제공할 뿐 아니라 에너지 측면에서도 효율적이며, 쉽게 배울 수 있기 때문에 태어난 뒤 며칠 만에 새끼들도 독립적으로 움직일 수 있게 한다. 또한, 수평을 이루는 강인한 척추는 가슴과 복부에 있는 중요한 내부 장기를 든든하게 지지한다.

선택을 강요하는 강력한 압박이 없다면, 네발 보행의 이런 이점을 희생할 동물은 없다.[3] 직립보행에 성공한 또 다른 포유류는 캥거루와 왈라비뿐이다. 그러나 이들은 깡총깡총 뛰기밖에 못하고, 튼튼하고 안정된 꼬리로 균형을 잡는다.

털 없는 피부

인간의 몸에서 긴 털이 사라지게 된 것을 진화론적으로 설명하기는 어렵다. 1억 년 전 땅 위에 온혈 생물체가 생겨난 이래 털 또는 깃털로 덮인 외피는 체온 조절에 필수적이었기 때문이다. 심지어 다윈도 이 점을 설명하기 어렵다는 것을 알고 있었음은 다음과 같은 그의 언급에서 드러난다. "인간에게 털이 없다는 것은 불편할 뿐 아니라 손해가 되는 일이다. 햇볕에 타거나 습한 날씨에서는 갑작스럽게 오한을 느끼기 때문이다. 피부에 털이 없는 것이 직접적 이점이 된다고 생각하는 사람은 없다. 따라서 이것은 자연선택의 결과가 아니다."[4] 털 없는 피부에 대해서는 다음 장에서 논의할 것이다.

피하지방

> 육상 동물은 피부와 근육 사이에 있는 피하지방이 두꺼운 층을
> 형성한 적은 거의 없기 때문에 상대적으로 피부가 얇다.[5]
> _블라디미르 소콜로프

포유류의 지방에는 갈색 지방과 흰색 지방이 있다. 혈액 공급이 풍부하여 어두운색을 띠는 갈색 지방은 주로 어린 포유동물에 많은데, 체온 저하에 반응하여 빠르게 열을 제공하는 기능을 한다. 갓난아이는 지방이 체중의 16퍼센트를 차지하는 반면, 코주부원숭이의 경우는 3퍼센트다. 주로 성숙한 포유류에서 볼 수 있는 흰색 지방은 단

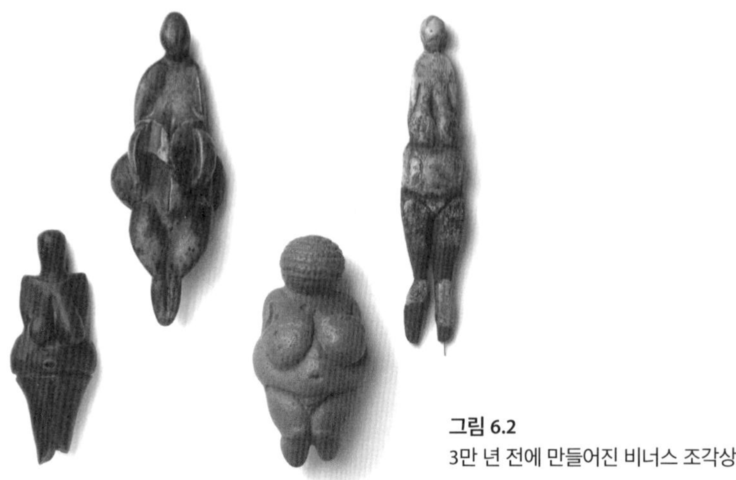

그림 6.2
3만 년 전에 만들어진 비너스 조각상

열보다는 에너지 저장소로 사용된다. 겨울에 먹을거리가 부족해지는 추운 지역에 사는 곰, 고슴도치, 겨울잠쥐, 마멋 등 동면 포유류는 계절에 따라 지방층의 분포가 변한다.

인간은 영장류뿐 아니라 육상 포유류 중에서도 특히 피하지방을 많이 축적하는 경향이 있다.[3] 체중이 증가하면 움직임이 둔해지기 때문에 두꺼운 피하지방은 수렵·채집을 하는 사바나 환경에서 불리하게 작용했을 것이다.[6] 박쥐에서 고래에 이르기까지 23종의 포유류를 비교한 결과, 인간은 체중에 비례하여 다른 동물보다 최소한 10배 많은 지방세포(지방을 생성하는 세포)를 가지고 있는 것으로 나타났다.[7] 피하지방은 피부와 마찬가지로 연조직의 변화여서 화석으로 보존되지 않기 때문에, 오스트랄로피테쿠스와 다른 초기 호미닌 때부터 지방세포의 증가가 있었는지, 아니면 나중에 이렇게 진화했는지는 알기 어렵다.

인간 신체의 지방 축적은 8천 년에서 1만 년 전에 농업을 시작하면서 정착하여 생활하게 된 결과라고 생각되어 왔다. 그러나 이렇게 몸에 깊게 내재된 인간의 특징은 훨씬 더 긴 진화 기간을 필요로 했을 것이다. 유럽의 여러 장소에서 발견된 비너스 조각상 중 일부는 그 제작 시기가 3만 년 전으로 거슬러 올라간다. 이것은 적어도 여성에서 풍성한 지방의 축적이 농업 생활 방식이 등장하기 훨씬 전인 호미닌 역사 초기에 확립되었음을 보여 준다(그림 6.2).

체온 조절

많이 울면 오줌을 적게 눈다.
_민속 속담

포유류는 신체 기능을 최적화하고 효율적으로 대사하기 위해 체온을 일정하게 유지해야만 한다. 기온 차이가 큰 지역에 사는 사람들의 체형은 사는 곳의 기후에 상당히 적응되어 있다. 이와 같은 변형은 오래전부터 인식되어 왔으며, 신체 모양 및 크기와 관련된 일반적인 원칙을 도출하기 위해 몇몇 규칙이 제시되기도 했다. 1847년에 발표된 베르크만 법칙에 따르면 지리적으로 널리 퍼진 종의 경우에는 따뜻한 기후에 사는 개체군의 몸집이 추운 지역의 개체군보다 더 작다. 1877년에 나온 앨런 법칙에 의하면, 따뜻한 지역에 사는 사람의 팔다리가 추운 지역의 사람보다 더 길다고 한다.[8] 이와 같은 법칙들은 일반적으로 작고 땅딸막한 에스키모와 아프리카의 키가 큰 닐로트족을 비교할 때 거론되며, 열 생산과 열 발산 능력의 균형과 관련이 있다.

최근에 크리스토퍼 러프는 다양한 고고학적 인류와 현대의 인류에 대한 비교 연구를 한 결과, 이러한 예측이 여전히 유효하다는 사실을 확인했다.[9] 인간은 체온을 낮추기 위해 땀 흘리는 것에 크게 의존한다. 아프리카의 개방된 환경에서 닐로트족은 땀을 흘림으로써 과도한 열을 효율적으로 방출할 수 있다. 반면에 축축하고 습한 숲에 사는 음부티 피그미족에게 표피의 수분을 증발시켜 체온을 낮추는 방법은 비효율적이며 가장 효율적인 전략은 키와 몸의 크기를 줄이는 것이다. 이러한 기후 적응은 30만 년에서 2만 7천 년 전까지 유럽에 살았던 네안데르탈인에서도 볼 수 있다. 홍적세 후기의 빙하기에는 에스키모와 같이 작고 땅딸막한 체형을 택해 열손실을 줄였다.

땀을 흘리는 반응은 포유류 진화에서 비교적 늦은 단계에 나타난 것 같다. 침팬지와 고릴라 등 작은 포유류는 헐떡이면서 호흡을 증가시켜 체온을 낮추는데, 인간은 몸을 식히기 위해 헐떡거리지 않는 유일한 육상 포유류인 듯하다. 우리는 운동할 때 더 많은 산소를 들이마시기 위해 헐떡거리지만, 햇볕에 누워 있을 때는 헐떡이지 않는다.[6]

소, 말, 양이나 기타 방목 동물과 같이 광활한 곳에서 많은 시간을 보내는 더 큰 포유류들은 몸을 식히기 위해 헐떡이는 것 외에도 땀을 배출하기 위해 땀샘을 발달시켰다. 피부의 땀샘은 포유류에만 있고, 두 가지 유형이 있다. 그중 하나인 아포크린샘apocrine gland은 모낭과 관련이 있으며, 아마도 본래 모발을 윤기 있게 하고 냄새를 생성하는 기름진 물질을 분비하도록 설계되었을 것이다. 인간을 제외하고 영장류를 포함한 대부분의 육상 포유류에서 아포크린샘은 몸 전체에서 발견되며, 동물의 체온이 상승하면 소금을 포함한 희석된 물과 같은 물질이 분비되고 그것이 피부에서 증발하면서 냉각 효과를 가져온다. 이 과정에서 물의 배설과 함께 염화나트륨과 염화칼륨 같은 염분이 효율적으로 조절되고 재흡수된다.

인간의 아포크린샘은 태아 단계에서 약 5개월까지 존재하지만, 출생 후에는 겨드랑이, 사타구니 부위, 젖꼭지 주변, 배꼽 등 냄새 생성 기능이 있는 곳에서만 발견된다. 이 땀샘은 사춘기에 왕성하게 기능하며, 정서적 혹은 성적 흥분에 의해 크게 자극된다. 인간을 포함한 고등 영장류의 겨드랑이에 있는 아포크린샘의 분비물이 피부 위 박테리아에 의해 분해되면서 냄새가 날 수 있다. 일부 아포크린샘은 외이도에서 귀지를 생성하며, 유선은 고도로 변형된 아포크린샘으로 생각된다.

거의 모든 육상 포유류와 영장류에서 볼 수 있는 아포크린샘의 체온 조절 기능에는 어떤 의미가 있을까? 인간의 경우 아포크린샘의 수가 너무 적어 체온 조절에는 적합하지 않다. 육상 포유류 중에서 호모 사피엔스에서만 아포크린샘이 뚜렷한 생리적 이유 없이 쓸모없어지고, 그 대신 수백만 개의 에크린샘eccrine gland이 체온 조절을 담당하는 것은 이상한 일이다. 에크린샘은 인간의 출생과 동시에 작동하며, 피부 표면에서 직접 열리고, 염분이 포함된 맑은 물 같은 용액을 분비한다.

에크린샘은 교감신경계에 의해 조절된다. 체온이 올라가면 교감신경이 에크린샘을 자극해 피부 표면에 수분을 분비하고, 수분 증발과 함께 열이 제거되면서 냉각 효과가 나타난다. 인간의 경우 땀이 분비되는 속도가 다른 포유류보다 빠르기 때문에 에크린샘이 체온 조절의 주요 수단이 된다. 에크린샘은 몸 전체에 존재하지만 손바닥과 발바닥, 그리고 머리 부위에 가장 밀도 높게 분포한다.

그러나 에크린샘의 발한은 온도 상승에 대한 반응이 시작된 지 5분에서 30분 정도 뒤에 시작되기 때문에 일사병을 유발할 수 있다. 또한 탈수나 염분 고갈이 위험한 수준에 이른 후에도 피부에서 수분과 염분이 계속 빠져나가기 때문에,[3] 체온 조절에 필요한 것보다 땀이 더 빠르게 분비되어 추가적인 손실이 발생할 수 있다는 단점이 있다. 연구에 따르면 무더운 날씨에 격렬한 활동을 하는 군인은 피부를 통해 하루에 최대 10-15리터의 수분이 빠져나갈 수 있다. 따라서 수분을 빠르게 보충하지 않으면 2013년 가장 더운 날에 브레컨 비컨스•에서 훈련하다가 비극적인 일을 겪은 군인들처럼 치명적일 수 있다. 이 때문에 습한 조건에서 땀을 흘리는 일은 체온 조절에 거의 또는 전혀 도움이 되지 않는다.

에크린샘은 영장류 외에 개, 고양이, 소, 양 등 모든 비영장류 종의 발바닥에서만 발견되는데, 헐떡임으로 체온을 조절하는 이들

• 영국군 특수부대 SAS의 군사 훈련장이 있는 곳으로, 2013년 이곳에서 훈련받던 3명의 요원이 열사병으로 사망한 사건이 있었다.

동물에서는 무언가를 잡는 데에만 도움을 줄 뿐이다. 우리가 손가락을 적셔 책장을 넘길 때와 같은 효과다. 설치류 같은 더 작은 포유류는 탈수를 견딜 수 없기 때문에 에크린샘이 전혀 없다. 그러나 영장류로 진화하는 과정에서 에크린샘이 나타났고 아프리카 유인원에서는 에크린샘과 아포크린샘의 비율이 비슷하지만, 인간에서는 에크린샘이 땀샘의 99퍼센트를 차지한다.

윌리엄 몬타냐는 인간 진화라는 면에서 보았을 때 "땀을 흘린다는 것은 생물학적 실수에 해당하는 수수께끼"라면서 "땀은 물뿐만 아니라 나트륨을 비롯한 기타 필수 전해질도 고갈시킨다."라고 언급했다.[10] 평생 포유류의 피부를 연구해 온 블라디미르 소콜로프는 "말하기나 직립보행처럼 인간의 독특한 특성"[5]인 외분비선을 통해 땀을 흘리는 것을 설명할 수 없었다. 그는 당시의 다른 과학자나 인류학자와 마찬가지로 전통적인 사바나 이론을 가정하고 호미닌이 육상 포유류로 진화했다고 생각했다.

아프리카 유인원 사촌으로부터 호미닌이 진화하는 과정에서 어떤 '존재 조건'이 결정적인 다른 경로를 택하게 만들었을 수 있다. 그렇지 않다면, 육상 영장류에서 볼 수 있는 아포크린샘에 의한 효율적인 체온 조절 체계가 인간에서만 물과 염분을 불필요하게 낭비하는 비효율적인 에크린샘 체계로 변경되어야 할 생리학적 이유가 없기 때문이다. 염분을 배출하는 에크린샘은 습하고 염분이 있는 환경에만 적합하며, 육상 포유류에게는 잠재적으로 치명적일 수 있다.

물을 쉽게 구할 수 없는 사바나에서 완전히 다른 발한 냉각 체계를 가진 에크린샘이 원숭잇과의 한 부류에서만 진화했을 가능성은 극히 적다. 낙타는 한 번에 몸무게의 30퍼센트에 해당하는 물을 마신 다음 상당한 시간 동안 수분을 몸에 보유할 수 있지만, 그와 달리 아열대 기후의 사냥꾼이었던 초기 호미닌은 물과 소금을 자주 보충해 주어야 했기 때문에 채집과 사냥의 범위가 제한되었을 것이다.[11] 땀을 극도로 많이 흘리면 3시간 만에 체내의 나트륨이 땀과 함께 모두 빠져나갈 수 있으며, 이는 치명적인 결과를 초래할 수 있다.[6]

이러한 증거에 비추어 볼 때, 사바나에서 초기 호미닌이 진화했다는 것은 가능성이 희박한 시나리오다. 초기 인류가 풍부한 해산물을 얻을 수 있는 물가 서식지에서 진화했다는 대안적 설명이 훨씬 더 설득력 있고, 생리학적으로도 훨씬 더 논리적이다.

커다란 두뇌

수생 이론을 뒷받침하는 강력한 주장 중 하나는 우리의 큰 두뇌와 높은 지능에 대한 것이며, 이는 다음 장에서 더 자세히 살펴볼 것이다. 우리의 영장류 사촌인 고릴라, 침팬지와 비교할 때 인간은 신체 크기에 비해 훨씬 더 큰 뇌와 더 높은 지능을 가지고 있다. 그러나 돌고래와 고래 같은 수생 및 반수생 포유류는 육상 포유류보다 지능이 훨씬 더 높다.

육상 동물과 반수생 또는 수생 동물 사이에서 포유류의 두뇌 크기와 지능이 차이를 보이는 것은 먹는 것이 다르기 때문인 것 같다. 해양 또는 수생 먹이를 섭취하는 포유류는 뇌의 성장과 신경 재생에 필수적인 두 가지 필수 지질단백질인 DHA와 아라키돈산을 풍부하게 공급받는다. DHA와 아라키돈산은 육상의 먹이사슬에서 쉽게 얻을 수 없기 때문에, 사바나에 살던 초기 호미닌이 큰 뇌를 가지거나 유인원보다 훨씬 더 높은 지능을 진화시키기란 불가능했을 것이다.

다윈 시대 이후 지난 150년 동안 인간과 가장 가까운 영장류 사촌 사이에서 보이는 생리, 해부, 행동, 지능 및 생활 방식의 독특한 차이점을 설명하기 위해 많은 이론이 제시되었지만 어느 이론도 설득력이 없었다. 또한 다른 육상 포유류가 인간과 유사한 진화 경로를 택한 증거도 없다. 그러한 이유는 이 모든 이론이 초기 호미닌이 네발을 가진 나무 위의 유인원 혈통에서 초원과 사바나에서 두 발로 걷는 호미닌으로 전환함으로써 영장류로 진화했다는 근거 없는 가정에 기반을 두고 있기 때문이다. 이 장에서는 호미닌과 유인원 사이의 명백한 차이점들을 강조했다. 그 외에 언어 획득, 해양형 콩팥, 귀의 외골증, 부비동의 확장이나 신생아에서 보이는 차이 등 다른 많은 진화적 적응을 수변 이론에 대한 설득력 있는 증거로 추가 제시한다.

07 털 없는 원숭이

현존하는 원숭이와 유인원 193종 가운데
192종은 온몸이 털로 덮여 있다.
단 하나의 예외는 스스로를 호모 사피엔스라고
이름 붙인 벌거벗은 원숭이뿐이다.
_데즈먼드 모리스

직립보행 외에 인간이 다른 영장류, 원숭이, 유인원과 대부분의 육상 포유류 사이에서 아주 눈에 띄는 차이점은 털이 없는 몸이다. 인간이 몸의 털을 잃은 이유는 무엇이고, 유인원에서 진화하는 과정 중 어느 단계에서 이런 일이 일어났는지에 대해서 많은 추측과 다양한 이론이 제시되었다. 이것들은 주로 600-700만 년 전경에 초기 호미닌이 나무 위에서 살면서 네발로 걷는 사촌으로부터 분리된 후, 나무에서 내려와 사바나로 이동했다는 전통적 이론에 기반을 두고 있다. 그러나 최근 자료에 따르면 인간의 피부, 머리카락 및 피하 조직에서 보이는 주요 차이점들은 우리가 아열대 사바나의 다른 유인원과 다르게 적응하면서 두 발로 걷는 수렵·채집인이 되었기 때문이 아니라, 우리의 조상이었던 원숭잇과가 반수생 서식지를 포함한 완전히 다른 진화 과정을 시작했기 때문이라는 증거가 많이 제시되고 있다.

피부의 구조와 기능

피부는 신체에서 가장 큰 기관으로서, 인간을 비롯한 포유류에서 다음과 같은 역할을 한다.

1. **보호 장벽**: 기계적·화학적 손상과 미생물로부터 신체를 보호한다.
2. **온도 조절**: 신체 표면에서의 혈액 순환 변화, 땀의 생성, 털의 존재, 그리고 인간의 경우 피하지방의 절연 효과를 통해 체온을 일정하게 유지하는 데 도움을 준다.
3. **면역학적 보호**: 피부는 외부 자극을 감지하고 이에 반응하는 중요한 장벽이다. 이 기능이 없으면 피부에 감염, 염증, 알레르기가 생기거나 피부암에 걸리기 쉽다.
4. **감각**: 접촉, 온도 및 압력에 대한 감각 신경 말단이 피부에 위치하여 외부 환경을 지속적으로 모니터링한다.
5. **자외선 차단**: 피부의 멜라닌 색소는 자외선으로부터 신체를 보호한다.
6. **손상 회복**: 피부가 손상되면 상처를 치유하고 피부의 연속성을 회복하는 복구 과정이 시작된다.

7. **외관**: 골격, 근육, 연부조직 위를 덮음으로써 다른 것과 구별되고 쉽게 알아볼 수 있는 동물의 특징적인 외관을 형성한다.

포유류에서 피부의 기본 구조는 상당히 비슷하지만, 그것은 동물이 처한 환경에 적응해 나가면서 진화한 것이 분명하다. 우리의 직계 영장류 사촌이나 기타 육상 포유류는 육지에서 살지만 돌고래나 고래는 순전히 수생이다. 인간과 기타 반수생 포유류의 경우에는 피부가 육상 서식지와 수생 환경을 모두 수용할 수 있도록 진화해야 했다. 즉, 많은 해부학적·생리적 특징은 수생 포유류나 육지 생명체에서 볼 수 있는 특성들이 절충된 것이다. 앨리스터 하디 경은 인간과 해양 포유류 피부의 유사점을 처음 발견한 해양생물학자로서, 우리와 영장류 사촌 사이의 명백한 차이점을 지적했으며, 수생 유인원 이론에 대한 관심을 불러일으켰다.

피부는 표피층과 진피층으로 구성되는데, 표피는 보호 및 방수 기능을 하는 상피세포가 밀집되어 있고, 진피는 혈관, 모낭, 땀샘 및 기타 기관을 수용하는 조밀하고 불규칙한 결합조직으로 이루어져 있다(그림 7.1). 진피에는 작은 기모근(털세움근)이 모발 또는 깃털의 줄기에 붙어 있어서 털의 방향과 높이를 다양하게 변화시킨다. 인간의 경우에는 이 근육이 수축하면 털이 곧게 펴지고 피부에 소름이 돋는데, 이는 교감자율신경계에 의해 매개되는 투쟁-도피 반응의 하나다. 이것은 무의식적으로 통제되면서 피부 바로 옆에 공기를 가두어 체온을 조절할 수 있는 시스템이다. 포유류는 추울 때 털과 단열층의 두께를 늘리거나 위험에 처했을 때 더 크고 공격적으

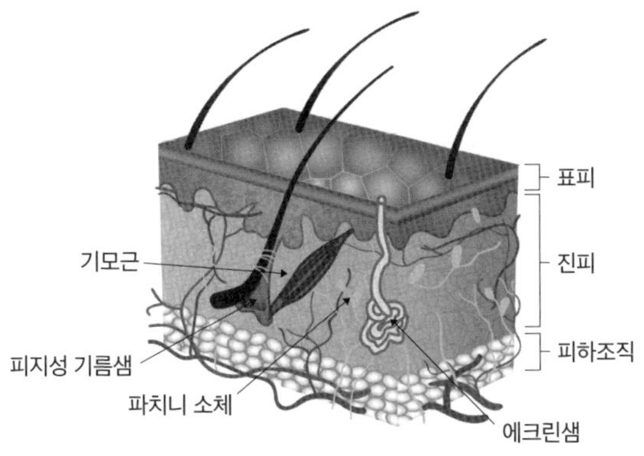

그림 7.1 포유동물의 전형적인 피부 구조

로 보이도록 털을 곧추세울 수 있다. 이런 기능은 추운 기후에 사는 굵은 털을 가진 포유류에서 특히 중요하다. 털이 많은 외피는 열 또는 추위, 자외선에 의한 잠재적 손상을 막는 첫 번째 방어선이다.

영장류나 다른 육상 포유류를 보면, 가는 털이 있는 복부 표면을 제외하고는 신체 대부분에 빽빽한 체모가 균일한 밀도로 분포되어 있다. 인간의 경우도 몸 전체의 피부가 상당히 균일하지만 두피나 겨드랑이, 사타구니를 제외하면 털이 짧고 가늘며, 여성은 체모가 훨씬 적다. 이렇게 털이 없는 상태는 반수생 생활 방식 때문에 진화한 것으로, 털을 잃은 인간은 다른 체온 조절 수단을 마련해야 했다. 따라서 기모근은 인간에게 흔적기관이 되었고, 대신 우리는 보온을 위해 멋지고 두꺼운 모피 코트를 돈을 들여 구입한다!

아포크린샘

모근에 붙어 있는 작은 아포크린샘은 좁은 관을 통해 유성 물질을 분비하여 모발을 윤기 있게 만든다. 포유류는 대부분 털이 많기 때문에 피부에 수많은 아포크린샘이 있다. 이 분비샘은 대부분 물속에서 생활하는 비버와 수달 같은 반수생 포유류에서 특히 잘 발달되어 있다. 이들은 물속에서 많은 시간을 보내기 때문에 유성 막이 표면장력을 감소시켜 효율적으로 수영할 수 있게 돕는다. 그리고 특수한 서식지에서 광범위한 온도에 노출되기 때문에 굵은 털이 있는 외피가 필요하다.

인간의 아포크린샘은 땀과 관련이 없고, 태아 발달 후기(5개월에서 5개월 반)에 거의 모든 신체 부위에서 나타난다. 그러나 대부분은 몇 주 내에 퇴화되어 사라지고 귀지를 만들어 내는 외이도, 겨드랑이, 젖꼭지, 배꼽 주위, 그리고 항문 주위에 존재할 뿐이다(다만, 여기저기 분비샘이 하나씩 있을 수는 있다). 이를 통해 우리는 인간의 조상이 영장류 사촌처럼 몸 전체에 아포크린샘이 넓게 분포되어 있었으며, 태아에 잠깐 동안 나타났다 사라진 흔적은 한때 우리 몸에 널리 퍼져 있던 이들 분비샘 시스템의 역사를 상기시켜 주는 것임을 추측할 수 있다. 그리고 우리의 반수생 생활 방식과 관련하여 몸의 털이 소실되면서 아포크린샘도 함께 사라졌다고 짐작할 수 있다.

겨드랑이 분비물은 박테리아에 의해 분해되면서 냄새가 강해진다. 인간 개개인의 냄새는 대부분 아포크린샘 분비물에서 비롯되며, 일부는 피지에서 비롯된다. 다른 모든 동물의 체취는 사회적 또는 성적 의미를 가지고 있기 때문에, 심지어 인간에서도 이것이 아포크린샘 분비의 근본적인 목적이라고 가정할 수 있다. 겨드랑이 기관이 냄새를 만드는 향선香腺이라는 견해는 안드로스테론이 인간의 겨드랑이 분비물에도 함유되어 있다는 사실로 뒷받침된다. 이 호르몬은 수퇘지 냄새의 원인이 되는 화합물로, 이 냄새에 암퇘지가 반응한다.

사람의 경우에는 아포크린 피지샘이 감염되어 여드름을 유발하거나, 관이 막히고 감염되면서 피지 낭종 또는 농양을 생성하고 염증으로 부을 수도 있기 때문에 불편함의 원인이 되기도 한다. 피지 낭종은 특히 두피, 얼굴과 목, 팔뚝 아랫부분에 흔하게 생기는데, 치료하려면 낭종을 절제해야 한다. 여드름은 본질적으로 호르몬 및 연령과 관련된 문제로, 대개는 저절로 낫지만 약물로 치료할 수 있다.

에크린샘

에크린샘은 일반적으로 털이 많은 피부에는 없고, 매끄러운 표피에 국한되어 있다(그림 7.1). 인간이 아닌 영장류의 경우에 더 발달된 동물들에서 에크린샘 수는 증가하고 아포크린샘 수는 감소하는 경향이 있다. 원원류原猿類(여우원숭이, 로리스원숭이, 안경원숭이 같은 원시 영장류)는 털이 많은 피부에 아포크린샘만 가지고 있으며, 에크린샘은 더 진화된 단계에서부터 나타나기 시작한다. 거대 유인원에서는 아포크린샘보다 에크린샘이 더 많거나, 둘의 비중이 비슷하다. 인간은 에크린샘이 거의 대부분을 차지하며, 두피, 사타구니 및 겨드랑이 같은 특정 부위에만 아포크린샘이 제한적으로 분포한다.

인간은 200-500만 개의 에크린샘을 가지고 있으며(1제곱센티미터당 평균 150-340개), 손바닥과 발바닥에 가장 많고 머리, 몸통, 사지의 순서로 분포한다. 땀샘의 개수는 사람에 따라 다르지만 성별에 따른 차이는 없다.

땀샘의 구체적인 기능은 피부 표면에 수분을 분비하여 수분이 증발하면서 피부 온도를 낮추는 것이다. 손바닥과 발바닥에 있는 땀샘은 피부 표면을 축축하게 유지하고, 각질층의 벗겨짐이나 경화를 방지하여 촉감을 유지하는 역할을 한다. 우리는 책장을 넘기려고 손가락을 적시는데, 마른 손으로는 잘 잡히지 않고 민감도가 낮기 때문이다.

에크린샘의 기능은 열 자극에 반응하여 체온을 조절하는 것과 심리적 자극에 반응하여 마찰 표면을 촉촉하게 유지하는 것으로 나눌 수 있다. 전자는 털이 많은 피부 표면에 있는 땀샘의 기능이며, 후자는 손바닥과 발바닥에 있는 땀샘의 기능으로 명확하게 구분된다. 열 또는 심리적 발한 외에도 사람들은 특정 화학 물질에 반응하여 얼굴과 이마에서 땀을 흘리기도 한다.

손바닥과 발바닥에 있는 에크린샘은 태아가 약 3개월 반일 때 발달하는 반면, 털이 많은 피부에 있는 에크린샘은 다른 모든 구조가 이미 형성된 태아 발달 후기(5개월에서 5개월 반)에 마지막으로 나타나는 피부 구조다. 발생의 시간적 차이는 진화 역사에서 두 가지 땀샘이 가진 근본적인 차이를 나타낼 수 있다. 발굽이 있는 동물을 제외한 모든 포유동물의 손바닥과 발바닥에 존재하는 땀샘은 시간적으로 먼저 발생하며 진화적으로 더 오래된 것일 수 있다. 털이 많은 피부에 있고 열 자극에 반응하는 땀샘은 더 최근 기관일 수 있다. 원숭이와 유인원의 피부는 더운 환경에서도 건조한 상태를 유지한다. 따라서 인간이 더우면 땀을 흘리는 것은 반수생 생활 방식으로 진화하면서 획득한 새로운 기능으로 보이며, 인체가 과열되는 것을 방지하는 데 필수적이다.

쭈글쭈글해지는 손가락

목욕할 때 따뜻한 물에 몸을 담그면 얼마 지나지 않아 손가락 끝이 말린 자두처럼 쭈글쭈글해진다. 연구에 따르면 이 신기한 현상은 피부의 기모근 수축과 마찬가지로 교감자율신경계의 무의식적인 통제 아래에 있다. 왜 이런 일이 발생하는지에 대해서 과거에는 피부가 물을 흡수하기 때문이거나 신경이 손상되었기 때문이라고 생각했다. 그러나 손가락으로 가는 신경이 절단되면 더 이상 주름이 생기지 않는다. 이것으로 손가락 끝 주름은 신경에 의한 조절임이 이미 확인되었다.

2011년 마크 챈기지의 연구에 따르면 주름진 손가락은 물에 젖거나 물속에 잠긴 물체를 잡는 힘을 향상시키는 것으로 나타났다.[1] 물에 잠긴 상태에서 주름이 생긴 손가락으로 구슬을 줍는 것이 그렇지 않은 손가락으로 구슬을 줍는 것보다 훨씬 더 효율적이라는 사실이 밝혀졌다. 이것은 빗속에서 타이어의 접지면이 작동하는 방식과 비슷하다. 피부 주름은 피부 표면 가까이에 있는 혈관이 신경에 의해 수축되어 생기는데, 이런 현상이 신체의 다른 곳에서는 일어나지 않고 손가락과 발가락에서만 발생하는 이유는 무엇일까?

이 현상은 초기 반수생 호미닌이 수생식물, 홍합, 연체동물을 비롯해 물에서 나는 미끄러운 먹을거리를 움켜쥐기 쉽도록 진화했기 때문일 가능성이 있다. 이는 사냥의 효율성과 생존 가능성을 향상시키고, 이어서 유전적 특성으로 확립되었다. 물에 들어가서 먹이를 찾는 마카크원숭이[2]의 경우에는 이와 비슷한 현상이 보이며, 다른 영장류는 이에 관해 연구된 바가 없다.

피부 진피의 또 다른 흥미로운 구조는 진동과 압력을 감지하는 피부의 신경 말단인 파치니 소체Pacinian corpuscle이다. 이것은 갑자기 변화하는 자극에만 반응하며, 진동보다 압력에 특히 민감하다. 각 소체는 조직층이 여러 동심원처럼 구성된 달걀 모양의 구조인데, 이 안에 자유신경종말이 묻혀 있다. 소체가 압력에 의해 변형되면 신경 말단이 자극된다(그림 7.1).

진피 아래에는 느슨한 결합조직과 지방으로 구성된 피하조직이 있다. 피하조직에 있는 느슨하게 배열된 탄력섬유와 섬유밴드가 피부를 깊은 근막에 고정시킨다. 인간과 고래류, 동면 포유류에서 피하조직은 지방과 에너지를 저장하는 두꺼운 단열층을 형성한다.

그러나 인간의 피부와 머리카락에는 미묘한 차이가 있는데, 이 점이 진화론적으로 중요한 의미를 가진다. 머리카락은 신체의 다른 털보다 더 굵고 밀도가 높으며, 손질하거나 자르지 않으면 그림 형제의 동화 속 주인공인 라푼젤이 기른 만큼은 아닐지라도 계속 자랄 것이다. 남성의 경우에는 얼굴 아래쪽 수염이 머리카락만큼 두꺼울 수 있지만 머리카락만큼 잘 자라지는 않는다.

두피의 진피층에는 모낭, 기모근, 피지샘 및 땀샘이 밀집되어 있다. 피부와 그 밑에 있는 근육 사이에는 느슨한 결합조직의 얇은 층이 있어 피부가 아래 근육에서 쉽게 분리될 수 있도록 한다(그림 7.2). 외부의 충격에 의해 머리 부위에 손상을 받으면 머리카락이 있는 두피층이 두개골에서 쉽게 벗겨질 수 있는데, 이런 일은 피부가 그 밑의 지방과 근육에 밀착되어 있는 신체의 다른 부분에서는 일어나지 않는다.

인체의 다른 부위에서는 털이 훨씬 가늘고 짧게 유지되며, 두꺼운 진피와 그 아래로 밀도와 두께가 다양한 지방층이 있다. 두피에서는 진피가 더 얇고 밀도도 낮다(그림 7.1). 사타구니와 겨드랑이에 있는 털은 적당히 굵고 길지만, 어느 정도 제한된 길이를 유지한다. 일부 남성은 다른 남성보다 털이 더 많을 수 있지만, 여성은 피부가 훨씬 부드럽고 털은 적다.

피하지방

피하지방층은 인간을 다른 육상 포유류와 구별되게 하는 또 다른 독특한 특징이다. 이 지방조직은 수생 및 반수생 포유류에게 보온

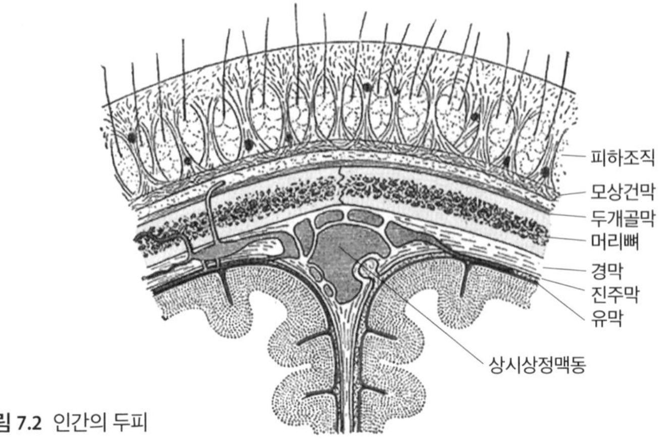

그림 7.2 인간의 두피

과 부력을 제공하며 유선형 신체를 형성하게 하는 두꺼운 지방층과 유사하다. 인간의 전신에 걸쳐 있는 피하지방의 분포와 두께를 자세히 살펴보면, 이 지방조직층이 없는 머리와 목 부위의 피부 구조에서 진화적으로 중요해 보이는 차이를 발견할 수 있다.

콧잔등 위, 눈 위의 이마, 두피 위의 피부는 나머지 얼굴과 목, 그리고 신체 다른 부분의 피부와 상당히 다르다. 머리 윗부분 피부는 포유류에서 흔히 볼 수 있는 구조를 유지하며, 영장류 사촌이나 기타 육상 포유류와 유사한 털가죽으로 되어 있다(그림 7.2).

인간 진화를 이해하는 데 있어서 이것은 중요한 관찰이다. 이로써 피하지방의 수중 적응과 털 손실은 수영할 때 물에 잠기는 신체 부위에서만 일어났음을 알 수 있다. 팽창된 부비동에서 나오는 두개골의 부력으로 인해 호흡을 위한 비강 입구와 두피를 포함한 얼굴의 윗부분은 항상 물 밖으로 나와 있어야 한다. 인간의 길쭉한 비강 골격과 비강 밸브•도 생존에 필요한 기도의 입구를 확보하기 위한 수생 적응으로 보인다. 눈도 물 밖으로 나와 있지만 물속에 들어갔을 때 볼 수 있게 수중 시력도 발전시켰다. 귀는 외이도에 뼈가 자라나 귀가 물에 잠기더라도 고막을 보호할 수 있다. 그동안 인간에서 볼 수 있는 이러한 독특한 적응이 사바나에 사는 영장류 가족의 한 부류에서만 진화하고, 다른 유인원 사촌들이나 사바나 혹은 숲에 사는 다른 포유동물들에서 전혀 보이지 않는 이유를 논리적으로 설명할 수 없었다. 인간의 상부 기도-소화기관의 감각 및 호흡 적응에 대해 반수생 환경에서의 진화적 조정으로 설명하는 것이 훨씬 더 합리적이고 일관성 있어 보인다.

포유류의 피부에 보이는 진화의 증거

많은 화석 유물이 발굴되면서 초기 호미닌의 골격 구조에 어떤 주요한 변화가 있었는지 알게 되었다. 고등 영장류 중 마지막 공통 유인원-인간이었던 호미닌은 우리와 가장 가까운 사촌인 침팬지와 보노보로부터 약 600만 년 전에 분리되었다. 화석 증거에 따르면 최초의 직립보행 인간(아르디피테쿠스 라미두스)이 약 440만 년 전에 나타났는데, 이들은 나무를 타기도 했으며 유인원, 침팬지와 유사한 털이 있었다고 추측된다. 300만 년에서 400만 년 전에 두 발로 걷던

• 콧구멍 안쪽의 숨길 중 가장 좁은 곳.

오스트랄로피테쿠스와 이전 장에서 설명한 호모 하빌리스, 호모 하이델베르겐시스(하이델베르크인), 호모 에르가스터 등 좀 더 늦게 나타난 호미닌과에 대해서는 훨씬 더 많은 것이 알려져 있다.

그러나 피부 구조, 체모 소실, 피하지방층 발달, 체온 조절 기능의 변화와 같은 연부조직의 적응과 관련해서는 직접적인 화석 증거가 없기 때문에 변화가 일어난 정확한 시기를 파악하기는 훨씬 더 어렵다. 따라서 다른 과학적 자료를 통해 진화적 변화의 시기를 간접적으로 추정해야 한다. 호모 에렉투스와 네안데르탈인 시대의 귀 외골증에 대한 화석 증거들은 반수생 생활 방식이 이미 100-200만 년 전에 진화했음을 보여 준다.

이러한 연부조직의 진화적 적응을 설명하기 위해 다윈 때부터 수많은 이론이 제시되었다. 다윈도 왜 우리 몸에 털이 이렇게 적은지 궁금해하며, 『인간의 유래』에서 "털이 없다는 것은 불편할 뿐 아니라 사람에게 손해가 되는 일일 것이다. 햇볕에 타거나, 습한 날씨에서는 갑작스럽게 오한을 느끼기 때문이다. 피부에 털이 없는 것이 직접적 이점이 된다고 생각하는 사람은 없다. 따라서 이것은 자연선택의 결과가 아니다."라고 언급했다. 다윈은 털이 없는 개체가 더 매력적이라는 성 선택을 진화적 적응의 원인으로 생각했다.[3]

지난 150년 동안 인간의 몸에서 털이 없어진 이유를 설명하기 위해 제시된 이론의 문제점 중 하나는 사바나 유인원 가설에 근거했다는 것이다. 사바나 가설은 초기의 유인원이 나무를 떠나 초원에서 직립하고 사냥을 시작했다고 한다. 그들은 24시간 동안 기온이 현저하게 바뀌는 개방된 서식지에 노출되었을 것이고, 열을 제

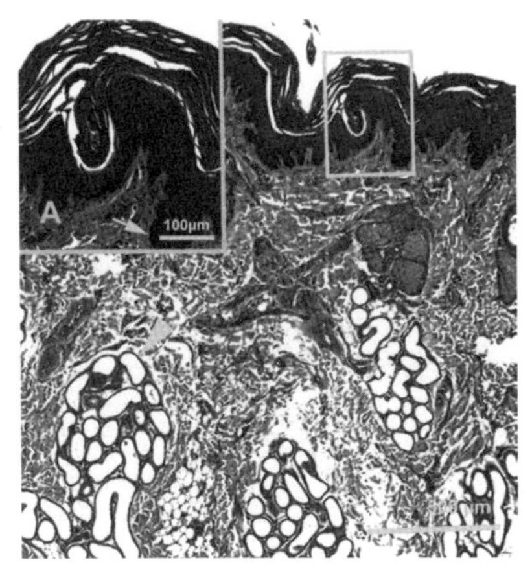

그림 7.3 두꺼운 피하지방층이 보이는 물개의 피부

어하고 보존하는 데 요구되는 것들이 수변 서식지에 사는 개체들과는 상당히 달랐을 것이다.

앞서 설명했듯이, 최근 과학적 증거는 반수생 생활 방식이 초기 호미닌의 진화를 설명하는 신뢰할 수 있는 시나리오임을 설득력 있게 보여 준다. 1974년에 러시아 과학자 블라디미르 소콜로프는 약 500종에 달하는 포유류의 피부를 비교해부학적으로 연구한 결과 "물속에서, 털은 단열 효과가 나쁘고 퇴화된다."라는 사실을 관찰했다.[4]

고래, 돌고래 및 기타 고래류처럼 완전히 수생 생활을 하는 대형 포유류는 털을 잃은 대신 단열과 부력을 제공하고 몸을 유선형으로 만들어 주는 피하지방층으로 대체했다(그림 7.3). 지방을 근육 속이 아닌 피부 아래에 저장하는 포유류에는 고래류(고래와 돌고래), 기각류pinnipeds(물개, 펭귄, 바다사자, 바다코끼리) 그리고 인간 이렇게 세

부류가 있다. 돼지와 곰도 지방을 피부 아래에 저장하지만 모두 반수생이거나 동면을 하는 동물들이다.

물개와 바다사자처럼 번식을 위해 해변으로 이동하는 반수생인 대형 해양 포유류는 혹한의 기후에서 살기 때문에 모피를 유지하지만, 고래류처럼 물속에서 가장 좋은 단열재가 되는 두꺼운 피하지방층도 가지고 있다.[5] 물개와 해달의 모피는 안쪽에 단열 기능을 하는 치밀한 공기층과, 바깥쪽으로 길고 기름기 있는 털이 결합되어 있다. 두 번째로 큰 물개 종류인 바다코끼리는 화려한 콧수염을 제외하고는 몸에 털이 없고, 가장 큰 종인 코끼리바다물범은 매년 약 40일 동안 털갈이를 해야 한다. 땃쥐와 같은 가장 작은 수생 포유류는 몸 주위에 단열 공기층을 유지할 수 있는 기름진 모피에 의존한다.

코뿔소와 하마뿐 아니라 바다소와 가장 가까운 사촌인 코끼리 같은 대형 육지 포유류도 어느 정도 수생이다. 그들은 아열대 기후에 살기 때문에 털이 소실되었으나, 돼지와 마찬가지로 진흙을 사용해 한낮의 더위로부터 벌거벗은 피부를 보호한다. 이는 유럽과 아시아의 추운 지역에 살면서 보온을 위해 두꺼운 털을 유지해야 했던 멸종된 울리매머드와는 대조적이다.

포유류는 육지에서 살거나(말, 고양이, 사자, 유인원, 개), 수생(고래류) 또는 반수생한다(물개, 비버, 담비, 하마 등). 털이 거의 없는 포유류는 고래, 하마, 코뿔소, 코끼리, 두더쥐, 인간 등 6종류에 불과하다. 그중 하나는 완전히 수생하고, 셋은 거대한 몸체로 아열대에 살면서 반수생하고, 다른 하나는 땅속에 산다. 그리고 우리 인간이 있다.

육상 포유류는 피하지방이 거의 없는 털가죽을 가지고 있다. 24시간 동안 기온이 변동하는 열대 지방에서는 기온이 떨어지는 밤에 보온을 위해 털이 필요하다. 육지에서 살거나 번식하는 반수생 포유류(비버, 담비, 물개, 북극곰)는 야간 보온을 위해 털을 유지했지만, 수영과 잠수를 하기 위해 털에는 왁스 같은 기름이 덮여 있다. 더운 기후에 사는 일부 대형 반수생 포유류(하마)는 낮과 밤의 기온이 비교적 일정한 물에서 대부분의 시간을 보내기 때문에 털이 더 가늘다. 수생 또는 반수생 포유류를 제외하고 인간 이외에 알몸으로 남아 있는 포유류는 지하에 사는 소말리아의 벌거숭이두더지쥐뿐이다.

그렇다면 인간은 육지동물인가, 아니면 반수생 포유류의 특성이 더 많은가? 증거들은 인간이 수백만 년에 걸쳐 반수생 포유류 범위 안에서 네발 달린 원숭이로부터 진화했음을 시사한다. 수영, 다이빙 및 달리기에 이상적인 튼튼한 다리와 직립보행, 유선형의 몸이 그 한 증거이고, 단열을 돕는 피하지방층, 그리고 수영과 달리기를 할 때 표면 항력과 저항을 줄이기 위한 유선형 체격과 체모의 상실은 또 다른 증거다. 수변 유인원들에게 이것은 이상적이고 효율적인 조합으로, 10만 년에서 5만 년 전 빙하기가 끝날 무렵에 유럽의 혹독하고 변화 무쌍한 환경에서 호모 사피엔스가 지배적 위치를 확보하는 데 도움이 되었던 것으로 보인다.

08 우리는 왜 털옷을 벗었을까: 초기 호미닌 재단사들

수생 가설은 독창적이다.
오늘날 물속에서 인간이 그렇게 민첩한 반면
우리의 가장 가까운 친척인 침팬지는 무력하고
쉽게 물에 빠지는 이유를 설명한다.
이 가설은 우리의 유선형 몸과 직립 자세뿐 아니라
체모 분포의 특이점까지 확실하게 설명한다.[1]
_데즈먼드 모리스

전 세계 모든 대륙에 살고 있는 현대인을 제외한다면 대부분의 영장류는 아프리카, 아메리카 및 아시아의 열대 지역이나 아열대 지역에 살고 있다. 그렇다면 다른 육상 포유류와 달리 기온 차이가 심한 온대 기후에서 살던 인간에게서 털이 사라진 이유는 무엇일까? 우리는 피부에 사는 '이louse'의 유전체 연구를 통해 체모 소실이 아프리카에서 호모 사피엔스, 유럽에서 네안데르탈인, 그리고 지구 여러 곳에서 호모 에렉투스가 공존하던 시대인 약 10만 년에서 14만 년 전에 일어났음을 알게 되었다.

다른 육상 또는 반수생 포유류와 달리, 초기 호미닌에서 털이 사라진 이유를 다음의 세 가지로 짐작해 볼 수 있다.

1. **지능 발달**: 지금으로부터 약 180만 년 전까지 호모 에렉투스의 인지능력이 빠르게 발전했는데, 이는 이들의 뇌가 해부학상 현생인류와 비슷한 정도로 커진 것과 관련이 있다. 물가 서식지에 살던 호모 에렉투스는 대뇌 발달과 더 큰 뇌에 필수적인 두 가지 지질단백질인 DHA와 아라키돈산이 풍부한 먹을거리를 얻을 수 있었다.
2. **불의 사용**: 다른 육상 또는 반수생 포유류와는 달리, 100만 년에서 150만 년 전에 호모 에렉투스는 불을 사용할 줄 알았고, 이는 몇 가지 중요한 이점을 가져다주었다. 첫째, 음식을 조리하면 더 쉽게 씹고 소화할 수 있으며 먹을 수 없거나 질긴 육류, 생선, 채소 등을 조리함으로써 뇌와 신체에 에너지를 공급하는 데 필요한 열량을 추가로 얻었다. 둘째, 불은 특히 맹수로부터 보호해 주어 밤에도 나무 위가 아닌 땅과 동굴에서 지낼 수 있었다. 셋째, 체온을 유지할 수 있도록 따뜻하게 해 주었다. 또한 음식을 조리한다는 것은 침팬지나 다른 영장류처럼 질기고 소화하기 힘든 음식을 씹는 데 하루에 4-5시간씩 소비할 필요가 없음을 의미했다.
3. **손재주**: 인간이 수백만 년 동안 두 발로 걸었다는 사실은 진화하면서 손재주를 발달시킬 수 있었음을 의미한다. 화석 증거를 통해 우리는 호모 하빌리스가 아프리카에서 약 150만 년에서 260만 년 전에 도구를 사용했다는 것을 알게 되었다. 50만 년에서 100만 년 전의 초기 호미닌은 기술과 손재주가 충분히 발달하여, 더 이상 자기 몸에 있는 털에 의존하지 않고 동물의 털로 옷을 직접 만들

수 있었다.

이 초기 호미닌 재단사는 활동과 날씨 및 계절의 변화에 따라 끊임없이 달라지는 필요에 맞게 옷을 조정할 수 있었다. 그들은 더 이상 다른 유인원처럼 두께의 변화가 제한적이고 온도 변화에 대한 적응력도 한정된, 몸에 붙은 영구적인 털을 필요로 하지 않게 되었다. 몇 분 안에 털 코트의 두께와 열을 조절할 수 있는 능력을 가지고 환경에 따라 활동할 수 있는 엄청난 자유를 누리게 되었고, 밤이나 겨울철에도 옷으로 체온을 유지할 수 있었다. 이것은 모닥불 옆의 온기에서 벗어나 이동할 때 특히 요긴했다. 따뜻한 낮이나 식량을 구하기 위해 육지에서 사냥할 때, 또는 수영이나 잠수를 할 때 민첩성과 움직임을 향상시키기 위해 코트를 벗을 수도 있었다.

데즈먼드 모리스와 호미닌의 '세례식'

1967년에 출판된 『털 없는 원숭이』에서 데즈먼드 모리스는 인간의 몸에서 털이 없어진 이유를 설명하는 다양한 이론을 탐구한다. 그는 수생 이론에 대해 독창적 이론이며 오늘날 인간이 물속에서 그렇게 민첩한 반면 우리의 가장 가까운 친척인 침팬지는 무력하고 쉽게 물에 빠지는 이유를 설명한다고 간략하게 언급한다. 그리고 "이 가설은 우리의 유선형 몸과 직립 자세뿐 아니라 체모 분포의 특이점까지 확실하게 설명한다."라고 했다.[1] 자세히 보면 우리의 등에 있는 짧은 털의 방향이 다른 유인원과는 현저하게 다르다는 것을 알 수 있다. 우리 몸의 털은 척추를 향해 대각선으로 뒤쪽과 안쪽을 향한다. 이 방향은 수영하는 몸 위로 흐르는 물의 방향과 일치하며, 체모가 없어지기 전에 이렇게 변형되었다면 바로 수영할 때 저항을 줄이기 위한 것이었음을 나타낸다.

초기 호미닌 두개골에서 발견되는 외이도 외골증은 호모 에렉투스와 네안데르탈인이 수영과 잠수를 하면서 먹이를 사냥했다는 것을 보여 주는 화석 증거다.[2] 데즈먼드 모리스는 우리 몸의 털이 물의 저항을 줄이는 쪽으로 점차 변화한 것 같다고 설명한다. 그러다가 아마도 수십만 년 동안 매일 물에 노출되는 반수생 환경에서 살면서 (소콜로프가 관찰한 바와 같이) 털이 점차 가늘어지고 퇴화되었다.[3] 앞에서 언급한 대로, 이louse의 유전체 연구 결과는 몸에서 털이 없어지게 된 것이 10만 년에서 14만 년 전임을 시사한다.

데즈먼드 모리스는 이어서 "영장류 중 사람만이 고래나 물개의 피하지방에 상응하는 두꺼운 피하지방층을 가졌다는 점이 독특하다."고 설명하면서 "인체의 이러한 해부학적 특징에 대해 아직 설명이 이루어지지 않았다."고 강조한다. 또한 "물속에서 먹을 것을 찾기 위해 습득된 우리 손의 예민한 속성"에 대해서도 언급했는데, 이것은 사냥을 해야 했던 유인원에게 유리한 점이었다. 사바나 이론이 털 없는 인간의 몸을 설명하는 이론으로 받아들여졌을 당시, 모리스는 사자나 자칼과 같은 전형적인 육식동물과 달리 식물을 먹었던 조상 유인원은 "먹이를 쫓아 번개같이 빠르게 돌진하는" 능력을 갖추지 못했다고 주장했다. 그리고 이들은 "사냥하는 동안에 상당히 과열되기 때문에, 사냥하면서 추격이 극에 이른 순간에 체모 소실이 크게 유용했을 것"이라고 주장했다.[1]

털이 아주 많은 남성을 제외하고는, 인간의 체모 분포는 머리, 겨드랑이 및 사타구니 부위로 제한된다. 모발이 두피 부위에 많은 것은 직사광선으로부터 뇌가 과열되는 것을 막기 위한 것으로 생각된다. 뇌 조직은 열에 매우 민감해서 세포 사멸을 방지하려면 온도가 일정한 범위 내에서 유지되어야 한다.[4] 따라서 한낮에 열대 태양에 노출되는 포유류는 열을 식힐 필요가 있었고 개코원숭이는 헐떡거리기로,[5] 일부 영양은 비강 안의 복잡한 열 교환 장치로 체온을 조절했고,[6] 낮에는 짙은 그늘을 찾는 등 여러 가지 방법을 고안해 냈다.

사바나와 개방된 적도 환경에서 먹이를 채집하던 초기 직립보행 호미닌이 뇌의 과열을 막기 위해 사용한 방법에 대해서는 리버풀 존 무어스 대학의 피터 휠러 교수가 제안한 견해가 널리 받아들여지고 있다. 그는 생리학적 모델을 사용해 태양 광선에 가장 직접적으로 노출되는 피부 표면인 두피를 비롯해 어깨와 위쪽 팔에 모발이 남아 있음을 보여 주었다.[7] 반면에 여전히 네발로 보행하는 유인원 사촌이나 다른 영장류는 몸의 모든 표면에 두꺼운 털을 유지해야 했다.

2011년 럭스턴과 윌킨슨은 광활한 사바나에서 걷고 사냥하던 호미닌이 태양 복사열과 함께 내인성 열을 생성하여 상당한 열 부하를 겪었을 것이라고 지적했고, 직립보행도 다른 이유로 진화했음에 틀림없다고 결론지었다.[8,9] 이와 같은 주장은 물에 들어감으로써 생기는 냉각 효과가 땅에서 걷거나 사냥할 때 발생되는 열을 분산시키는 데 도움이 된다는 수변 이론을 뒷받침한다. 돼지, 코뿔소, 코끼리, 하마와 같은 일부 반수생 포유류는 더운 날에 몸을 시원하게 하기 위해 젖은 채로 뒹굴기도 하고, 소와 개는 웅덩이에 들어가기도 한다. 그러나 이처럼 물속에 들어가는 것과 같은 특유한 행동 방식은 유인원이나 다른 육상 포유류에서는 볼 수 없다.

수생 유인원 이론에 대한 데즈먼드 모리스의 최종 논평은 "매력적인 간접적 증거에도 불구하고 수생 이론은 이를 뒷받침하는 확고한 증거가 부족하다."라는 것이었다. 50년 전 당시에는 증거를 확보하기가 불가능했다. "결국 사실로 판명되더라도, 지상에서 사냥하는 유인원으로 진화했다는 일반적인 그림과 심각하게 충돌하지 않을 것이다. 단지 지상 유인원이 꽤 유익한 세례식•을 거쳤다는 의미일 것이다."[1]

하지만 지금은 '확고한 증거'가 있다. 외이도 외골증의 형태가 유인원과 사람 사이의 '누락된 연결 고리'로 인식될 수 있어 초기 호미닌의 '세례식'을 확인시켜 준다.

수생 유인원에 대한 모리스의 의견은 일레인 모건이 『여성의 유래』를 쓰는 데 영감을 주었다. 이 책은 수생/수변 유인원 이론에 관한 그녀의 베스트셀러 네 권 중 첫 번째 책이다. 일레인 모건은 "나무에서 내려와 사냥감으로 가득한 초원을 바라보고, 무기를 집어 들고는 무적의 사냥꾼이 되는 타잔 같은 인물"을 중심으로 형성

• 물속에 들어간다는 의미로 '세례식'이라는 표현을 쓴 것 같다.

된 초기 인류 진화에 대한 전통적 신념에 중요한 질문을 던졌다.[10] 호미닌이 벌거벗게 된 것을 사바나 이론과 관련하여 설명하려는 많은 저자들은 기존의 정형화된 추정을 그대로 채택해 왔지만, 일레인 모건은 털이 없어진 것과 초기 호미닌이 언제 처음 옷을 입기 시작했는지에 대한 질문을 던지고 기발한 답변들을 제안한 것이다.

그중 하나는 몸의 '이'와 관련이 있다. 인간의 몸에는 세 가지 유형의 이가 살 수 있다. 몸에 사는 몸니, 음모에 사는 이, 그리고 머리에 사는 머릿니이다. 독일 라이프치히의 스톤킹 박사와 동료들은 전 세계 사람들의 머릿니와 몸니의 DNA를 침팬지의 것과 비교하는 연구를 했다.[11] 그 결과 포유류를 감염시키는 다른 이와 달리, 사람의 몸니는 머리카락이 아닌 옷에 달라 붙는데, 이 몸니들이 상당히 최근인 7만 2천 년에서 4만 2천 년 전에 진화했으므로, 초기의 유인원들이 그 시점 이후로 옷을 입었을 것이라는 점을 발견했다. 즉, 호모 사피엔스가 마지막 빙하기 동안 아프리카에서 남유럽으로 이주한 것과 비슷한 시기에 옷을 입기 시작했으며, 이로써 추운 기후에 더 잘 적응했고 이는 네안데르탈인을 성공적으로 지배하는 데 중요한 요인이 되었을 것이라고 그들은 제안한다. 또한 당시는 발전된 도구, 예술, 무역 등 다른 수준 높은 개발이 빠르게 진화하는 시기였다.

반면 스탠퍼드 대학의 고고학자 클라인 박사는 네안데르탈인과 호모 에렉투스 같은 다른 호미닌도 유럽과 극동의 추운 기후에서 살아남기 위해 옷 비슷한 것을 입었을 것이라고 제안했다.[12] 아마도 그들이 입은 옷은 더 헐렁했거나 사람의 몸니에게 매력적이지 않은 다른 소재였을 것이다.

피부색, 자외선 조사와 피부암

유타 대학의 진화유전학자 앨런 로저스 박사는 피부색을 결정하는 유전자를 분석하여 인간이 언제 털을 잃었는지를 간접적인 방법으로 연구했다.[13] 멜라노코르틴 1 수용체MC1R 유전자가 만드는 단백질은 인간의 피부 세포에서 만들어지는 두 가지 색소를 결정하는 스위치 역할을 한다. 태양의 자외선으로부터 피부를 보호하는 유멜라닌eumelanin은 갈색 내지 검은색이고, 보호 기능이 없는 페오멜라닌pheomelanin은 적황색이다. 2000년에 옥스퍼드 대학의 로절린드 하딩 박사와 동료들이 멜라노코르틴 1 수용체 유전자에 의해 만들어지는 단백질이 아프리카 밖에서 매우 다양한 반면, 아프리카인에서는 변함없이 동일하다는 사실을 발견했다. 즉, 아프리카 사람들은 생존을 위해 자외선으로부터 보호해 주는 유멜라닌 유전자가 일정하게 유지되어야 하며, 어두운 색소를 유지하고 돌연변이를 방지하기 위한 강력한 유전적 생존 추진력이 있어야 한다는 것이다. 반면에 더 온화한 기후에서는 단백질의 변화를 가져오는 돌연변이가 쉽게 발생하여 다양한 피부색을 생성했다.[14] 따라서 다양한 피부색은 태양의 자외선에 대해 동일한 수준의 보호를 제공하지 못했다.

세계 여러 지역에 있는 사람의 피부색은 주로 해당 지역에 도달하는 자외선의 양에 따라 다르며, 피부의 유멜라닌과 페오멜라닌의 비율과 관련이 있다. 우리와 가장 가까운 영장류 친척인 침팬지는 보호력이 강한 짙고 굵은 털과 유멜라닌이 없는 창백한 피부를 가지고 있다. 우리가 영장류 사촌들과 공유하는 조상들도 피부가 창백했을 가능성이 크다. 굵은 털은 자외선으로부터 피부를 보호해 준다. 그러나 초기 인류가 아프리카에 살았을 때에 그들의 피부는 어둡게 착색되어 있었다. 그렇다면 초기 오스트랄로피테쿠스는 어떻게 검은 털로 덮여 있던 창백한 피부에서 털이 없고 짙은 색소를 가진 피부로 진화했을까?

이와 관련해서는 많은 경쟁 이론이 있었지만, 다른 진화적 변화와 마찬가지로 필수적인 동기 부여 요소는 생존이고 유전자와 유익한 돌연변이를 다음 세대로 전달하는 것이다. 아프리카에서 두 번째 이주가 있었던 약 10만 년 전보다 훨씬 이전, 초기 호미닌이 동아프리카에 있었을 때부터 조상 침팬지의 창백한 피부보다 어두운색의 피부가 생존에 이점이 있었을 것이다. 반수생 생활 방식의 결과로 모발이 퇴화되면서 어두운색 피부로의 진화가 일어났을 가능성은 충분하다.[15]

털이 없는 채 노출된 창백한 피부는 여러모로 골칫거리였을 수 있고, 보호 기능이 있는 유멜라닌의 형성으로 이어지는 유전적 돌연변이는 적도 아래 아프리카에 사는 호미닌의 생존에 이점을 부여했을 것이다. 최근 DNA 분석 증거에 따르면, 약 1만 년 전 영국의 초기 거주민이었던 체더인Cheddar Man은 검은 피부와 푸른 눈을 가지고 있었으나 영국, 유럽, 미국의 더 서늘한 기후의 다른 지역에 정착한 후에는 유멜라닌에서 페오멜라닌으로 돌연변이가 쉽게 발생하여 피부색이 밝아지게 되었다고 한다. 초기 체더인의 DNA는 현재 영국의 백인 주민 유전체의 약 10퍼센트를 차지한다.

피부가 밝은색에서 어두운색으로 변화하는 것은 자외선이 엽산을 파괴하기 때문이라고 설명할 수 있다. 엽산은 다양한 신체 과정에 필수적인 분자로, 엽산 결핍은 빈혈을 유발하며, 임신 중의 엽산 부족은 태아에서 척추갈림증spina bifida과 같은 선천적 결함의 원인이 될 수 있다. 짙은 색의 피부는 엽산이 분해되는 것을 방지한다. 우리 조상 중에 보호 기능을 하는 털을 잃은 후에도 피부에서 갈색-검은색 유멜라닌 단백질을 생성하지 못한 사람들은 엽산 결핍으로 인해 번식하기에 건강하지 않았거나, 덜 건강해서 더 적은 수의 자손을 낳았을 수 있다. 유멜라닌을 생산하는 멜라노코르틴 1 수용체 유전자 돌연변이를 가진 다른 종족들은 보호 색소 덕분에 더 건강한 자손을 남기고 더 성공적으로 살아남았을 것이며, 그들의 멜라노코르틴 1 수용체 유전자는 우리 조상들을 통해 여러 세대에 걸쳐 퍼졌을 것이다.[15]

피부를 온전하게 유지하고 신체를 잠재적인 위험에서 보호하기 위해서는 환경 자극을 감지하고 적응해야 했으며, 이를 위해 수많은 메커니즘이 진화했다. 블라디미르 코스튜크와 동료들은 스쿠알렌이 피부에서 자외선에 반응하고 인간의 각질세포(피부세포)에서 대사 및 염증 반응을 일으키는 피부 표면 지질의 매개체임을 확인했다.[16] 이러한 피부 표면의 지질은 필수적인 피부 기능에 중요한 역할을 하며, 자외선 노출과 잠재적인 위험에 대한 첫 방어선을 형성한다.

또 다른 자외선 민감성 수용체는 각질세포의 세포막에 위치한 상피 성장인자 수용체epidermal growth factor receptor(EGFR)다. 이 수용체는 피부의 발달, 스트레스 반응 및 회복의 기초가 되는 수많은 필수 과정의 핵심 조절인자다. 상피 성장인자 수용체는 각질세포가 증식하도록 자극하는 동시에 더 분화하는 것을 막는다. 일반적으로 돌연변이는 피부암과 같은 종양의 발생을 촉진하는 반면, 연구에 따르면 상피 성장인자 수용체는 종양 발생에 필수적인 유전자의 발현을 억제한다.[17]

자외선은 세포가 성장하는 데 이점을 제공하는 유전적 변형 및 돌연변이가 축적되도록 해서 피부 편평세포암squamous cell carcinoma의 유발과 촉진에 중요한 역할을 한다. 일반적으로 세포는 외부에서 오는 신호에 따라 휴지 상태에서 활성 증식 상태로 전환할지 여부를 결정한다. 종양 세포에서는 성장인자와 성장인자 수용체의 발현이 증가하여 세포 분열이 촉진되는 것을 자주 볼 수 있다.

피부에 생기는 편평세포암은 피부 종양 중 기저세포암 다음으로 많이 발병하며, 햇빛 노출의 증가와 면역력 저하로 발병률이 크게 증가했다. 편평세포암은 광선각화증actinic keratosis이라고 불리는 전구병변으로부터 진행된다고 알려져 있으며, 세포분화 정도, 종양의 두께, 위치 및 기타 특징에 따라 예후를 평가한다. 기저세포암은 두경부편평세포암head and neck squamous cell carcinoma이라고도 불리는 머리와 목 안의 점막에 생기는 편평세포암보다 예후가 더 좋다.

편평세포로 이루어진 혀, 입, 편도선, 인후 및 후두의 내벽은 자외선에 전혀 노출되지 않지만 담배, 알코올 등이 발암 자극을 가해 점막에 두경부편평세포암을 유발한다. 인유두종바이러스human papilloma virus(이하 HPV)는 자궁경부암을 유발하며, 오늘날 서구의 청년과 중년에서 가장 빠르게 증가하는 악성 종양인 구인두암oropharyngeal carcinoma의 주요 원인이다. 일부 두경부편평세포암의 발병률은 흡연 감소로 인해 떨어지기도 했지만, 편도선의 HPV-양성 편평세포암의 발생률은 지난 20년 동안 영국, 북유럽, 미국에서 두 배 증가했다. 이는 주로 성행위의 변화, 성적인 난잡함이나 파트너 수 증가, 첫 성관계 연령이 낮아지는 것 등에 기인한다.[18-20] 많은 국가에서 자궁경부암을 예방하기 위해 10대 소녀들에게 HPV 백신을 접종하고 있으며, 일부 국가에서는 소년에게도 접종하고 있다. 영국 국민보건서비스NHS에서도 구강암과 인후암이 크게 증가하는 것을 막기 위해 2018년 7월부터 소년에게 백신을 접종하고 있다.

방사선 치료와 기존의 화학요법 외에 현재 상피세포 성장인자 수용체를 표적으로 하는 약물은 말기의 편평세포암을 치료하는 유일한 비수술적 선택이다. 표적분자요법targeted molecular therapy은 점차 더 널리 보급되고 있으며, 환자에게 최신 정보와 조언을 제공하기 위해서는 그 효과에 대한 증거와 부작용을 이해하는 것이 중요하다.[21-23]

그동안 저평가되었던 또 다른 가능한 이론은 자외선 노출에 의한 손상과 피부 흑색종의 연관성이다. 연구에 따르면 아프리카계 미국인은 백인 미국인에 비해 악성 피부 흑색종에 걸릴 확률이 약 10분의 1, 피부의 편평세포암 또는 기저세포암에 걸릴 확률은 50분의 1 미만이다. 이전에는 대부분의 피부암이 자손을 만들 수 있는 기간이 끝난 뒤에 발병하기 때문에 이 연관성을 생각하지 않았다. 아이를 낳은 후에 발병하면 보호 기능을 가진 유전자가 다음 세대에 전달되지 않을 수 있기 때문이다.

그러나 우리의 초기 조상이 처음으로 색소가 있는 피부를 진화시킨 지역인 중앙아프리카에 사는 알비노(백색증) 아프리카인의 피부암 발병률에 대한 연구는 새로운 사실을 제시한다.[24] 백색증이 있는 사람들은 대부분 유멜라닌을 생성하는 유전자가 없기 때문에 색소가 있는 사람보다 피부암에 걸릴 위험이 훨씬 더 높아서 중앙아프리카 지역에 거주하는 백색증에 걸린 사람들의 90퍼센트 이상이 주로 피부암으로 30대 또는 그 이전에 사망한다. 500명이 넘는 백색증 탄자니아인들에 관한 연구에서도 그들 중 대부분이 40세 이전에 피부암으로 사망했다.

일부 과학자들은 아프리카에서 진화한 창백한 피부의 우리 호미닌 조상과 현재 아프리카 지역에 살고 있는 알비노 사이에 많은 유사점이 있다고 믿는다. 아마도 그 유사점은 엽산 결핍과 생명을 위협하는 피부암에 대한 민감성이라는 두 가지 불리한 요인의 조합일 것이며, 반수생 생활에 적응하면서 몸을 보호해 주는 털이 없는 것이 유리했기 때문에 우리 조상은 진화 경로를 어두운색의 피부로 정하여 불리함을 극복한 것이다. 알비노의 피부암은 특히 공격적인데, 피부를 보호해 주는 옷, 피난처, 좋은 자외선 차단 크림이나 다른 의학적 치료의 혜택을 받지 못했던 우리 조상 시대에는 더욱 위험했을 것이다. 이러한 암은 유전 염색체에 다음 세대로 전달할 중요한 보호 유전자 서열을 가지고 있지 않은 사람들에게 훨씬 더 치명적이다.

호미닌의 '세례식'이 갖는 의미

다른 영장류 및 육상 포유류와 비교하여 독특하게 털이 없는 채 노출된 인간의 피부는 우리가 원숭이 사촌으로부터 지상 포유류가 아닌 반수생 동물로 진화했다고 생각할 때 가장 논리적으로 설명된다. 과학적 증거는 초기 호미닌이 수변 서식자로 수백만 년에 걸쳐 점진적으로 진화했다는 사실을 우리 피부의 해부학적·생리학적 차이점을 통해 설득력 있게 보여 준다.

새로운 먹이를 찾기 위해 습지, 호수, 강으로 들어갔던 침팬지들은 시간이 지남에 따라 물속에서 똑바로 보행하는 데 익숙해졌고, 골반을 점진적으로 회전시켜 하지를 강화할 수 있었다. 특히 강, 바다, 호수에서 다양한 먹을거리를 구하기 위해 수영과 잠수를 시작했고, 이러한 반수생 생활 방식을 수용하기 위해 피부에 점진적인 변화가 일어난 것이다. 이들은 다음에 제시된 것과 같은 생리적 또는 해부학적 적응, 자연선택 또는 생존에 이점을 부여하는 유전적 돌연변이를 통해 진화했을 것이다.

1. 수영할 때 저항을 줄이기 위해 등에 있는 털의 방향이 대각선으로 척추를 향하도록 변화했다.
2. 소콜로프가 관찰한 바대로, 털은 점차 가늘어지고 퇴화되었다.[14]
3. 부력, 단열 및 유선형 체형을 만들기 위해 피하지방층이 발달했다.
4. 아포크린샘이 줄고 에크린샘이 확산되면서 피부의 체온 조절 기능이 점진적으로 진화되었다.

5. 창백한 피부에 두꺼운 털로 덮여 있던 침팬지에서 털이 없어지니 창백한 피부가 노출되어 위험한 자외선의 영향을 더 많이 받게 되었다. 따라서 자외선으로부터 보호해 주는 어두운색의 유멜라닌을 생산하는 멜라노코르틴 1 수용체 유전자의 돌연변이는 매우 유리했을 것이다. 어두운색 피부를 가진 호미닌에게 햇빛으로부터 받는 손상을 방지하고 피부암 발병과 피부 엽산 파괴의 위험을 최소화하는 생존 이점을 제공했을 것이다.

체더인에 대한 최근의 유전적 증거에 따르면, 영국에 도착했던 초기 호미닌들에서 어두운색 피부가 여전히 존재하는 것처럼 보인다. 하지만 하딩이 지적했듯이,[14] 사람들이 열대 지방에서 멀어지면서 보호성 유멜라닌을 더 이상 필요로 하지 않게 되었고, 유전 돌연변이가 피부색을 다양하게 하는 페오멜라닌에서 쉽게 발생했다.

우리는 피부암과 흑색종을 유발하는 자외선의 위험을 알고 있다. 특히 이제는 전 세계를 자유롭게 여행하는 많은 현대 호모 사피엔스가 태양광 노출의 신체적·심리적 이점을 누리고 있다. 유럽, 북미, 북부 아시아 및 기타 온대 기후에서 수천 년 동안 살아온 사람들은 유멜라닌을 생산하는 유전자를 상실하여 피부가 더 창백해지고 피부암과 흑색종의 위험도 크게 증가했다. 이 점은 지난 2-3세기 동안 호주로 이주한 유럽인들에서 특히 분명하게 볼 수 있다.

구릿빛 선탠에 대한 사람들의 욕구는 어두운 피부가 더 매력적이라는 생각 외에도 보호 기능이 있는 어두운 피부색을 회복하려는 잠재의식 속 생존 본능일 수도 있다. 그러나 페오멜라닌에서 유멜라닌으로 되돌아가는 멜라노코르틴 1 수용체 유전자 돌연변이의 역전은 달성하기 쉽지 않은 것처럼 보인다. 자연적 역방향 돌연변이를 기다리는 데는 초기 창백한 피부를 가진 호미닌 침팬지가 보호용 털 코트를 잃기 시작했던 것과 같이 수십만 년 이상이 걸릴 수 있다. 그동안 우리는 보호복이나 자외선 차단 수치가 높은 선크림을 잘 사용하는 데 주의를 기울여야 한다.

09 인간의 두개골과 부비동의 진화적 적응

해부학과 생리학의 관계는 지리학과 역사학의 관계와 같다.
해부학은 사건이 일어난 무대를 묘사한다.
_장 페르넬

프랑스의 르네상스 시대 의사 장 페르넬은 수학, 철학, 천문학, 해부학, 인체의 기능에 대해 연구했고, 20년 이상 코르누아유 대학• 의학과 교수로 재직했다. 그는 척수관과 뇌의 관찰을 포함한 해부학의 발전에 크게 공헌했고, '생리학'이라는 개념을 도입하기도 했다. 위의 유명한 인용구는 사람과 동물의 구조와 기능에 대한 두 가지 필수 과학 영역의 상관관계를 설득력 있게 보여 준다. 또한 그는 해부학적 진화의 변화가 그 기능적 요구와 밀접하게 관련이 있다는 것을 처음으로 인식한 사람 중 한 명이었다.

포유류와 다른 동물들에게 시각, 청각, 후각, 미각 및 (모두 다는

• 14세기부터 18세기까지 프랑스 파리에 있던 대학. 1763년에 루이르그랑 대학(Collège Louis-le-Grand)으로 재편성되었다. 현재 리세 루이르그랑(Lycée Louis-le-Grand)이다.

아니지만) 촉각을 담당하는 중요한 기관이 위치한 상부 기도-소화기관만큼 환경에 대한 감각 인식을 판단하는 데 중요한 신체 부위는 없다. 이것은 보호, 섭생, 탐색, 의사소통, 사회화 및 생식을 위해서 주변 환경에 대한 정보를 수신하는 데 필수적이다. 이 기관들의 구조와 기능은 특정 서식지나 생태학적 틈새에서 그들이 생존하고 번식하는 데 최적의 이점을 제공하도록 진화되고 적응되었다. 특히 코는 바로 인접한 환경의 변화를 감지함에 있어 매우 중요하다.

따라서 호미닌에서 눈, 귀, 코, 부비동 및 인후는 변화하는 환경과 필요에 적응하기 위해 지난 500만 년에서 1천만 년 동안 공통 조상 유인원에서 변화하고 진화해 온 신체의 매우 중요한 영역이다. 이제부터 오늘날 우리가 현대인으로 진화해 온 머리와 목 부위의 다양한 구조를 비교해부학과 생리학적 측면에서 살펴볼 것이다. 이러한 진화적 변화의 대부분은 생존에 도움이 되었지만, 일부는 우리 건강에 악영향을 미쳤을 수도 있다. 다행스럽게도 인간은 다른 동물과 달리 오래전에 우리를 멸종시킬 수도 있었던 질병 상태를 인식하고 통제, 치료할 수 있도록 우수한 지능을 진화시켰다.

부비동은 비강을 둘러싸고 있으며 공기로 채워진 네 쌍의 공간을 말하는데, 안와orbit에 근접하게 위치한다(그림 9.1). 상악동maxillary sinus은 부비동 중 가장 크고 눈 아래의 뺨 부위에 있다. 눈 위의 이마 중앙부에는 사람마다 크기가 상당히 다른 전두동frontal sinus이 있다. 안와 사이에 위치하는 부비동은 사골동ethmoid sinus이며, 양쪽에 각각 작은 방이 열 개에서 열다섯 개까지 있다. 이들은 얇은 뼈에 의해 서로 분리되어 공기로 차 있는 벌집 모양의 공간을 형성한다.

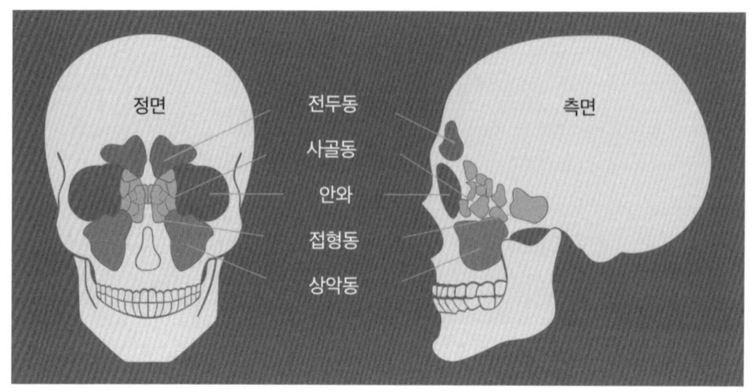

그림 9.1 부비동

마지막으로 접형동sphenoid sinus은 안와 후방의 비강 뒤쪽에 있다.

부비동의 기능에 대해서는 오랫동안 논쟁이 있었지만, 이 '필요 없는' 공간에 대해 만족스러운 설명은 아직 제시되지 않았다. 부비동에 생기는 병들은 사람에게 흔한데, 놀랍게도 다른 동물에서는 이와 유사한 문제를 페키니즈나 복서와 같은 개의 품종에서만 찾을 수 있다. 이 품종에서는 선택적 번식으로 비강의 길이가 짧아지고 효율성도 낮아졌다.[1] 꽃가루 알레르기, 비염, 아데노이드 비대증, 중이염, 편도선염, 유아돌연사증후군SIDS 등은 인간의 독특한 문제이며 다른 육상 동물에서는 흔하지 않다. 이러한 다양한 의학적 문제는 진화 과정에서 획득한 상부 기도-소화기관의 설계 결함 때문이 아닌가 생각할 수 있다. 왜냐하면 어떤 이점도 없이 괴로움만 유발하며, 이로 인해 특히 어린이들이 고통받기 때문이다. 우리가 왜 이러한 문제와 다른 많은 의학적 문제로 고통받는지에 대한 대답은,

포유류들은 5천만 년 동안 네발 육상동물로 아주 행복하게 진화했고 수직으로 서서 직립보행을 하도록 설계되지 않았기 때문에 직립보행이 이 모든 문제들을 일으킨 것처럼 보인다.

고릴라와 호모 사피엔스의 두개골을 비교할 때, 뇌 크기 외에 눈에 띄는 차이점 중 하나가 고릴라의 두개골은 무겁고, 인간의 얼굴 골격은 섬세하기까지 하다는 점이다(그림 9.2). 이것은 주로 부비동이 크게 확대되어 있기 때문이다.

로마 시대의 의사 갈렌은 두개골에 빈 공간이 있다는 것을 처음 기술한 사람으로 여겨지고, 레오나르도 다빈치는 1489년경 발표한 〈두개골의 두 모습〉에서 부비동의 존재를 처음으로 명확하게 보여 주었다(그림 9.3). 부비동에 대한 직접적 언급은 나중에 베살리우스가 1543년에 출판한 『인체의 구조에 관하여』에서 등장한다.[2] 그러나 고등 영장류, 특히 인간에게 미치는 부비동의 기능적 역할의 해부학적·생리적 중요성을 설명하려는 많은 이론이 르네상스 시대부터 제시되었음에도 이것은 여전히 수수께끼로 남아 있다.

저명한 이비인후과 의사였던 빅터 네거스 경은 상부 기도-소화기관과 그 발달에 대한 비교해부학 연구에 많은 시간을 바쳤지만 이러한 이론들을 무시했고, 가능성 있는 대안도 제시하지 못했다.[3] 최근에는 블레이니가 부비동 진화에 대한 논문에서 그 존재에 대한 만족스러운 설명은 아직 없다고 결론을 내렸다.[4] 저명한 일본의 이비인후과 의사인 다카하시 또한 공기가 들어 있는 이 공간의 의미를 아는 것은 인간 진화에서 매우 이해하기 어려운 문제 중 하나라고 인정하기도 했다.[5]

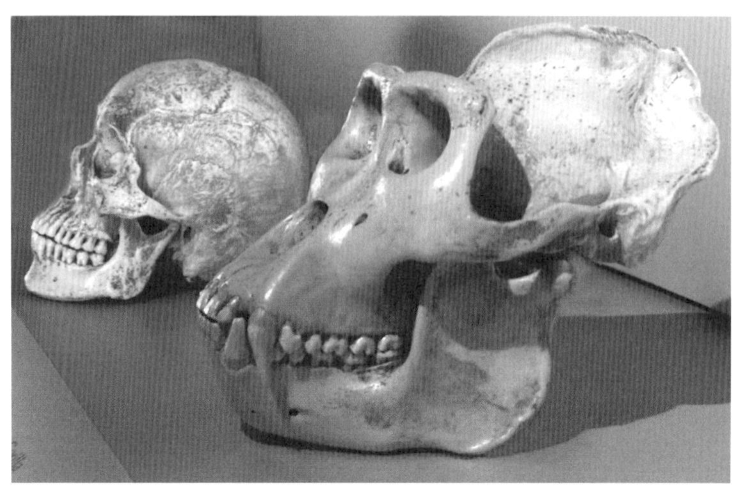

그림 9.2 인간과 고릴라의 두개골 비교

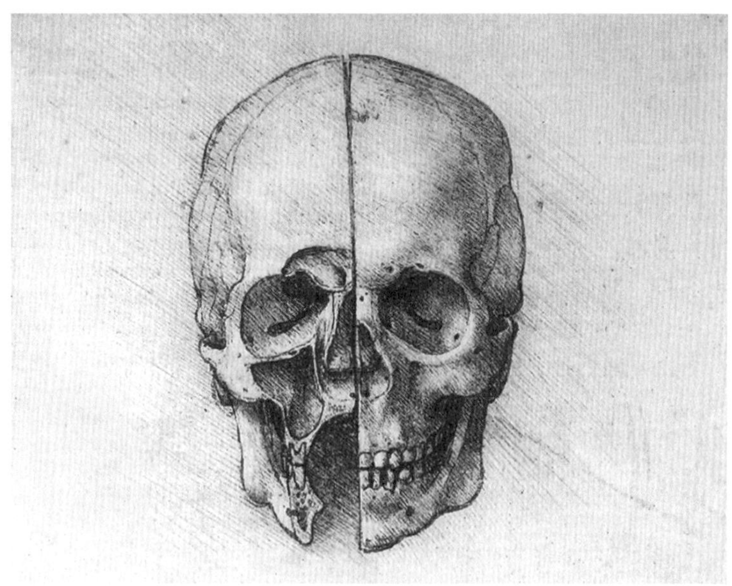

그림 9.3 레오나르도 다빈치의 〈두개골의 두 모습〉

부비동의 기능에 대한 많은 이론들은 현대 호모 사피엔스의 해부학 및 생리학적 발달이라는 맥락에서 볼 때 언뜻 그럴듯해 보였지만, 시기와 기능적 필요성의 관점에서는 진화 과정을 실제적으로 충분히 설명하지 못했다. 이 이론들 역시 나무 위의 유인원으로부터 초기 인간이 진화했다는 전통적 사바나 이론에 기초하기 때문이다. 사바나 이론에 대해서는 최근에 와서야 의문이 제기되기 시작했다.[1,6,7] 중요한 점은, 진화적 적응은 일어날 예정인 일이 아니라 '이미 일어난' 일에 대한 반응이라는 것이다.[1] 진화는 직립보행의 발달이나 체모 상실처럼 생존에 도움이 되는 명확한 진화적 이점을 제공하지 않는 한 '필요 없는 공간'의 발달을 원하지 않는다.

인간에게 다른 종에서는 발견되지 않는 넓은 미로와 같은 사골동을 포함하여 커다랗게 비어 있는 부비동 공간은 중요한 진화적 의미를 가질 것이다. 초기 호미닌에서 부비동이 확장되고 사골동이 추가적으로 발달한 점은, 이것이 다른 유인원 종에 비해 확실한 생존 이점을 제공했기 때문이라는 것이 논리적인 설명이다.

다른 어떤 동물도 부비동염이나 상부 호흡기관의 문제로 고통받는 불행이 없기 때문에 현생인류에게 남겨진 이 유산은 이로움보다 문제점이 더 많다고 주장할 수도 있다. 그러나 이것은 단순하게 사골동의 존재 때문만이 아니다. 인간에게 고유한 두 가지 다른 특성도 병의 원인으로서 관련성이 있다.

그중 첫 번째는 인간의 직립 자세인데, 이는 부비동으로부터 분비되는 체액의 배출 측면에서 뚜렷하게 불리하다. 부비동에서 비강으로 통하는 작은 구멍들인 소공ostium은 수평 방향으로 위치하는

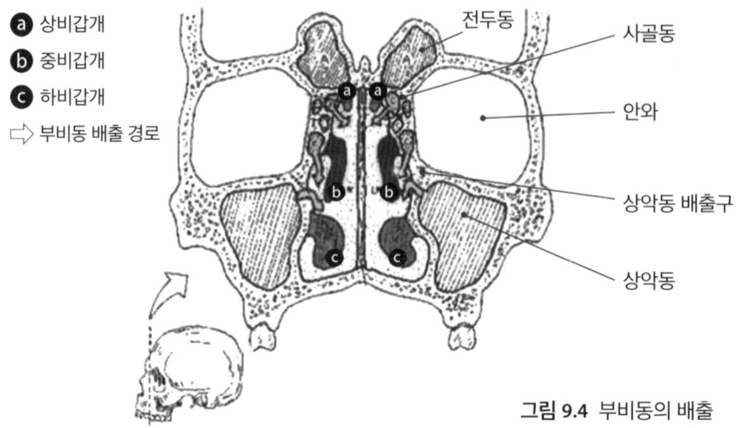

그림 9.4 부비동의 배출

두개골에 적합하기 때문에 수백만 년 동안 네발로 걷는 포유류에서 상당히 만족스럽게 진화해 왔으나, 직립보행의 상황에서는 최적이 아니다. 그림 9.4에서 볼 수 있듯이, 가장 큰 부비동인 상악동의 배출구는 상악동염에 걸리기 쉽게끔 부비동 위쪽에 위치한다.

두 번째 요인은 육상동물 중 인간만이 호흡을 코로만 하지 않는 동물이라는 점이다. 인간을 제외한 모든 육상 포유류에서 후두는 연구개와 접촉한다. 따라서 비강에서 기관까지 이르는 기도는 액체와 음식의 흡입 가능성으로부터 보호되며, 음식은 후두 주위를 지나 직접 인두를 통과해 식도로 연결된다. 따라서 포유류는 먹으면서 호흡을 계속할 수 있다.

인간은 후두가 내려와 있어서 입으로 자유롭게 호흡하고, 말도 할 수 있으며, 호흡을 참을 수 있는 독특한 능력을 가지게 되었다. 이런 명백한 이점에도 불구하고, 말하거나 무거운 물건을 들며 힘을 쓸 때 또는 휘어진 비중격• 등으로 인한 코막힘 때문에 입으로만 호흡하게 될 때에는 상당한 대가를 치러야 한다. 즉, 입으로 숨을 쉬게 되면 냄새를 맡고, 흡입한 공기를 가습·소독하고 온도를 조절하는 것과 같은 비강 호흡의 중요한 생리적 이점을 누릴 수 없게 된다. 지금까지 살펴본 것처럼 인간이 상부 호흡기 감염에 걸리기 쉬운 요인은 상부 기도-소화기관의 여러가지 변형에 따른 독특한 결과다.

인간의 상부 기도-소화기관에 생긴 변화들이 진화 과정에서 거의 동시에 발생한 것으로 보이기 때문에 이들을 함께 생각하는 것이 적절하다. 또한 인간의 코는 다른 유인원 종과 비교해 모양이나 구조가 상당히 다른 중요한 특징들이 있다. 이러한 변화는 어떤 사소한 이유로 진화한 것이 아니다. 수백만 년에 걸쳐 유인원 집단의 다른 구성원에게는 일어나지 않았던, 어떤 의미 심장한 발달과 적응은 그것이 인간 진화의 중요한 시기에 발생했음을 나타내는 것이 틀림없다.

공통 조상으로부터 인간과 유인원이 진화했다는 다윈 이론의 타당성에 대해서는 의심의 여지가 없다. 그러나 초기 인간이 나무에서 내려와 사바나로 모험을 시작한 유인원으로부터 직접 진화했고, 그들이 더 멀리 보려고 똑바로 서게 되면서 수렵·채집인으로 진화했다는 개념은 널리 받아들여졌지만, 인간에서 일어난 모든 진화적 적응을 설명하기에는 설득력 있는 주장이 아니다. 어째서 아

• 코의 내부를 좌우로 나누는 중앙 수직벽. 태어날 때 또는 외상에 의해 불완전 골절이 일어나, 성장하면서 점차 휘게 되어 코막힘 등의 증상이 생길 수 있다.

프리카에 비슷한 세 종류의 유인원이 아니라, 고릴라와 침팬지 그리고 이들과 독특하게 다른 인간이 존재하는지 그 이유를 설명하지 못한다. 이러한 변화에 대해 보다 논리적으로 설명하는 것들을 알아보기 전에, 부비동의 발달에 대해 비교진화학적으로 알고 있는 것과 부비동의 기능에 관한 현재 이론을 살펴보는 것이 필요하다.

진화와 비교해부학

부비동의 진화적 발달에 대한 연구는 부비동을 구성하는 요소들의 기능이 크게 다르기 때문에 전체적으로 생각하기 어렵다. 상악동은 만들어진 기원이 다르지만 전두동과 접형동은 함께 분류될 수 있다. 사골동은 다른 고등 영장류 일부에서 제대로 발달하지 못한 형태로 발견되는 것을 제외하면 인간에게만 존재한다. 일반적으로 전두동과 상악동은 열을 보존하기 위해 추운 기후에서는 그 크기가 작아졌다고 생각된다. 실제로 에스키모의 부비동은 더 작다. 그렇지만 마지막 빙하기 동안 유럽에서 살았던 네안데르탈인은 상악동과 전두동이 특히 잘 발달되어 있어서, 어떤 다른 기능이 있음을 시사한다. 그리고 호미닌 이전 시대(800만 년에서 1,500만 년 전)에 라마피테쿠스 같은 수목 유인원에서도 부비동은 호흡, 가습 및 후각을 위해 기능적으로 중요하다는 몇 가지 사실들이 알려져 있다.[8]

상악동

상악동은 크기가 상당히 다양하며 고등 영장류, 특히 인간과 소, 말 등 발굽이 있는 일부 유제류에서 잘 발달되어 있다. 침팬지에서는 비강의 바닥을 가로질러 반대쪽 부비동과 몇 개의 사골동과도 통하는 구조로 되어 있다.

상악동의 크기는 먹이를 잡고 물기 위해 진화한 위턱(상악)의 길이에 따라 어느 정도 달라진다. 우드-존스가 지적한 바와 같이, 주둥이의 길이는 앞다리로 사물을 잡을 수 있는 능력과 반비례한다.[8] 원숭이나 다람쥐처럼 과일이나 견과류 등 먹이를 잡을 수 있는 동물이나 포식자(예: 고양이)는 주둥이가 대개 짧다. 풀을 수집해야 하는 유제류, 일부 설치류 및 유대류(예: 캥거루), 위아래 턱으로 먹이를 잡는 개, 곰 및 너구리 같은 다른 동물은 대개 길게 튀어나온 주둥이를 가지고 있다.[3] 긴 주둥이를 가진 육식동물의 경우에 위턱의 추가 공간은 후각을 위한 악비갑개maxillo-turbinal가 차지한다.

전두동과 접형동

전두동과 접형동은 다양한 동물에서 존재하지만, 특히 육식동물처럼 냄새를 예리하게 맡는 동물에서 잘 발달되어 있다. 개나 고양이과에서 후각 점막이 비강에 인접한 공간, 발달된 접형동과 전두동으로 확장되어 있는 것을 볼 수 있다.[3] 일부 초식동물도 비강 안에

다섯 개 이상의 사골비갑개ethmo-turbinal body를 덮는 특수한 점막으로 된 후각 영역을 가지고 있다.

육식동물과 초식동물 모두에서 사골비갑개는 비강 내에 유사한 배열을 가지고 있으며, 나머지 공간은 후각에 필수적인 들여 마시는 공기의 가습을 위한 주요 수분 공급원인 상악비갑개가 차지한다. 그 결과 후각이 예민한 동물의 콧속은 빈 공간이 거의 또는 전혀 없이 사골비갑개와 상악비갑개로 채워져 있다.

그러나 영장류에서는 이러한 부비동의 범위에 큰 차이가 있다. 대다수는 전두동이나 접형동이 없지만, 인간의 경우에 후각 영역이 매우 제한되어 있고 미약함에도 이러한 공간이 명백한 이유 없이 크게 발달된 경우가 많다.[3]

사골동

고등 영장류에서 후각 영역의 감소는 후각비갑개olfactory turbinal의 축소를 가져왔고, 이는 공기로 차 있는 공간인 사골동으로 대체되었다. 케이브와 헤인스에 따르면 침팬지는 전두동으로 열리는 작은 전방사골동과 후방사골동을 하나씩 가지고 있는 반면, 고릴라는 앞쪽 사골동 하나와 뒤쪽 사골동 두 개를 가진다.[9]

그러나 인간은 후각이나 다른 명백한 역할이 없음에도 불구하고 좁은 구멍에 의해 비강과 연결되는 수많은 사골동이 독특하게 발달해 있다. 또한 두루마리 모양의 비갑개turbinate, concha 세 개가 아래쪽을 향해 돌출되어 있어, 이 구멍들을 덮어 좁은 밸브 모양의 통로를 형성하면서 비강 기류로부터 부비동의 통로 구멍들이 잘 보호된다(그림 9.4).

인간에게서만 발견되는 비어 있는 사골동의 광범위한 공간은 비강 상부와 안와 사이에 벌집 모양의 미로를 형성하면서 유인원과 비교할 때 특징적으로 양쪽 눈 사이의 거리를 넓힌다(그림 9.5). 사골동의 방은 한쪽에 세 개에서 열여덟 개까지도 있을 수 있는데, 그 수는 각 방의 크기에 반비례한다. 이 피라미드 모양의 미로는 평균 길이 4-5센티미터, 높이 2.5-3센티미터, 앞쪽 너비가 0.5센티미터에서 뒤쪽으로는 1.5센티미터까지 넓어지면서 전체 부피가 최대 30cc가 된다.[10] 따라서 코가 넓어지고 앞머리 부분이 확장되는 것은 더 큰 뇌와 관련 있다.

고등 영장류의 진화라는 맥락에서 볼 때 후각이나 물건을 잡는 능력이 발달하지 않았음에도 짧은 주둥이와 비어 있는 커다란 부비동을 가진 넓은 골격의 초기 인간이 출현했다는 것은 분명하게 두 가지 질문을 제기한다. 이 비어 있는 부비동의 목적은 무엇인가? 인간은 왜 다른 동물에는 없는 사골동 공간을 추가적으로 많이 발달시켰을까?

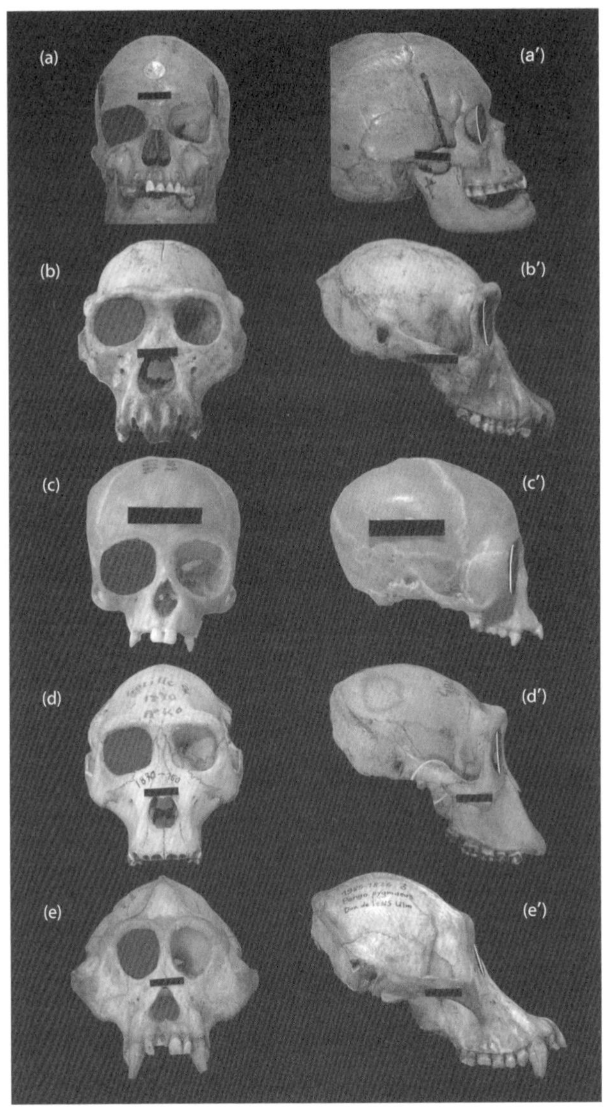

그림 9.5 (a) 현생인류, (b) 침팬지, (c) 긴팔원숭이, (d) 고릴라, (e) 오랑우탄 (각 두개골 위의 검은 막대 길이는 3센티미터)

부비동의 기능에 관한 이론들

부비동의 역할에 관한 가설들은 많은 추측을 낳았지만, 최근 몇 세기 동안에 경험적 연구나 조사는 거의 이루어지지 않았다. 이와 관련하여 다음과 같은 이론들이 제안되었지만, 실질적 증거나 결정적 관찰이 부족하여 폐기되었다.

1. **공명 이론**: 1660년 바르톨리누스는 부비동이 목소리에 공명을 더해 발성에 중요한 역할을 한다고 처음 제안했다.[11] 블레이니가 지적했듯이,[4] 이 이론은 부비동의 크기가 음성의 강도와 거의 관련이 없기 때문에 폐기되었다. 기린과 토끼처럼 큰 부비동을 가진 동물들도 약하거나 날카롭고 공명이 없는 소리를 내고,[3] 반면에 사자와 같은 동물은 부비동이 작아도 커다란 소리를 낼 수 있다.[12]
2. **점액 분비 이론**: 1763년에 할러가 부비동이 후각 점막을 촉촉하게 만드는 데 중요한 역할을 한다고 제안했지만,[13] 이 이론은 부비동 내벽에 점액선이 상대적으로 부족하여 폐기되었다.[3,14,15]
3. **후각 이론**: 1830년에 이 이론을 처음 제안한 클로케는 인간의 커다란 부비동이 후각 상피로 덮여 있다고 잘못 생각했다.[16] 후각이 예민하지 않은 다른 동물과 마찬가지로 인간의 후각 점막은 비강 위쪽의 제한된 영역에 국한되어 있고, 부비동은 호흡 상피로 덮여 있다.[17]
4. **열교환, 가습, 단열 이론**: 1953년에 프로에츠가 처음 제안한 이론으로, 부비동을 "내연기관에 있는 워터 재킷과 매우 유사한 비강

의 에어 재킷"이라고 비유했다.[12] 그런데 이 이론도 몇 가지 이유로 부정되었다. 가습을 위해 흡입한 공기를 데우는 주된 가열 장치는 비강 내부에 정교하게 분기되어 있는 상악비갑개 몸체다. 들이마신 공기의 열교환은 비강과 인접하지만 분리되어 있는 커다란 부비동 공간보다는 비강 기류와 접촉하는 광범위한 표층 혈관 시스템에 의해 훨씬 효율적으로 수행된다. 또한, 조그만 구멍이 하나 또는 두 개만 있기 때문에 부비동으로 공기가 적절하게 순환될 가능성이 없다.[3]

열교환 이론 외에도 부비동은 뇌 기저부의 단열에 도움이 된다고 제안되었다. 그러나 전두동이 아프리카 흑인에서 비정상적으로 크고,[18,19] 에스키모에서 빈번하게 없는 것은 이 이론과 모순되는 것처럼 보인다.[20,21]

또한 네안데르탈인도 C. S. 쿤이 말한 대로 추위로부터 뇌의 단열과 보호에 적합한 큰 전두동을 소유했다.[22] 그러나 틸리에가 지적했듯이[21] 이 이론은 전두동과 안와상부supraorbital space의 크기 관계가 독특하기 때문에 다른 호미닌에게 확장하여 적용할 수 없다.[4] 이 점과 별개로, 네안데르탈인은 부분적인 대뇌 절연이 거의 필요 없는 온화한 기후에 주로 익숙해져 살기도 했다.

5. **두개골 가볍게 하기**: 또 다른 제안은 목 근육의 부담을 줄이기 위해 두개골 앞쪽을 가볍게 하는 것이 부비동의 역할이라는 것이다.[14] 고릴라, 오랑우탄, 침팬지 및 긴팔원숭이 같은 다른 영장류와 달리 인간은 직립 자세를 유지한다는 면에서 독특하다. 다른 동물은 두개골이 전방으로 기울어져 있어 머리를 지탱할 수 있는

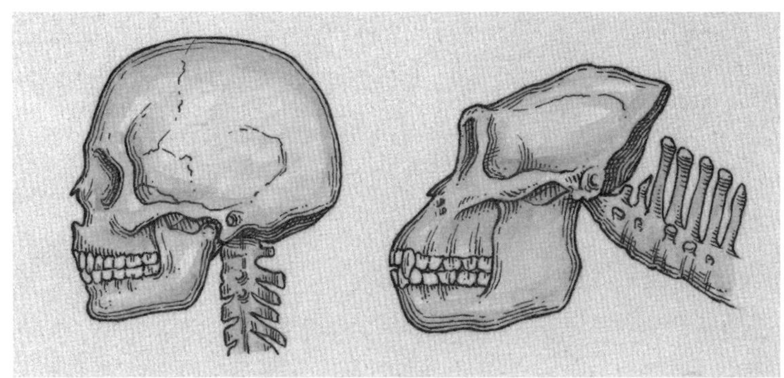

그림 9.6 인간과 고릴라의 경추-후두골 관절: 인간은 척추가 아래쪽을 향해 수직으로 있고, 고릴라는 뒤쪽을 향해 수평으로 있다.

강한 목 근육이 필요하다(그림 9.6). 대부분의 네발 동물에서는 머리의 뒤쪽 끝에서 균형을 잡지만, 인간에서만 두개골 중앙에 위치한 후두과occipital condyle에서 균형을 잡는다.[8]

"만약 부비동에 무게를 줄이기 위한 것이 아닌 다른 유용한 목적이 없다면, 벽을 형성하는 두 개의 골판을 나란히 배치하는 것이 확실한 방법이었을 것이다."라고 네거스는 기술했다.[3] 그는 계속해서 "이것은 전두동과 접형동에서는 간단한 일이었을 것이다." 그리고 "상악동은 개코원숭이에서 뺨이 안쪽으로 함몰되는 것과 같이 그 필요성이 없어지는 방향으로 진화했을 것이다."라고 말한다.

6. 안면 발달 이론: 1922년에 프로에츠는 비강의 존재가 안면 발달과 직접적으로 관련이 있다고 생각했고, "우리는 이러한 공간에 기능적 활동을 더 이상 부여할 이유가 없다."라고 결론지었다.[23] "얼굴은 크고 강한 턱과 호흡을 위한 공간을 증가시키고자 하는

개체의 필요성 때문에 발달한다. 결국 빈 공간에 지나지 않는 부비동은 우연히 발생한 것이다." 최근의 저자들은 부비동 형태를 나타내는 데 두개-안면 발달의 중요성과 이마와 앞쪽 두개골 기저부 사이의 각도 증가를 강조했다.[4,5,24] 그러나 이 주장도 다른 종에서의 발달과 비교해 보면 인간의 비강에 인접한 안면 골격에 이처럼 큰 빈 공간이 존재하는 것에 대한 진화적 필요성을 설명하지 못한다.[7] 이 이론은 상악동과 사골동에 어느 정도 적용할 수 있겠지만, 접형동은 얼굴 구조의 일부를 형성하지 않기 때문에 접형동의 존재를 안면 성장과 관련이 있는 것으로 고려할 이유가 없는 것 같다. 마찬가지로, 안면 윤곽에 명백한 변화 없이도 전두동의 크기가 크게 다른 것은 이 주장의 근거를 무력화시키는 것으로 보인다.

따라서 부비동의 기능적 중요성에 대한 특정 결론은 비교해부학 및 진화적 발달에 대한 일반적인 조사로부터 도출될 수 있다. 비강과 인접한 부비동의 확장은 고등 영장류와 달리 육식동물과 민감한 후각을 가진 동물에서는 후각 점막을 확장하려는 목적으로 나타난다. 속이 빈 부비동과 일부 유제류에서 보이는 속이 빈 뿔이 다른 예외일 것이다.

음성 공명, 가습, 열교환, 단열 및 두개-안면 발달 등 인간의 부비동과 관련된 기능으로 유추된 것들은 여기에서 설명된 바와 같은 다양한 이유로 인해 폐기되었다. 사바나 유인원에서 인간으로 진화했다는 전통적·진화론적 개념을 기반으로 한 이론들은 설득력이 없기 때문에, 우리는 여전히 부비동의 기능적 역할과 부비동이 인간에서 그토록 발달한 이유에 대해서 아직 답을 얻지 못한 상태다.[7] 그렇지만 하디[6]와 모건[1,25,26]이 제안했던 바와 같이, 수중 적응 개념을 도입하면 이러한 수수께끼 같은 진화적 변화 중 많은 부분이 훨씬 더 논리적으로 설명되는 듯하다.

10 인간 두개골의 부력과 잠수반사

현생인류는 물에서 먹을거리를 찾는 데
필요한 생리적 특성을 지니고 있다.
사냥과 채집을 위해
숨을 참으면서 잠수할 수 있다는 것이다.
_아브라함손과 샤가타위•

앞 장에서 부비동의 해부 구조와 그 기능에 대한 다양한 이론을 검토했다. 그중에서 인간의 부비동 확장이 두개골을 가볍게 하기 위한 것이라고 제안한 스킬런[1]의 이론이 진실에 가까운 것 같다. 네거스[2]와 다른 사람들은 이에 대해 반론을 제시했는데, 이 반론은 초기 유인원/인간의 진화에 대한 전통적인 사바나 이론의 맥락에서 본다면 완벽하게 타당하다. 어쨌든 사바나 이론이 호미닌 진화에 대해 20세기 초에 가졌던 생각이기 때문이다. 단순히 목 근육들의 부담을 줄이기 위해서 두개골 앞쪽을 가볍게 하는 것이 필요하다면, 이

• 에리카 샤가타위(Erika Schagatay)는 미드스웨덴대학교 동물생리학 교수이자 스쿠버 다이버이기도 하다.

목적은 부비동 크기를 줄이고 부비동 벽이 서로 붙음으로써 달성할 수 있었을 것이다. 그러나 두개골의 앞부분이 가벼워야 할 뿐만 아니라 부력을 가질 필요가 있다면, 공기가 존재하는 공간은 필수적이고, 부비동(예: 사골동 세포)이 더 크고 많이 발달할수록 유리하다. 순수하게 생리적·해부학적 관점에서도 이것이 가장 논리적인 설명인 듯하다.[3]

전통적인 사바나 진화론을 계속 받아들인다면 이 가설은 설득력이 없겠지만, 호모 사피엔스의 조상이었던 초기 호미닌이 반수생 환경에 적응하면서 생존하기 위해 수백만 년 동안 수영과 잠수, 사냥을 해 왔다고 제안하는 반수생 이론과는 일치한다. 그런 상황에서 안면 구조에 추가된 부력은 수생 유인원들이 비강 기도를 물 위에 열린 상태로 있도록 하는 데 도움이 되고, 목 근육의 부담을 덜어 주고 목-두개골 관절이 두개골 바닥에서 앞쪽으로 이동하는 것을 돕는다.

수생 동물들은 각자의 필요에 맞게 구조적으로 부력을 발달시켰다. 물고기와 같이 완전히 잠수한 채로 공기 호흡을 하지 않는 동물은 주로 부레에 의해 조절되는 음성 부력•을 필요로 하지만, 숨을 쉬기 위해 수면으로 올라와야 하는 동물은 추가적인 부력 장치를 가지고 있다. 고래류와 같은 수생 포유류는 부력을 제공하고 단열 기능에다가 몸체를 유선형으로 만들어 주는 두꺼운 피하지방층

• 음성 부력(negative buoyancy)은 기체나 액체 속에 있는 물체의 중력이 부력보다 커서 밑으로 가라앉으려는 힘을 말한다. 양성 부력은 어떤 물체가 물에 뜨는 자연적인 힘을 가리킨다.

이 발달했다. 피하지방층은 인간을 다른 영장류와 구별되게 하는 독특한 특징이기도 하다. 호모 사피엔스가 육상 포유류로 진화했다면 이런 식의 지방 분포는 어울리지 않지만, 반수생 포유류로 진화했다면 적절하다.

기도 유지는 공기 호흡을 하는 동물에게 필수적이다. 큰고래 등은 진화를 통해 숨구멍 위치가 등쪽으로 이동하여 숨을 쉬면서도 주둥이가 수면에 잠긴 상태를 유지할 수 있다. 파충류과에서 악어의 특징인 긴 주둥이는 기도에 추가적인 부력을 제공하며 예리한 후각을 유지하는 데에도 중요하다.

수면 위에 떠 있는 곤충에서 볼 수 있듯이 공기 주머니 또는 빈 공간은 부력을 돕는 가장 효율적인 수단 중 하나다. 공기 주머니를 통해 개구리와 두꺼비는 부분적으로 물에 잠긴 채 콧구멍을 물 위로 유지할 수 있다. 따라서 이미 기본적인 부비동을 가진 영장류 중 초기 인간에게서 동일한 목적으로 코에 빈 공간이 확장되고 사골동 공간이 발달되도록 진화했다는 제안은 꽤 합리적이다.

잠수반사, 산화질소, 부비동

잠수반사는 모든 척추동물이 얼굴을 물에 담글 때 보이는 자동적인 반응을 말한다. 이 반사는 산소를 보존하고 저장된 산소와 혈액을 뇌와 심장 같은 중요한 기관에 재분배하기 위한 것으로, 정상적인 항상성 조절보다 우선하여 작용한다. 수생 포유류(고래류)와 물개,

수달, 사향쥐 및 인간과 같은 반수생 포유류, 특히 생후 6개월 이하의 아기에서 잘 발달되어 있다. 펭귄처럼 잠수를 하는 조류도 이러한 반사 작용을 보이는데, 이는 어류에서 보이는 저산소증에 대한 보다 원시적 반응이 진화한 것으로 생각된다.[4]

얼굴의 감각신경, 특히 비강의 전방 부분을 지배하는 전사골신경anterior ethmoidal nerve은 제5번 뇌신경(삼차신경)의 분지로, 온도 변화에 민감하다. 얼굴이 물에 잠기면 신경은 즉시 뇌에 정보를 전달하여 심장과 신호를 주고받는 미주신경(제10번 뇌신경)을 통해 잠수반사를 자극한다. 그러면 서맥徐脈과 말초혈관 수축을 일으켜 사지와 모든 근육 및 기관에서 심장과 뇌로 혈액을 보낸다. 이로써 체내의 산소가 두 중요 기관으로 이동한다.

인간의 경우, 사지를 물에 담그거나 숨을 참거나 물이 얼굴에 닿는 것만으로 잠수반사가 유발되지는 않는다. 그러나 얼굴이 물속에 잠기는 것과 숨을 참는 것이 결합되면 서맥 반응이 최대로 나타나고, 수온이 낮아지면 이에 비례하여 반사의 강도는 증가한다. 전사골신경은 비강으로 유입되는 유해가스나 물을 최초로 감지하기 때문에 이 신경을 절단하면 서맥이 없어지고 잠수반사와 관련된 무호흡 현상이나 혈압 변화가 감소한다.[5]

뇌로 가는 산소 공급을 증가시키기 위해 사용할 수 있는 메커니즘은 다양하다. 최근 호주의 애들레이드에서 시모어가 진행한 연구에 따르면, 호미닌의 뇌 크기는 오스트랄로피테쿠스 이후로 3배 증가했지만 혈액 공급은 6배 증가했다(제13장 참조).[6] 산소는 주로 적혈구의 헤모글로빈과 근육의 마이오글로빈에 저장되는데, 혈관 수

축으로 근육이 허혈 및 저산소 상태가 되는 잠수 조건에서는 마이오글로빈에서 산소가 방출된다. 수생 및 반수생 포유류의 경우 근육에 저장되는 마이오글로빈은 육상 포유류보다 10-30배 더 많고, 수중에서 먹이를 찾는 행동이 늘어나면 마이오글로빈 저장도 증가한다.[7,8]

산소의 또 다른 공급원인 비장spleen은 잠수반사 중에 수축하면서 많은 수의 적혈구를 방출하여 더 많은 산소를 사용할 수 있게 한다. 학술지 『셀cell』에 실린 최근 연구에 따르면,[9] 인도네시아 바자우족에게 있는 PDE10A 유전자가 티록신 생산과 관련이 있으며, 이 유전자가 프리다이빙을 하는 바자우족의 큰 비장 크기와 상관 관계가 있음이 제시되었다. 이러한 변화는 본토에 사는 비슷한 인도네시아 사람들에서는 나타나지 않는다. 이와 같은 진화적 적응은 잠수할 때 추가적으로 산소를 공급하는 큰 비장을 가진 것으로 알려진 바다표범과 유사하다.

1995년에 룬드베리 등이 부비동에서 고농도의 산화질소를 발견한 뒤,[10,11] 이 가스가 중요한 생리적 기능을 할 가능성과 부비동에서 생산된다는 것에 대한 추가 연구가 이어졌다. 그 결과 부비동의 건강한 점막 내벽에서는 혈관 확장 및 항균 활성이라는 중요한 특성을 갖는 산화질소가 대량 생성된다는 것이 밝혀졌다. 저산소증은 부비동 내벽에서 산화질소 합성효소의 활성을 증가시켜 산화질소 생성을 유도하는 아주 강력한 요인 중 하나다.[12] 잠수반사는 또한 신경보호를 위한 반사작용으로 삼차신경 자극을 통해 산화질소 생성을 활성화한다고 제시되었다. 이것은 뇌에 최적의 산소 공급을 유지하도록 뇌 혈관이 빠르게 확장되는 데에도 도움이 된다.[13]

비강 판막

공기 호흡을 하는 해양 포유류의 또 다른 특징은 물에 잠길 때 기도를 차단한다는 것이다. 이는 후두 입구나 콧구멍을 닫는 판막 메커니즘에 의해 이루어지며, 기도를 보호해 동물이 물속에서 먹이를 잡거나 먹을 수 있도록 한다. 개구리는 물속에 잠길 때 아래턱 앞쪽에 있는 살덩이(패드)가 위쪽으로 밀려 바깥쪽 콧구멍을 막는다. 콧구멍을 막는 기능은 수생 동물에만 국한된 것이 아니며, 낙타도 모래를 막기 위해 이러한 기능을 사용한다.

콧구멍을 닫는 메커니즘은 코끝의 바깥쪽에 위치한 두 쌍의 대립 근육인 비공확장근dilator naris과 비공수축근constrictor naris의 작용에 의해 이뤄진다. 인간은 일반적으로 콧구멍을 완전히 닫을 수는 없지만, 다른 고등 영장류와 달리 콧구멍을 확장하는 데 사용되는 근육이 코 바깥쪽에 있다. 사람과 바다표범의 차이점은 근육이 이완되어 있을 때 바다표범의 콧구멍은 완전히 닫히고 사람은 그렇지 않다는 것이다.[14]

바깥코

인간의 코 모양은 여러 세기 동안 많은 과학자와 해부학자의 관심을 끌었지만, 다른 고등 영장류와 구별되는 길쭉한 형태와 독특한 차이점을 밝히는 논리적 설명은 아직 제시되지 않았다. 돌출된 코

그림 10.1 코의 길쭉한 골격은 수영을 할 때 콧구멍을 보호한다.

는 뼈와 연골 부분이 외상에 취약해 휘거나 골절되기도 한다. 정상 분만 중에 돌출된 코의 연골 부분에 불완전골절이 발생하면 어릴 때는 모르다가 자라기 시작하는 십 대가 되면 약해진 쪽의 연골 때문에 코 사이 뼈가 점차 휘어 코막힘을 일으킬 수도 있다.

보호용 두건을 쓴 모양의 바깥코는 비강 입구에서 물을 밀어내 기도에 물이 들어오는 것을 막기 때문에 수영이나 잠수에 적합해 보인다(그림 10.1). 그러나 눈에 띄는 코를 가진 수컷 코주부원숭이를 제외하고, 다른 고등 영장류는 앞쪽을 향해 열린 비강 구멍을 가지고 있다. 보르네오의 맹그로브 늪지대에 서식하는 코주부원숭이는 대부분의 시간을 물속에서 똑바로 서서 보낸다. 따라서 수컷의 큰 코는 비강 기도를 보호하기 위한 설계라기보다는 주로 성적 매력을 호소하는 특징으로 여겨진다.

현생인류의 코 모양과 인종 및 기후의 연관성에 대해 연구한 톰프슨과 벅스턴은 콧등이 넓으면 덥고 습한 기후, 좁으면 춥고 건조한 기후 조건과 관련이 있음을 발견했다.[15] 그러나 비강 골격의 끝부분 뼈인 이상공梨狀孔, pyriform aperture의 폭은 인종적 차이와 상관관계가 없었다.[2]

물가 서식지에서 코와 부비동의 기능적 역할

포유류의 비강은 비갑개라고 불리는 점막으로 덮인 얇은 뼈 판이 광범위한 미로를 만들어 공기와 접촉하는 콧속 점막의 표면적을 크게 늘리는 매우 중요한 역할을 한다. 비강 입구에서 가까운 비갑개는 호흡 기능과 관련이 있고, 뒤쪽과 위쪽에 있는 비갑개는 후각 기능을 담당한다.

수생동물은 비강 면적의 약 25퍼센트를, 육상동물은 70퍼센트를 각각 후각 기능에 사용하며 나머지 면적은 호흡 기능과 관련 있다. 물속에서 먹이를 찾을 때에는 후각에 대한 의존도가 적고 수중에서는 육지보다 체온이 더 빨리 떨어지기 때문에 수생동물은 (콧속의) 호흡 면적 증가를 통해 열 손실을 최소화하도록 진화했다. 예를 들어, 바다코끼리는 번식기에 최대 12주의 긴 단식 기간을 갖고 그 기간 동안에는 물도 섭취하지 않는다. 또한 비강의 약 90퍼센트를 차지하는 호흡 비갑개 부위를 가지고 호흡을 통한 수분 손실을 최소화하기 위해 무호흡을 한다. 이런 방식으로 그들은 매번 호흡할 때마다 수분의 92퍼센트를 유지할 수 있다.

우리의 영장류 사촌과 비교해 볼 때 인간에게 사골동이 새롭게 나타나고 (네안데르탈인과 함께) 상악동과 전두동이 확장된 점들로 보아 두개골을 가볍게 하여 반수생 서식지에 살던 그들에게 추가 부력을 제공하는 것이 부비동의 기능일 수 있음을 시사한다. 호흡, 순환 및 뇌 혈류에 영향을 미치는 모든 생리적 변화와 함께 인간에서 잠수반사가 극도로 발달한 점은 '물가의 원숭이' 개념의 진화적 적응을 지지한다.

11 외이도 외골증

현재의 관점에서는 말이 되지 않는 것들,
즉 쓸모없고 이상하고 특이한
과거의 잔재들이 바로 역사의 흔적이다.
_스티븐 제이 굴드

한 세기 훨씬 전부터 이비인후과 의사들은 귀 안쪽 깊은 곳에 뼈가 자라는 것처럼 보이는 이상한 현상에 대해 알고 있었다. 그러나 이것이 무엇이며, 왜 발생하는지는 정확히 설명하지 못했다. 특이한 것은 이런 증세가 수영을 자주 하거나 귀가 물에 잠기는 일이 많은 사람들에게 관찰된다는 사실이다. 이는 파도타기를 하는 서퍼들에게서 자주 볼 수 있기 때문에 '서퍼의 귀'라고 흔히 알려져 있다. 수영을 자주 하지 않는 사람들에게는 거의 보이지 않는다.•

외골증의 원인에 대해 많은 논문이 발표되었지만, 여전히 불분

• 한국에서는 제주의 해녀들에서 많이 볼 수 있다. 서울대학교 의과대학의 김종선·정하원 교수팀이 조사한 바로는 한국 해녀의 약 25퍼센트에서 외골증이 관찰되었다고 한다(대한이비인후과학회지, 1994).

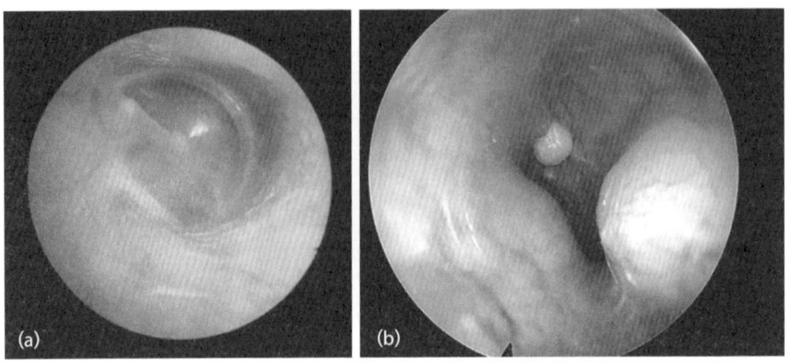

그림 11.1 (a) 귓속 깊은 곳에 보이는 정상적인 고막과 (b) 외이도 외골증

명한 것들이 있다. 이 현상이 항상 양쪽에 동시에 생기는 것은 양쪽 귀가 같이 물에 잠기기 때문이라고 할 수 있지만, 어째서 수영을 자주 하는 사람에서만 생기는 것일까? 왜 물에 노출되는 신체의 다른 부위에서는 생기지 않고, 외이도의 고막 바로 바깥쪽에서만 자라는 것일까? 어째서 두세 곳의 일정한 위치에 생기는 걸까? 진화론적 관점에서 이렇게 뼈가 돌출된 목적과 그 기능은 무엇일까?(그림 11.1)

앞에서 살펴본 것처럼 고인류학적 증거들은 최근 수십 년 동안 앨리스터 하디 경의 논문[1]과 일레인 모건의 수생 유인원 이론[2,3]에서 영감을 받아 초기 호미닌의 진화에 대한 개념을 수정해 왔다. 이것은 수생 단계가 초기 호미닌 진화에 중대한 영향을 미쳤고, 다른 영장류나 육상 포유류에서는 볼 수 없었던 독특한 특징을 초래했음을 시사한다. 인간과 다른 영장류의 두개골, 귀, 코, 목 부위를 비교 해부학적·생리학적으로 살펴보면, 귓속 뼈의 증식을 포함하여 인

간에게서만 나타나는 몇 가지 이상한 현상이 있는 것처럼 보인다. 초기 호미닌이 대략 500만 년에서 800만 년 전에 사바나에서 원숭이로부터 진화했다는 가정으로는 이러한 차이를 설명하는 것이 어려웠다. 그러나 초기 호미닌의 진화 과정에서 수생 적응의 역사적 시기가 있었다면, 이런 특징이 훨씬 더 논리적으로 설명될 수 있다.[4]

나는 외골증이 외이도를 좁힘으로써 수영이나 잠수 중에 파열되기 쉬운 섬세한 고막을 보호하고 고막에 미치는 압력을 줄이기 위해 진화했다고 제안했다.[4] 육상에서 시간을 보내다가 먹이를 찾기 위해 물속에 들어가는 반수생 포유동물들을 관찰해 보면, 물속에서 외이도를 부분적으로 좁히거나 일시적으로 닫는 유사한 메커니즘을 볼 수 있다. 나는 외골증이 초기 인류의 두개골 화석에서 확인된다면, 초기 호미닌의 수생 이론을 뒷받침하는 좋은 증거가 될 것이라고 보았다.[4] 현생인류와 달리 그들은 생존을 위해 물속에서 먹을거리를 찾으려고 자주 잠수했을 것이다. 최근 초기 호미닌의 두개골에서 발견된 외이도의 외골증에 대한 화석 증거는 인간의 수생 역사에 대한 중요한 증거를 제공한다.[5,6]

이 장에서는 근대 및 고대의 고고학적 집단에서 발견된 외이도 외골증에 관한 최근 문헌을 검토한다. 포유류의 청각 메커니즘이 수생, 육상 및 반수생 포유동물에서 상이하게 적응한 것도 살펴본다. 이러한 적응은 수영이나 잠수를 할 때 외이도를 닫거나 좁히는 메커니즘을 모두 발달시켜 온 다른 반수생 포유류와 인간이 유사하다는 것을 보여 준다. 또한 외이도에 대한 발달태생학도 설명한다. 이는 외이도의 골성장판에 해당하는 두세 곳의 특정 부위에서 작은 뼈가 발달하는 이유를 이해하는 데 도움이 될 것이다.

외이도의 뼈 이상

외이도의 뼈가 커지는 유형에는 골종osteoma과 외골증이 있다. 뼈에 생기는 종양인 골종은 편측성이어서 한쪽 귀에만 생기며, 일반적으로 외이도 바깥 부분에서 발생하고, 연결하는 자루가 있거나 작은 잎사귀 모양을 하고 있다. 작은 골종이 고막 윗부분 가까이에 생기기도 하는데, 이 경우 치밀한 상아질 뼈로 이루어져 있으며, 병리학적으로 뼈에 생긴 양성 종양으로 간주된다. 로슈가 호주 원주민에서 골종 발병률이 27.9퍼센트임을 보고한 바 있는데 유전적 요인이 그 원인일 수 있다고도 보이며,[7] 페루와 아메리카의 인디언 집단에서 발병률이 특히 높다는 연구 결과도 있다.[8]

반면에 외골증은 외이도의 깊은 부분에서 정상적인 뼈가 증식한 것으로, 양성 질환이고 양측성이다(그림 11.1b). 70퍼센트는 뒤쪽 벽에 생기지만[9,10] 아래쪽의 앞쪽 벽이나 때로는 위쪽에서도 발견된다. 대부분은 증상이 없지만 외이염과 관련이 있을 수 있고, 외이도가 80퍼센트 이상 막히면 폐쇄 증상이 발생할 수 있다. 고해상도 컴퓨터단층촬영CT이 도입되면서 귓속 뼈의 해부학적 세부 사항을 더 잘 관찰할 수 있게 되었다.

최근까지도 외이도 외골증과 골종의 원인은 해결되지 않은 문제로 여겨졌다.[11] 과거에는 주로 유전적이라고 생각했지만,[8] 현재 대부분의 연구자들이 유전적 요소가 미미한 역할을 한다는 데 동의하고, 일반적으로 찬물에 노출되는 것이 주요 원인이라고 받아들여진다.[12-17] 물이 특정 부위에서 뼈의 과형성(과성장)을 일으키는 정확한 기전은 아직 불확실하지만, 어째서 물에 노출되면 특정 부위에서 증식이 일어나는지는 외이도에 대한 해부학적·발달태생학적 연구로 밝혀질 수 있다.

외이도의 발달태생학

성인의 외이도는 바깥쪽 연골 부분과 안쪽 뼈 부분으로 나뉜다(그림 11.2). 외이도의 길이는 평균 24밀리미터다. 자궁 안에서 진행되는 복잡한 발달 과정은 외이도 외골증이 생기는 이유를 설명할 수 있다.

외이도는 임신 4-5주 배아의 첫 번째 아가미틈(물고기의 아가미와 유사)의 등(후방) 부분에서 생긴다.[18] 피부 표면으로부터 안쪽으로 확장된 깔때기 모양의 튜브는 외배엽인 피부의 증식과 함께 깊어져 상피로 된 돌기를 형성한다.[19] 상피 돌기의 안쪽 끝에 있는 외배엽은 인두 주머니(유스타키오관과 중이)의 내벽과 접촉하고, 인두 주머니(중이)와 아가미틈(외이도) 사이에서 막이 자라면서 결국 두 공간을 분리하는 고막을 형성한다.

임신 18주부터는 외이도가 깊게 흡수되면서 열리고, 전체 외이도가 확장된다. 외이도의 뼈 부분은 4-5개월 동안 골화가 진행되어

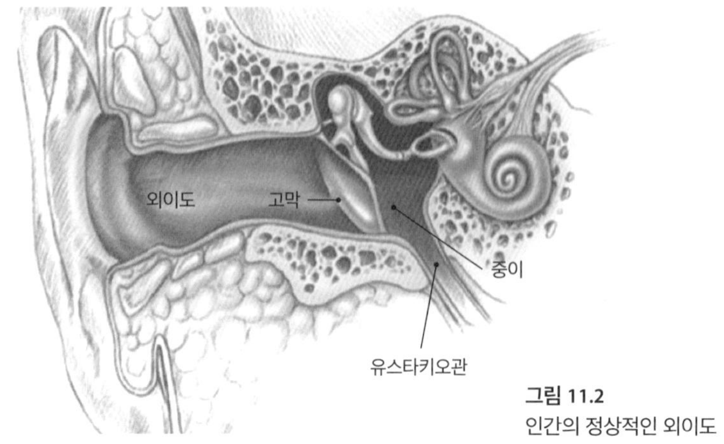

그림 11.2
인간의 정상적인 외이도

고막과 고막 옆에 있는 세 개의 다른 골화 중심점, 즉 고실tympanic, 편평squamous, 유양돌기mastoid의 성장판을 지지하는 고막륜tympanic ring을 형성한다. 이것은 관 모양으로 바깥쪽으로 성장하면서 외이도의 뼈 부분을 형성한다(그림 11.3).[19]

정상적인 외이도의 경우 표피와 뼈 사이의 거리가 가깝다.[20] 벤 필치는 피부가 그 밑의 뼈와 가깝다는 점이 이 부위에서 외골증이 발생하는 이유를 설명할 수 있다고 생각한다.[21] 그는 차가운 물이 외이도 깊은 곳에서 그 주위에 새로운 뼈를 생성하는 골막(뼈의 표면층)에 자극을 주는 냉각 효과를 발휘한다고 제안한다. 기니피그를 대상으로 한 동물 연구에 따르면, 외이도가 찬물에 반복적으로 노출되면 외이도 깊은 곳의 피하조직에서 섬유질 증식이 일어나고, 이것이 골막을 자극해 골막으로부터 골형성이 이루어지는 것으로 나타났다.[22] 또한 도널드 해리슨도 기니피그를 대상으로 비슷한

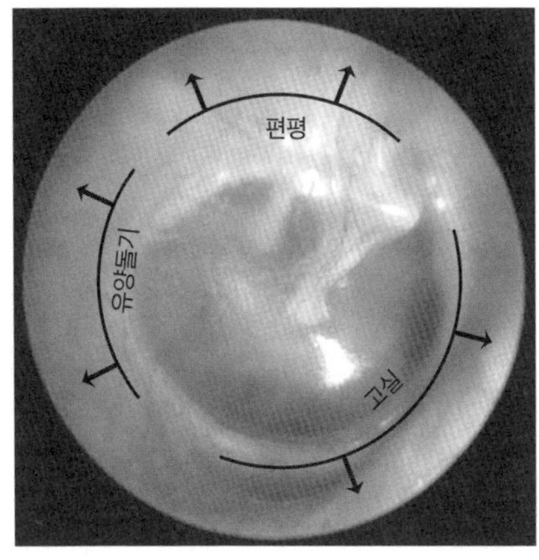

그림 11.3
고막 바로 바깥쪽에 붙어 있는 세 곳의 골단성장판(epiphyseal growth plate)

실험을 한 결과 외골증에 대해 이와 유사한 조직학적 증거를 제시했다.[23]

이런 연구 결과는 외이도에서 외골증이 발생하는 특징적인 세 부위와 세 곳의 골화 중심점이 정확히 일치함을 보여 준다. 외이도가 찬물에 반복적으로 노출되면 세 개의 골화 중심점에 발적과 충혈(혈류 증가)이 나타나고, 그 결과로 세포의 염증 반응을 통한 회복 과정이 시작된다. 긴 뼈에서 생기는 골절의 회복 과정과 유사하게 새로운 뼈(이 경우는 외골증)를 만들기 위해서는 골아세포(뼈를 만드는 세포)와 골세포(뼈를 바로잡고 보수하는 세포)가 함께 작용해야 한다. 따라서 외이도가 물에 장기간 노출되면 골형성 활동이 일어나고[24-26] 뼈로 만들어진 깊은 외이도 속 성장판에서 외골증이 생길 수 있다.

수생 포유동물과 반수생 포유동물에서 나타나는 청각 메커니즘의 진화적 적응

호모종에서 외이도 외골증이 생기는 것은 수생 환경에 대한 적응 반응으로 보인다. 고막에서 공기를 통해 전달되는 소리에 의존하는 육상 포유류는 소리를 최대한 받기 위해 일반적으로 외이도가 넓게 뚫려 있다(그림 11.2). 반면에, 수중 소리 전달에 적응한 해양 포유류는 외이도가 좁거나 막혀 있다. 넓은 외이도는 더 이상 필요하지 않을 뿐만 아니라, 수영이나 잠수를 할 때 외부 압력이 급격하게 증가하여 고막이 파열되는 위험한 상황을 초래할 수도 있다. 따라서 외이도에 대한 진화 적응은 동물이 서식하는 환경이 육지인지, 수중 또는 반수생 환경인지에 달려 있다.

고래류는 소리를 전송하고 수신하는 특수한 메커니즘을 발전시켰다. 이 거대한 포유류가 수백만 년 전에 육지를 떠나 바다로 돌아간 이래로, 그들의 생존은 수중 청각에 특화된 귀 구조의 진화에 달려 있었다. 그들은 더 이상 공기 전달에 의존해 소리를 듣지 않게 되면서 외이도는 각질 덩어리로 완전히 막혔고 대신 매우 정교한 수중 음파 메커니즘이 발달하게 되었다. 고래류는 감각 지각과 의사 소통을 위해 일차적으로 소리에 의존하므로 소리는 그들의 헤엄치기, 먹이 찾기, 사회화, 번식 등에 지대한 영향을 미친다.

현존하는 고래류는 이빨고래와 수염고래의 두 부류로 나뉜다. 이빨고래는 빠르게 수영하는 사냥꾼형이며 쇠돌고래, 참돌고래, 범고래 및 향유고래가 이 집단에 속한다. 수염고래는 동물성 플랑크

그림 11.4
이빨고래는 이마 부위에 반향위치측정을 위한 멜론이 있다.

톤을 먹이로 하며 푸른고래, 혹등고래, 회색고래, 북극고래 등이 이 부류에 속한다.

이빨고래와 수염고래의 큰 차이점 중 하나는 수중 청각을 위한 전문화다. 이빨고래는 반향정위echolocation라고 불리는 생물학적 음파탐지기를 가지고 있는데, 코에서 소리를 내고 귀에서 반향을 수신한다. 이빨고래는 복잡한 비강 통로에서 공기를 이용해서 부풀어 오른 이마에 있는 기름 덩어리인 멜론melon을 통해 고음의 소리를 생성한다(그림 11.4). 멜론에서 주위 환경으로 퍼져나간 소리는 고래에게로 다시 반사되어, 청각 메커니즘을 거쳐 환경을 정확하게 판단하는 데 도움이 되는 정보로 활용된다.[27]

반면에 수염고래는 초저주파음을 만들어 내고 들을 수 있다. 이 소리는 멀리까지 전달되기 때문에 초저주파음을 이용하여 대양 분지만큼 넓은 지리적 영역에서도 서로 의사소통할 수 있다.

반수생 포유류는 육지에서 공기로 전달되는 소리를 수신하는 반면, 수중에서는 고막 기관을 보호해야 한다. 하마는 15분 동안 수중에 머물 수 있는데, 이때 외이도를 수축시키고 뒤로 기울임으로써 외이도를 닫는다. 오리너구리는 물속에 들어가면 피부가 접히고, 외이도가 매우 작은 물두더지의 경우에는 분비선이 부어오른다.

두건물범hooded seal•은 고막 바깥의 외이도 아래쪽에 바닥이 넓은 외골증이 있다는 점에서 진화적 적응의 흥미로운 모델이다. 중이 속의 해면 조직과 함께 이러한 외골증은 중이 또는 고막에 손상을 주지 않으면서 100기압의 압력에서 1,000미터가 넘는 깊이까지 잠수할 수 있게 한다.[28] 해양 환경에서 두건물범의 외이도 외골증은 선택적 진화의 이점이라는 것은 분명하다. 이러한 진화가 인류에서도 일어났을 수 있다.

현생인류 개체군에서 나타나는 외이도 외골증

현대 개체군에서 보이는 물과 외이도 외골증 사이의 관계는 오래 전부터 기술되어 왔다. 매우 유명한 이비인후과 전문의였던 벨그레이버[29]와 반 길즈[13]가 찬물이 외골증에 미치는 영향을 잘 설명하는 유사한 인구 집단을 발견했다. 예를 들어, 벨그레이버는 자신의 병원을 찾아온 환자의 외골증 발병률은 2.02퍼센트로 낮지만, 수영 클럽 회원들에서는 발병률이 42.8%라는 사실을 발견했다. 1893년에

• 북대서양 중부와 서부 지역에 서식하는 대형 물범류의 일종.

는 조지 필드가 외이도 외골증과 바닷물을 처음으로 연관지었다.[30] 이와 유사하게 오토 쾨르너는 독일의 내륙 지방에 비해 해안 지방의 인구에서 외이도 외골증이 더 많이 발생한다고 처음 언급하면서 소금물이 중요한 원인일 것이라 제안했다.[31]

웡과 동료 연구자들이 307명의 서퍼 집단에서 외이도 외골증의 자연 경과를 관찰한 결과, 서핑 시간이 외이도 외골증의 발병과 중증도에 비례한다는 것을 발견했다.[32] 즉, 서핑 경력이 10년 미만인 경우라도 61.1퍼센트에서 외골증이 관찰되었는데, 10년 이상 서핑을 한 서퍼의 경우에 82.4퍼센트가 심한 외이도 외골증을 경험한 것으로 나타났다. G. E. 만은 연구를 통해 외이도 외골증의 중증도가 물에 노출되는 빈도의 영향을 받는다는 사실을 발견했는데, 일주일에 세 번 수영하는 사람의 외이도 외골증 발생률은 64퍼센트였다.[33] 라이언 무어와 동료 연구자들은 강물뿐만 아니라 바닷물에서 수영하는 경우에도 외골증이 발생할 수 있다는 것을 관찰했다.[34]

물의 온도와 찬바람의 상호작용도 중요한 것으로 보인다.[12] 특히 케네디는 수온이 19℃ 이하인 적도의 남북 30°8′에서 45°8′ 사이의 지역에서 외이도 외골증이 더 흔하다고 지적했다.[15] 최근에 마크 페르하겐은 수온이 18-20℃보다 낮은 물에서 거의 매일 수영하는 사람들의 경우에 외이도 외골증 발생률이 더 높다고 기술했다.[35] 데이빗 크룬은 그가 진료한 서핑 집단 중에 차가운 물에서 자주 서핑하는 사람들에서 외골증이 더 많이 발생한 것을 보여 주었다.[36] 흥미롭게도, 호주 동부 해안의 브리즈번 바로 남쪽에 있는 서퍼스 파라다이스 지역의 이비인후과 의사들은 외골증이 왼쪽 귀에 비해 오른쪽 귀에 더 많이 발생함을 보고했다. 이곳은 남동풍이 우세하기 때문에, 서퍼들이 적절한 파도를 찾기 위해 해안으로부터 저어 나갈 때 오른쪽 귀가 강한 바람과 물보라에 더 많이 노출된다. 반면 해변으로 돌아갈 때에는 속도가 훨씬 더 빠르기 때문에 결과적으로 왼쪽 귀의 노출은 적다.•

원시 인류에서 발견되는 외이도 외골증

고고학적 개체군••에서 외골증을 살펴본 연구는 초기 인류가 식량을 찾거나 다른 목적으로 해양 환경에서 활동했음을 시사한다. 호모 인류의 화석은 특징적으로 강, 하구, 호수 근처에서 발견되었다. 토머스 바는 테네시 중부에서 발견된 토착 원주민 마운드 빌더mound-builder의 두개골에서 외골증이 높은 빈도(18퍼센트)로 발생한 것은 강물에 자주 노출되었기 때문이라고 생각했다.[37] 페르하겐과 먼로는 홍적세 인류 개체군들이 서로 비슷한 해안 생활의 습관을 보인다면서, 이들의 비후성골경화증•••을 증거로 내세웠다.[38] 또한 페레스와 동료 연구자들은 스페인에서 발견된 홍적세 중기 인

• 귓속으로 찬물이나 찬 공기가 쉽게 들어가는 것을 막기 위해 외이도를 좁히는 것을 적응 현상의 이유로 생각할 수 있다. 외골증이 깊은 물속에서 수압이 고막에 미치는 영향을 줄여 주고, 고막에 찬물이 쉽게 닿지 않도록 하는 효과도 있을 것이다.

•• 일반적으로 현존하지 않는 호모 사피엔스가 출현하기 이전의 호모족을 말한다.

••• 비후성골경화증은 수생 척추동물, 특히 얕은 물에 사는 척추동물에서 종종 발생한다.

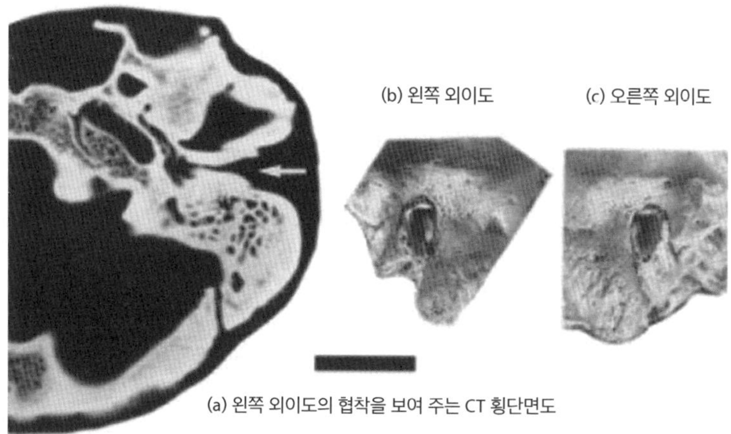

그림 11.5 스페인의 홍적세 중기 유적인 시마 데 로스 우에소스에서 발견된 두개골 유물에서 보이는 측두하악 병변과 외이도 외골증

간의 귀에 외골증이 있었음을 CT 촬영을 통해 입증했고, 그 결과 100만 년에서 200만 년 전 인류의 수생 생활 방식을 확인했다(그림 11.5).[39] 이후 이어진 연구들은 홍적세 초기에 물에서 구한 먹을거리를 소비했다는 직접적인 증거를 제공했다.[40,41]

외이도 외골증은 여러 네안데르탈인과 일부 호모 에렉투스의 두개골, 특히 베이징 근교에 있는 저우커우뎬周口店•의 호모 에렉투스 두개골 X에서 발견되었는데, 이는 그들이 했던 수생 활동의 유형을 시사한다.[15] 또한 라이트마이어는 올두바이 협곡의 은두트 호

• 중국 베이징시 중심에서 남서쪽으로 약 55킬로미터 떨어진 저우커우뎬에서는 베이징 원인으로 불리는 호모 에렉투스의 첫 번째 표본과 거대한 하이에나 파치크로쿠타의 뼈들을 포함한 많은 고고학적인 발견이 이루어졌다.

수에서 발굴한 측두골에서 외골증이 있음을 기술했다.[42] 페르하겐 역시 적어도 일부 네안데르탈인은 잠수를 일상적으로 했다는 설득력 있는 주장을 제시했다. 그는 샤니다르 동굴과 라샤펠오생La Chapelle-aux-Saints•에서 발견된 중년 남성의 두개골에서 광범위한 양측성 외골증을 발견했다.43 이러한 화석 발견은 네안데르탈인이 차가운 강물에 자주, 아마도 매일 잠수했을 가능성을 보여 준다.

'잃어버린 고리'의 결정적 화석 증거: 외골증

귀의 외골증은 호모족에서만 관찰되는 고유한 특징이며 다른 영장류에서는 나타나지 않는다. 사냥이나 다른 연안 생활을 위해 바다를 이용하던 시기가 궁극적으로 해부학상 상당히 큰 적응적 변화와 외골증 형성을 초래했다고 보인다.

외이도의 발생학적 발달에 대해 우리가 이해한 사실들은 외골증이 발생하는 위치와 그 병인에 대해 논리적 설명을 제공한다. 뼈 성장을 가져오는 이 능력은 지금은 필요 없는 것처럼 보일 수 있지만, 이러한 성장 기전이 초기 호미닌의 진화에서는 생존에 유리하게 작용했을 가능성이 높다.

더욱이 다른 반수생 포유류에서 외이의 적응적 변화에 대한 비

• 1908년에 발견된 프랑스 남서부의 동굴로, 최초로 네안데르탈인의 매장지를 포함하여 후기 신석기시대에 속하는 많은 고고학적 유물이 발견되었다.

교 연구는 섬세한 청력 메커니즘을 보호하기 위한 같은 목적의 기전들을 보여 준다. 그것은 인간 발달에서 병적인 현상이라기보다는 해양 환경에서 초기 호미닌에게 진화적 생존 이점을 제공한 생리적 변형이라는 것이 논리적 설명이다.

체모의 상실, 피하지방, 콩팥과 체온 조절에서 보이는 차이점들, 후두 하강이나 음성 획득 등 다른 육상 포유류에서는 볼 수 없고 인간에게서만 나타나는 여러 가지 독특한 수생적 특성들은 모두 연부조직에서 나타나는 적응이므로 화석 증거로 보존되지 않았다. 그러나 외골증이 발견되고, 물에서 구한 먹을거리의 뼈 잔재가 많이 남아 있는 점이 100만 년에서 200만 년 전 홍적세 중기로 거슬러 올라가는 우리의 수생 과거에 대한 중요한 화석 증거를 제공한다.• 따라서 이러한 발견은 인간 진화에 대한 수생 이론의 타당성을 보여 주는 중요한 화석 증거로 간주될 수 있다.

• 우리나라에서도 1987년에 경남 통영시의 연대도에서 발견된 신석기 시대 유적의 유골에서 어린이로 보이는 2구를 제외한 대부분의 인골이 남녀를 불문하고 외이도 뼈의 증식이 있었다는 사실을 밝혀냈다(부산대학교 김진정 교수와 일본 연구팀의 공동 연구). 이와 동시에 신석기 시대인들이 먹었을 조개들의 껍데기가 모여 있는 조개무덤도 발견되었다.

12 인간 두뇌의 진화

어떤 육상 동물의 뇌도 크기와 복잡성 면에서는
인간의 뇌에 미치지 못한다.
인간의 두뇌는 어느 종보다도 믿을 수 없을 만큼 우수한데
이 차이를 설명하는 간결한 메커니즘이 있음에 틀림없다.
_마이클 크로퍼드•

인간 진화의 역사를 보면, 초기 영장류에서 호미닌으로, 그리고 호모 사피엔스로 진화하는 과정에서 신체 크기에 비해 뇌의 크기가 점차 더 커진 것을 알 수 있다. 인간의 뇌 크기는 초기 오스트랄로피테쿠스보다 3배가량 증가했다. 약 300만 년에서 400만 년 전에는 침팬지의 뇌보다 약간 큰 수준이었는데,[1] 뇌의 크기는 다소 늦게 증가하기 시작해 약 200만 년 전에 호모 하빌리스가 약 600cc였고, 가장 뇌가 큰 호미닌인 네안데르탈인은 1,736cc에 달했다. 네안데르

• 마이클 크로퍼드(Michael Crawford)는 영국의 영양학자이자 뇌과학자로, 왕립런던대학(Imperial College London) 교수다.

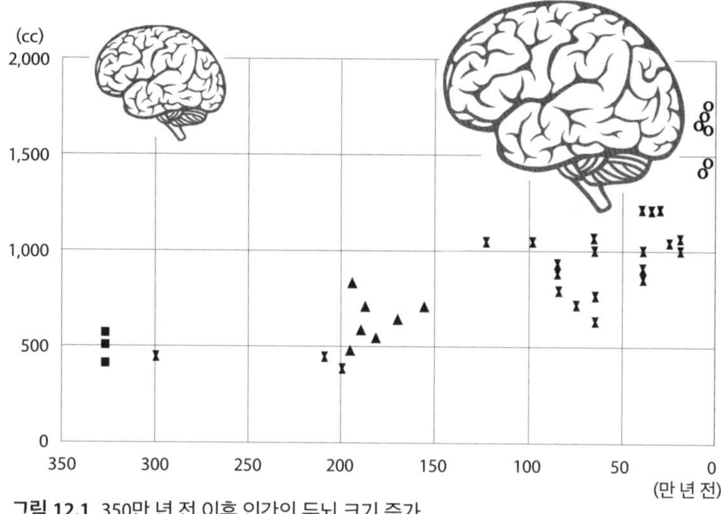

그림 12.1 350만 년 전 이후 인간의 두뇌 크기 증가

탈인이 사라진 후 지난 2만 8천 년 동안 뇌의 평균 크기는 줄어들었다. 즉 남성의 뇌는 1,500cc에서 1,350cc로 줄었고, 여성의 뇌도 동일한 비율로 축소되었다. 그러나 네안데르탈인의 평균 신체 크기가 호모 사피엔스보다 컸고, 이는 네안데르탈인의 큰 뇌 용량과 관련이 있다(그림 12.1).

인간의 뇌 진화에 있어서 또 다른 필수 요소는 뉴런(신경세포)의 재배열이다.[2] 뇌가 커질수록 더 많은 연결 배선이 필요한데, 배선이 많아지면 더 복잡해지기 때문에 더 효율적인 방향으로 뇌가 재구성되었다. 인간의 뇌는 약 1천억 개의 뉴런으로 구성되어 있으며, 이는 10만 킬로미터가 넘는 신경이 연결된 것과 같다. 뇌주름을 만들어 두뇌를 접으면 두뇌 전체 크기를 확장하지 않고도 내부 부피와 효율성을 크게 높일 수 있다.

뇌의 구조

과학자들은 화석 기록을 통해 뇌의 구조가 5억 년 전에 벌레에서 처음 나타났다고 추론한다. 화석에서 발견된 이 원시적 후뇌(신경과학자들은 '원시-파충류 뇌'라고 부른다)의 기능에는 호흡, 혈액 순환, 심장 박동 조절, 균형, 기본 운동, 먹이를 찾는 기술 등이 포함된다. 생쥐, 닭, 원숭이와 유인원을 대상으로 한 연구에 따르면,[3] 진화된 종에서도 이처럼 기본 기능을 담당하는 구조가 유지되고 있다.

인간과 원시적인 뇌를 비교한 추가 연구에 따르면, 현생인류의 뇌에는 원시 후뇌 외에도, 후뇌가 출현하고 약 2억 5천만 년 후에 발달한 뇌의 새로운 영역이 포함되어 있다. 이 영역은 고포유동물paleo-mammalian의 뇌로 알려져 있으며, 정서적·성적인 것과 싸우는 행동을 포함한 더 복잡한 기능을 담당한다. 이는 진화가 오랜 기간에 걸쳐 단순히 다른 구조를 추가하는 것만이 아니라 점점 더 정교한 구조를 획득하는 과정임을 의미한다.[4]

최근에 형성된 중요한 뇌 영역인 대뇌와 소뇌는 두 층의 피질 구조를 기반으로 한다. 그중 하나인 회색질은 수 밀리미터 두께의 층(이 층의 개수는 종과 기능에 따라 달라짐)으로 구성된 뇌의 외층을 말하며, 마치 와인글라스 안에 천으로 된 냅킨을 접어 넣은 것처럼 뇌 주름 속으로 접혀 들어간다. 일반적으로 진화된 종에서 뇌의 주름

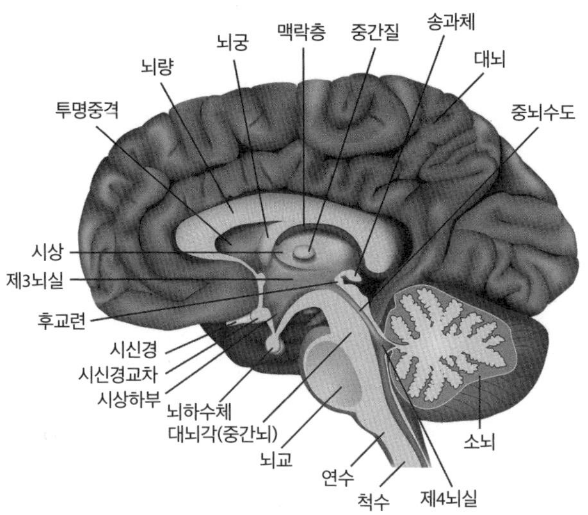

그림 12.2 인간의 대뇌와 소뇌

이 더 많고 깊은데, 이는 표면적이 증가되는 유리함을 가져온다. 회색질은 신경들이 서로 연결되는 신경세포체, 수상돌기 및 신경말단을 포함한다. 그리고 더 깊은 곳에 있는 백질은 뇌 및 척수의 다른 부분과 연결되는 축삭 또는 신경섬유를 포함한다.

소뇌는 뇌간 뒤의 두개골 후면에 있다. 소뇌는 균형 조정과 미세한 감각운동 작업뿐 아니라 언어와 같은 인지 기능에도 관여한다. 인간의 소뇌 피질은 대뇌 피질보다 훨씬 더 미세하게 주름이 잡혀 있고, 소뇌 속질은 내부 신경섬유 경로의 모양 때문에 소뇌활수arbor vitae 또는 생명의 나무tree of life라는 이름이 붙어 있다(그림 12.2).

진화적 변화가 최근에 가장 많이 발생한 뇌 영역은 대뇌 또는

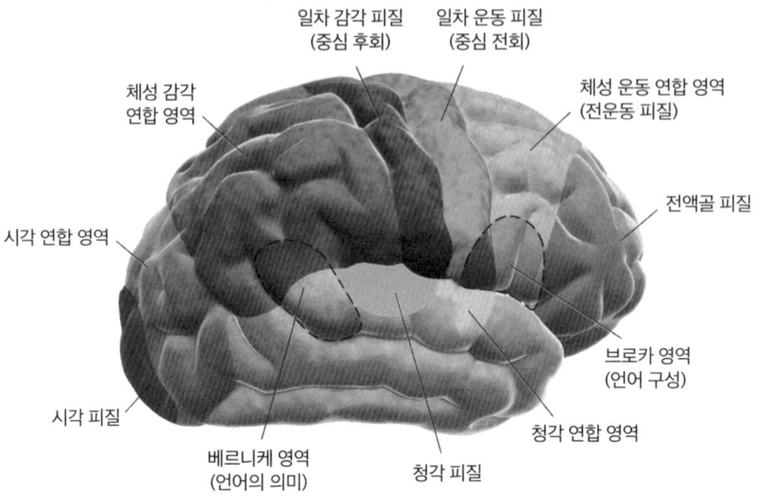

그림 12.3 인간 두뇌의 영역

신피질이라고 불리는 부분이다. 연구에 따르면, 대뇌는 약 200만 년 전에 발달하기 시작했으며, 이는 인간의 뇌가 커지기 시작한 시기와 정확히 일치한다. 대뇌는 언어 및 사고나 정보 처리와 관련된 더 높은 인지 기능을 담당하는데, 대부분 잠재 의식적이어서 의식이 이를 검사 또는 개입하지 않는다.

자기공명영상MRI과 조직 관찰 등으로 각 호미닌종 구성원들의 각기 다른 피질 샘플들을 분석한 결과,[5] 종마다 특정 영역이 상대적으로 확대되거나 축소되어 있는 등 특징적인 신경조직 구성을 보이는 것으로 나타났다. 피질 영역의 각 부위는 특정한 적응 기능을 보여 주는데, 이들은 호미닌의 각 종에서 기능적 전문화와 뇌 구성 방식에 변화를 가져온 진화적 사건들에 따라 발달해 왔다. 예를 들어, 일반적으로 행동 양식과 사회적 상호작용을 담당하는 전두엽이 진화 과정에서 확장된 것은 초기 호미닌과 현생인류 사이의 행동 차이를 예측하는 데 도움이 된다(그림 12.3).

진화에서 지방질의 중요성

화석 기록을 통해 과학자들은 지구상에 생명체가 존재한 지는 약 30억 년이 되었지만, 약 6억 년 전까지는 공기 호흡을 하는 생명체가 살 수 있을 만큼 산소 농도가 충분히 높지 않았다고 추론한다. 중국에서 발견된 약 5억 8천만 년 전의 캄브리아기 화석 기록은 지질막을 포함한 세포 내 구조가 이 시기에 진화했음을 보여 준다.[6] 대기 중에 산소가 풍부해지면서 지질과 단백질로 막을 합성하는 완전히 새로운 생물학적 과정이 가능해졌다. 이처럼 지질과 산소는 캄브리아기 진화의 핵심 요인이었다. 해양 지질 단백질 중에서 뇌 발달에 필수적인 DHA와 함께, 새로운 광수용체의 출현은 빛에 반응하고 광자를 전기 신호로 변환하는 능력을 제공하여 다른 신호 전달 체계의 진화와 뇌의 진화에 기초를 마련하게 되었다.[4]

분자생물학 및 화석 기록을 보면 호미닌은 해양의 먹이사슬을 이용했으며, 오메가-3 지방산 DHA가 두뇌 성장과 기능에 필요한 신경 이동 및 신경 형성과 관련된 여러 유전자의 발현을 결정하는 데 중요했다는 분명한 증거가 있다. 이런 과정은 궁극적으로 인간

진화 과정 중 대뇌 확장에도 필수적이었다.[6]

5억 년에 걸친 광범위한 유전체 변화에도 불구하고, DHA가 양서류, 어류, 파충류, 새, 두족류, 포유류, 영장류 및 인간을 포함한 수많은 종의 신경 신호 시스템에 필수적인 것으로 일관되게 유지되어 왔다는 사실은 뇌 기능에서 그 중요성을 확인시켜 준다. 한편 뇌 발달에 필요한 DHA를 해양 식품에서 얻는 것이 육상 식물의 오메가-3 지방산으로부터 합성하는 것보다 10배 더 효율적인 것으로 나타났다.

동물의 크기와 성장 속도에 관여한다는 점에서도 DHA 합성은 중요하다.[7] 쥐와 다람쥐 같은 작은 포유류는 빠른 신진대사를 통해 육지에서 얻는 다중불포화지방산의 전구체로 식물의 잎, 풀, 호두 및 초식 동물의 고기에서 발견되는 알파-리놀렌산ALA을 즉시 전환할 수 있다. 따라서 육상 포유류의 뇌 크기는 신체가 커짐에 따라 로그 함수로 감소한다. 예를 들어, 무게가 약 1톤인 코뿔소의 뇌는 350그램에 불과하다. 윌리엄스와 크로퍼드는 케이프 버팔로와 돌고래를 연구하여, 태아의 뇌에 공급할 DHA가 거의 없는 육상 포유류의 어미가 큰 뇌를 발달시키기 얼마나 어려운지를 보여 주었다.[8] 1.8킬로그램의 뇌를 가진 돌고래는 뇌와 체중의 비율에서 호모 사피엔스에 가장 가깝고 지능이 매우 높으나, 그와 비슷한 크기의 육상 포유류인 얼룩말의 뇌는 300그램보다 약간 큰 수준이다.

육상 포유류와 수생 포유류의 뇌 크기를 비교해 보면, 두 종류의 포유류 사이에 상당한 차이가 있음을 알 수 있다(그림 12.4). 그러면 인간은 어느 지점에 위치할까? 인간의 뇌는 육상 포유류와 맞지

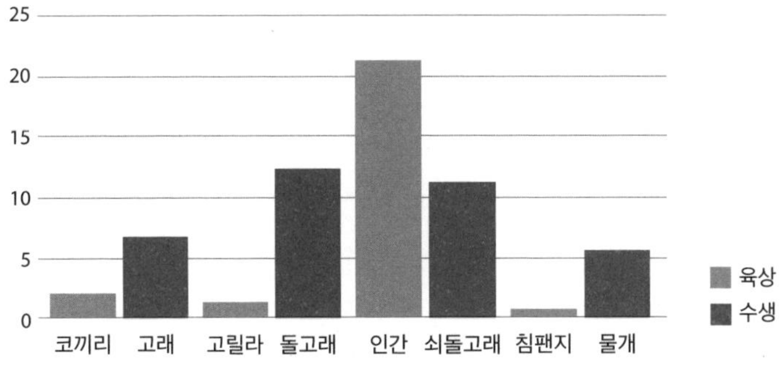

그림 12.4 수생 포유류와 육상 포유류의 두뇌 크기 비교

않고, 비슷한 크기의 쇠돌고래의 규모도 넘어선다. 이 차이는 육상 서식지보다 수생 환경에서 뇌의 크기와 발달에 훨씬 더 큰 영향을 미치는 무엇인가가 있음을 분명히 제시한다. 그리고 과학적 증거는 그것이 DHA와 아라키돈산의 섭취 때문이라는 것을 보여 준다.[6-9]

뇌에서 유일한 오메가-3 지방산인 DHA는 유전자 발현에 필수적일 가능성이 높고, 숲과 삼림 속에 사는 침팬지와 분리되어 새로운 틈새의 생태 환경을 추구하여 해양이나 수생 서식지의 혜택을 이용한 영장류에게 어떤 선택적 이점을 제공했을 가능성이 높다. 이 서식지에서 우리의 조상 유인원이 DHA가 풍부한 먹을거리뿐만 아니라 요오드, 아연, 구리, 마그네슘 및 셀레늄 같은 뇌 발달에 필수적인 다른 영양소도 이용할 수 있었을 것이다.[6]

호모 사피엔스의 유전체는 침팬지와 96퍼센트 동일하지만, 이들의 행동은 96퍼센트 다르다. 이 차이는 전적으로 우리의 더 크고 정교한 뇌 때문이다. 대뇌 팽창은 호미닌의 뇌에 필요한 특정 영양

소 공급이 내륙에서는 부족한 반면, 해양 또는 물속에서는 풍부했다는 점을 말해 준다. 사바나 이론으로는 이러한 진화적 기원을 설명할 수 없다.

따라서 호모 사피엔스의 뇌가 크고 복잡한 구조로 진화한 것은 사바나에서 일어났을 가능성이 매우 낮으며, 새로 형성된 대지구대에 있는 호수의 주변이나 해안과 같은 DHA가 풍부한 먹을거리가 많은 곳에서 발생했을 가능성이 더 높다.[9] 요오드나 다른 미량 원소도 뇌 발달에 필수적인데, 해양의 먹이사슬이 좋은 공급원을 제공했다. 대조적으로, 내륙 및 산악 지역에서는 오늘날 지적장애의 가장 흔한 원인인 요오드 결핍이 많이 발생해 거의 16~20억 명에게 영향을 미치고 있다. 영국에서는 '더비셔 목Derbyshire neck'이라고 알려진 질환이 중부 지방의 고산지대인 피크 지역에서 매우 흔했는데, 이 지역에서는 요오드 결핍으로 갑상선이 비대해졌다(갑상선 호르몬을 만들기 위해 요오드를 사용한다). 오늘날 대부분의 국가에서는 마시는 물에 요오드를 보충하기 때문에 이런 문제를 피할 수 있게 됐다.

화석 증거에 의하면, 아프리카에서 해부학 및 행동학적으로 현생인류라고 할 수 있는 존재가 출현했을 때, 그들이 해양에서 나는 먹을거리를 이용했다는 점에 논란의 여지가 없다.[10-12] 런던자연사박물관의 크리스 스트링어도 호모 사피엔스가 해안에서 기원하여 아프리카에서 유럽으로 이동했다는 데 동의한다.

호미닌 뇌의 진화에 대한 설명은 다윈이 그토록 중요하게 생각한 후성유전적 요소들의 발달에 초점을 맞춘다. 이는 집단의 크기, 연합 형성, 부모의 보호 같은 사회적 환경뿐만 아니라 물리적 환경 요인(기후, 식이 요법 및 식량 가용성)을 포함한다.[14] 인간 뇌의 진화를 결정하는 선택적 압력을 설명하기는 어렵지만, 신경영상기법을 활용해 인간과 침팬지의 뇌 성장을 비교한 연구에서는 극적인 차이를 보였다.[15] 4개월 된 배아에서 인간의 뇌 크기는 이미 침팬지 뇌의 두 배가 되고, 22주 후에도 인간의 뇌 성장은 가속화되지만 침팬지의 뇌 성장은 느려지는 확연한 차이가 발생한다. 유아기 초기에도 침팬지에 비해 인간의 뇌 부피가 급격히 증가한다.

최근의 과학적 증거에 따르면, 다른 영장류와 비교할 때 인간의 두뇌 진화는 뇌의 용량뿐만 아니라 신경 재배열에서도 큰 차이를 보인다. 화석 유골에서 나온 호미닌의 두개골 크기는 지난 200만 년에서 300만 년 동안 일어난 뇌 진화에 대해 대략적인 아이디어를 제공할 뿐이다. 호미닌에서만 보이는 지능 상승이라는 주요 진화는 신피질의 확장과 내부 신경을 더 복잡한 구조로 재구성하는 것이었는데, 화석에서는 이 점이 분명하게 드러나지 않는다. 육상 포유류와 수생 및 반수생 포유류 사이의 두뇌 용량과 지적 정교함의 차이는 분명한데, 이 차이는 물에서 필수 지질단백질이 풍부하게 함유된 먹을거리를 얻을 수 있었는가에 의해서만 설명할 수 있다.

13 두뇌를 위한 식량과 인지혁명

지능의 척도는
변화할 수 있는 능력이다.
_알베르트 아인슈타인

지난 200만 년 동안 세 배가량 증가한 인간의 뇌 크기가 다른 영장류나 육상 포유류와 비교해 크게 높아진 지능과 관련이 있다는 것은 의심할 여지가 없다. 찰스 다윈이 『인간의 유래』에서 기술했듯이, "인간과 고등동물 사이에 존재하는 생각의 차이는 종류가 아닌 정도의 차이라는 것이 확실하다."[1] 경쟁, 적응, 자연선택에 근거한 다윈의 진화이론은 특정 서식지에서의 생존이라는 중요한 힘이 주도한다. 초기 호미닌은 더 큰 두뇌와 높은 지능으로 진화하면서 점점 더 영민해지고 정교한 도구를 만들어서 먹을거리를 성공적으로 얻을 수 있었기 때문에, 사냥할 때 힘에만 의존하지 않을 수 있었다. 진화 과정에서 한정된 에너지 자원이 생존 가능성을 높여 주는 신체 기관에 집중되었는데, 인간의 경우에는 이것이 근육이 아니라 뇌였다.

인간의 뇌 용적이 크게 증가한 것에는 대가가 따랐다. 인간의 뇌는 체중의 약 2퍼센트를 차지하지만, 휴식을 취할 때에는 신체 에너지의 20-25퍼센트를 소비한다. 이는 다른 유인원과 영장류가 약 8퍼센트, 비영장류 포유류가 3-5퍼센트의 에너지를 소비하는 것과는 대조를 이루며, 인간의 뇌는 산소와 더 많은 혈액을 필요로 한다는 것을 의미한다.

진화 과정에서 인간의 뇌 크기가 약 350퍼센트 증가한 데 비해, 뇌로 가는 혈류량은 600퍼센트나 증가했다는 사실을 발견한 애들레이드 대학의 로저 세이모어는 이에 대해 "복잡한 사고와 학습의 진화를 이끈 신경세포들이 점점 더 활발하게 연결되도록 하려는 뇌의 요구 때문일 가능성이 있다."라고 밝혔다.[2] 뇌 크기 증가에 기여한 부분은 신피질이고, 두개골 기저부에 있는 두 개의 경동맥공carotid artery foramen을 통해 뇌로 들어가는 내경동맥으로 혈액을 공급받는다. 애들레이드 대학 연구팀은 호미닌 두개골에서 경동맥공의 직경을 측정함으로써 진화의 각 단계에서 대뇌로 가는 혈류를 추정할 수 있었다(그림 13.1).

의학적 관점에서 볼 때, 동물 진화 과정에서 크기가 크게 변하지 않은 심장이나, 순환 및 호흡을 제어하는 원시 후뇌는 인간의 커다란 신피질과는 전혀 다른 혈액 공급 양상을 보인다. 후뇌의 혈액 공급은 목뼈의 작은 구멍을 통과해 뇌까지 이동하는 훨씬 작은 척추동맥을 통해 이루어진다(그림 13.2).

우리는 무더운 여름날 공식 행사에서 오랫동안 서 있던 경비병

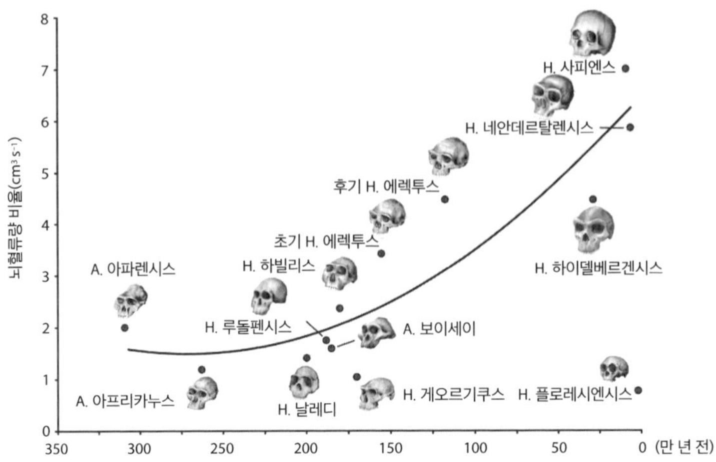

그림 13.1 여러 호미닌 두개골로 추정한 뇌혈류량

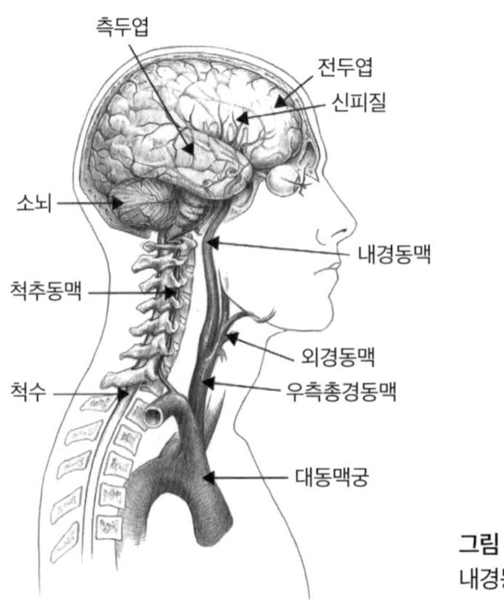

그림 13.2
내경동맥과 척추동맥

이 더위에 실신하는 모습을 본 적이 있다. 제17장에서도 살펴보겠지만, 인간의 척추동맥은 다른 육상 포유류와 달리 혈압이 떨어지면 혈류가 감소하는 특징이 있다. 이것은 우리가 직립보행을 한다는 단순한 이유 때문이다. 180센티미터가 넘는 젊고 건강한 군인이 더운 날에 혈관 확장으로 인해 혈액 순환이 느려지면, 작은 척추동맥을 통해 혈액을 뇌로 퍼 올리기 위해서는 추가적인 노력이 필요하며, 이 과정에서 후뇌에 일시적인 산소 결핍을 초래할 수 있다. 이때 신체의 자연적인 보호 반사는 머리의 위치를 심장 높이로 내려 뇌 혈류의 순환이 다시 회복되도록 기절하는 것이다.

인간에게만 나타나는 또 다른 문제는 고혈압이다. 이는 포유류의 혈액 순환이 수직으로 정렬된 신체에 맞지 않게 설계되었기 때문에 발생한다. 영장류 또는 네발 동물에서는 심장과 뇌가 어느 정도 같은 높이에 있고, 뇌로 가는 혈압이 일정하게 유지되기 때문에 고혈압이 생기지 않는다. 고혈압을 조절하는 약물은 인위적으로 혈압을 낮추기 때문에 고혈압 치료제를 복용하는 사람들은 서 있거나 걸을 때 일시적인 어지러움을 겪을 가능성이 더 높다.

이와 같은 실신 또는 현기증은 직립보행을 위해 수직으로 정렬된 척추의 관절염에 따른 변화로 척추동맥관이 좁아지기 쉬운 경향을 가진 인간에게서 흔하게 일어난다. 대뇌 피질과 더 고도의 기능을 하는 부위에 혈액을 공급하는 경동맥은 척추동맥 순환의 영향을 받지 않지만, 죽상종atheroma(콜레스테롤 플라크)으로 인해 좁아지고 막히는 경향이 있다. 심해지면 뇌졸중이 발생해 감각이나 운동 기능을 잃게 된다.

불, 음식, 가축화

우리 몸에서 에너지를 많이 소비하는 기관은 심장, 신장, 간, 내장과 뇌다. 뇌가 점차 커지면서 에너지를 많이 소비하게 되자, 이 에너지를 다른 기관으로부터 전환해 와야 했다. 심장, 신장, 간은 최적의 효율로 계속 작동하고 필수적인 에너지 공급이 이루어져야 했기 때문에 이를 제외하면 내장만이 남게 되었다. 다른 영장류와 마찬가지로 초기 호미닌의 내장은 식물성 먹이를 천천히 소화하도록 설계되었고, 나중에 육류와 해산물을 포함하는 잡식성 식단을 가지게 되었다. 하지만 여전히 소화 기능은 느렸다.

그렇다면 초기 호미닌은 어떻게 이 문제를 극복했을까? 유일한 가능성은 인간이 불을 사용해 음식을 요리해서 먹기 시작하면서 질긴 채소와 고기를 훨씬 더 쉽게 소화할 수 있게 되었다는 것이다. 그 결과 내장 길이가 짧아지고 소화에 더 적은 에너지를 투입하게 되면서 소화에 사용하던 에너지원을 뇌에 추가로 공급할 수 있었다. 일부 인류는 80만 년 전부터 불을 사용해 왔을 수 있고, 약 30만 년 전에는 호모 에렉투스, 네안데르탈인 및 기타 호미닌들이 일상적으로 불을 사용했다. 그 결과 이들은 쌀과 감자를 포함하여 식단을 넓힐 수도 있었다.[3]

또한 날것을 씹는 데 하루 5시간을 보내는 침팬지와 달리, 초기 호미닌은 조리된 음식을 먹게 되면서 음식을 섭취하는 시간이 훨씬 줄어들었다.[4] 따라서 호미닌은 사냥, 사교, 옷과 무기 만들기, 다른 가사 활동뿐 아니라 예술과 같은 다양한 활동에 더 많은 시간을 할 애할 수 있었다. 불을 활용해 조리함으로써 박테리아, 기생충 및 기타 미생물을 제거할 수 있었고, 이는 필연적으로 건강에 도움이 되었을 것이다. 소화가 잘되는 음식을 먹으면서 치아의 크기는 작아졌고 저작근(씹기근육)은 축소되었다.

약 20만 년 전 최초의 호모 사피엔스가 동아프리카에 나타난 이래 그들은 작은 수변 공동체에 점차 적응하면서 약 10만 년에 걸쳐 진화했다. 불은 인간과 다른 동물 사이의 격차를 넓혀 주는 아주 중요한 요소 중 하나였다. 그들은 불을 이용해 음식을 요리할 수 있을 뿐만 아니라, 불이 겨울철과 밤에도 따뜻함을 제공하여 두꺼운 털도 필요하지 않았다. 또한 불은 맹수로부터 그들을 보호해 주었다. 대부분의 과학자들은 동아프리카에 살던 우리 조상의 외모가 15만 년 전에 우리와 비슷해졌고, 환경과 서식지에 의존하지 않고 불을 자신에게 맞게 활용했다는 데에 동의한다.

DNA 분석에 따르면, 7만 년에서 7만 5천 년 전에 이른바 유전적 병목 현상이 발생하여 적도 부근 아프리카에서 인류의 인구가 약 1만 쌍 정도까지 감소했다. 이것은 질병 때문일 수도 있고, 인도네시아 수마트라섬에서 토바 화산이 폭발하여 아시아와 아프리카의 넓은 지역에 수 년 동안 태양 빛이 차단되는 거대한 화산재 구름을 만들어 낸 결과일 수도 있다. 이때의 화산 분출은 1816년 북반구에서 '여름 없는 1년'을 초래한 1815년 인도네시아의 탐보라 화산 폭발보다 100배 더 큰 규모였다.[5] 그러나 최근까지도 토바 화산 폭발이 당시의 동아프리카 호미닌 인구에 미친 영향은 저평가되고 있다.[6]

이 유전적 병목 현상의 원인이 무엇이었든 간에 인간을 포함하여 가장 회복력 있고 지략이 풍부한 동물만이 생존할 수 있었다. 이는 인간의 생존에 대한 진정한 진화적 도전이자 더 많은 지적 개발, 혁신, 개량으로 가는 강력한 자극이었을 것이다.

연안 이주와 지구 전체로 확산

약 7만 년 전 동아프리카에 살았던 우리 조상은 아라비아반도를 지나는 해안 경로를 거쳐 아프리카에서 두 번째 이주를 시작했다. 그리고 유럽과 아시아로, 북쪽과 동쪽으로 옮겨 가 네안데르탈인, 호모 에렉투스, 그리고 다른 종류의 인류들과 같은 생태 환경에서 생활했다. 우리는 그들이 유라시아에 정착했을 때 다른 인류 집단과 섞여 생활했으며, 현생인류가 이들 가족의 자손이라는 것을 알고 있다. 오늘날 유럽 사람과 중동 사람은 1-4퍼센트의 네안데르탈인 DNA를 유전체에 가지고 있으며, 데니소바인의 손가락 화석 DNA 분석에 성공함으로써 현대 멜라네시아인Melanesian과 호주 원주민의 최대 6퍼센트가 데니소바인의 DNA를 가지고 있음이 밝혀졌다.

'야만적이고 잔인한 네안데르탈인'이라는 빅토리아 시대의 묘사와 달리 이 초기 인류는 비교적 문명화되어 있었다. 그들은 유럽 빙하기의 혹독한 조건에 적응했고, 불과 도구를 사용했으며, 훌륭한 사냥꾼이었다. 무덤 유적과 화석 골격을 분석한 결과, 일부 구성원의 심각한 신체적 장애와 치유된 골절의 흔적을 볼 수 있는데, 이는 그들이 작은 공동체 안에서 병들고 부상당한 자들을 돌보았다는

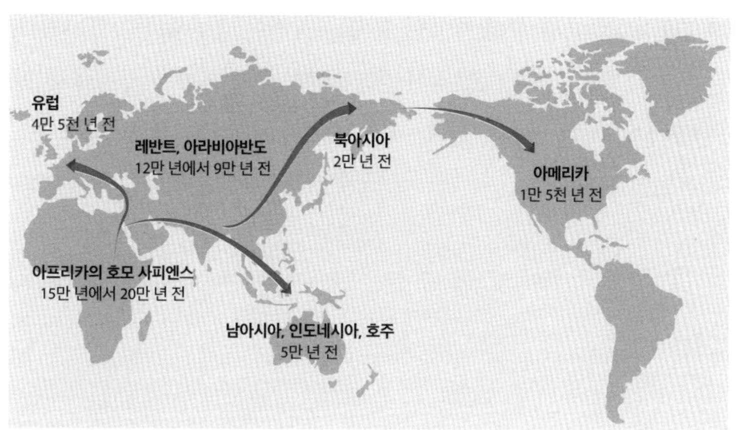

그림 13.3 호모 사피엔스의 확산

증거다.

4만 5천 년에서 5만 년 전에 인간은 해안 경로를 따라 빠르게 퍼져 나갔고, 인도네시아를 가로질러 '섬을 뛰어넘어' 호주로 갔다(그림 13.3). 보트와 뗏목도 이용했지만, 극지방의 만년설 빙원으로 인해 해수면이 낮아져 해상 횡단은 그 거리가 더 짧아지고 덜 위험해졌다. 호모 사피엔스가 호미닌 사촌인 네안데르탈인, 데니소바인, 솔로엔인*Homo soloensis*•을 지배한 중요 요인이 육체적이든 지적 우월이든 간에, 솔로엔인과 데니소바인의 마지막 흔적은 약 5만 년 전으로 거슬러 올라간다. 네안데르탈인은 약 3만 년 전 프랑스에서 자취

• 호모 에렉투스 솔로엔시스(*Homo erectus soloensis*)는 호모 에렉투스의 멸종한 아종 중 하나로, 인도네시아의 자바섬 솔로강에서만 발견되었다. 연대는 10만 년에서 2만 년 전이다.

를 감췄고, 그로부터 약 3천 년 후에는 스페인 남부에서도 사라졌다. 난쟁이와 같은 크기의 호모 플로레시엔시스의 흔적은 극동에서 약 1만 2천 년 전에 사라졌으며, 생존 호미닌 종으로는 호모 사피엔스가 유일하게 남았다.[4]

인지혁명

호미닌의 뇌 크기는 호모 하빌리스 이후 점진적으로 커졌지만, 유전적 증거에 따르면 약 8만 년에서 10만 년 전에 호모 사피엔스의 세 가지 유전적 계통이 분기된 이후, 도구 제작 및 행동이 정교해지면서 지적 발전이 분명해졌다. 이 세 가지 계통은 서로 다른 미토콘드리아 반수체형haplotype으로 분간된다. L1은 남아프리카로 이동했고, L2는 중부 및 서아프리카에 정착했으며 L3는 동아프리카에 남았다.

약 6만 년에서 7만 년 전에 호모 사피엔스가 동아프리카에서 유라시아로 이주하면서 3만 년에서 4만 년 전까지 지적 발달의 빠른 성장이 촉진되었으며, 이 시기에 조형적 예술, 매장 의식, 장신구, 악기, 무역이 등장했다.[7] 또한 항해에 적합한 보트, 오일 램프, 활과 화살, 바늘도 발명되었다.[4] 이것은 네안데르탈인보다 지적으로 더 발전한 크로마뇽인의 전형적인 오리냐크 문화•와 관련이 있다.

• 상구석기(제3구석기) 시대인 3만 2천 년 전에서 기원전 2만 6천 년 전 사이에 유럽과 서남아시아에 존재한 문화다.

독일의 홀렌슈타인-슈타델 동굴에서 발견된 반인/반수 사자인lion-man은 약 3만 5천 년에서 4만 년 전으로 거슬러 올라간다(그림 13.4). 이는 이제껏 발견된 동물 조각상 중에서 가장 오래되었으며, 매머드의 상아를 깎아서 만든 것이다.[8] 현실에 존재하지 않는, 인간처럼 두 발로 걷는 사자를 묘사한 이 조각상은 새로운 지적 상상력의 발전을 보여 주는 놀라운 증거다. 또한 종교 문화의 발전을 대표하는 것일 수도 있지만, 약 3만 년 전에 네안데르탈인을 멸종으로 몰아넣은 초기 인류가 분명히 현생인류만큼 창의적이고 상상력이 풍부했음을 보여 준다. 다른 예로는 프랑스 쇼베 동굴의 그림과 비너스 조각상, 그리고 약 3만 6천 년 전의 최초 악기인 뼈로 만든 피리가 독일 가이센클뢰스테를레Geissenklösterle에서 발견되었다.[7]

그림 13.4 독일의 홀렌슈타인-슈타델 동굴에서 발견된 사자인

이러한 인지혁명의 중요한 측면은 인간의 언어와 사회적 의사소통이 독특하게 진화한 결과다. 동물들은 의사소통과 협력을 위한 나름의 수단을 보유하고 있을 뿐 아니라, 꿀벌과 개미 등은 다른 개체에게 먹이의 위치를 알리는 정교한 방법을 공유하고 있다. 또한 동물들은 서로 간에 위험을 알리는 독특한 신호도 가지고 있다. 찌

르레기는 우리에게 익숙한 노래와도 같은 소리를 위험이나 방해의 징후가 있으면 즉시 짹짹거리는 날카로운 소리로 바꾼다. 녹색 원숭이는 사자 또는 독수리의 위협을 서로 다른 소리로 구분하여 전달하기도 한다.[7]

해양 포유류는 특히 지능이 뛰어나다. 90종의 고래류에 대한 최근 연구에 따르면, 사냥 기술의 행동 패턴이 세대를 통해 연속적으로 전승된다는 사실이 밝혀졌다. 수중 음파를 탐지하는 정교한 메커니즘을 통해 '휘슬음'과 끼익거리는 소리로 의사소통하고, 우리와 마찬가지로 부족 문화를 발전시키는 능력은 높은 지능 수준을 보여 주는 증거들이다. 해양 및 육상 포유류가 자원을 최적화하고 사냥 기술을 개선하기 위해 협력한 예는 많다.

인간에서는 지적 발달과 함께 후두와 언어의 독특한 진화가 훨씬 더 정교한 수준의 의사소통에 필수적이었다. 이를 통해 먹을거리를 찾는 방법과 위험에 대한 경고를 전달하고, 데이터를 분석하며, 상상과 추론을 하는 더 높은 수준의 인지능력을 가능하게 했다. 그리고 최적의 계획을 달성하기 위해 집단 내 다른 구성원들과 논의할 정보를 처리하도록 이끌었다.

로빈 던바가 제안한 '사회적 뇌 가설social brain hypothesis'에 따르면 인간의 지능은 크고 복잡한 사회집단에서 생존하고 재생산하는 수단으로 진화했다.[9,10] 우리의 사촌인 침팬지들은 보통 30-50마리가 하나의 집단을 이루고 산다. 그들은 우정을 쌓고, 함께 사냥하고, 싸우며 먹을거리를 나누기 위해 서로 의존한다. 이들은 무리를 지어 사는 다른 동물들과 마찬가지로 사회 구조가 계층적이고, 그

중에는 지배적인 개체(대개는 수컷)가 있다. 대조적으로, 언어와 말을 통한 의사소통의 진화는 초기 인간이 더 크고 안정된 집단을 형성하도록 했을 가능성이 높으며, 사회학적 연구에 따르면 이들이 형성한 하나의 집단은 최대 150명이었을 것으로 보인다.

과학자들은 초기 호모 사피엔스가 이처럼 한계가 있는 유인원류의 존재에서 벗어날 수 있도록 해준 결정적 요인이 무엇인지 정확히 제시하지 못한다. 우리의 유인원 사촌들은 현재까지 2천만 년 이상 사회적·지적으로 변화가 없었지만, 인간은 완전히 변했다. 이는 브루스 란과 동료들이 기술한 바와 같이, 호미닌 뇌의 마이크로세팔린microcephalin•에서 발생한 유전적 돌연변이일 가능성이 높다.[11]

그러나 이러한 변화가 유인원 사촌보다 우리의 조상에게서 더 많이 일어난 이유는 무엇일까? 유일하게 논리적인 대답은, 다른 영장류나 육상 포유류와 달리 우리는 반수생 동물로서 오랜 기간 동안 해양성 수생 식생활을 통해 중요한 지질단백질인 DHA와 함께, 아라키돈산, 요오드 같은 미량 원소들의 훨씬 더 큰 저장고를 가지고 있었다는 점이다. DHA는 신경세포 이동, 새로운 신경 형성, 뇌의 성장 및 기능과 관련된 여러 유전자의 발현을 결정하는 데 중요하다. 이는 유전적 돌연변이가 훨씬 더 복잡한 방식으로 사고하고 의사소통할 수 있도록 우리의 지능을 발달시킨 촉매제였던 것으로 보인다.

우리의 조상은 다른 영장류와 마찬가지로 육지에서 살았지만,

• 태아의 두뇌 발달 과정에 발현되는 유전자.

물가의 반수생 서식지에서 300만 년에서 400만 년 넘게 진화해 왔다는 큰 차이점이 있다. 이러한 환경 때문에 인류의 조상 중 일부는 물에서 얻을 수 있는 먹을거리를 포함하는 특별한 잡식성 식단을 통해 신경이 요구하는 영양소를 제공받았고, 운명을 바꾸는 뇌의 유전적 돌연변이가 생기는 기회를 얻을 수 있었다.

인지혁명이 진행되는 동안 호모 사피엔스는 외부 세계에 대한 정보를 교환하고 거래할 목적으로 150명 정도의 광범위한 사회적 네트워크를 구성하기 시작했다. 생태 환경, 날씨, 계절, 하늘, 은하계와 관련된 많은 것들을 이해하지 못했기 때문에, 후에 종교로 진화된 신과 신적 존재에 대한 신비하고도 상상적인 개념을 믿기 시작했다. 홀렌슈타인-슈타델 동굴에서 발견된 사자인 조각상은 그들을 보호하는 신화의 상징이라고 생각된다. 이 초자연적인 작은 조각상을 만드는 데 400시간 이상 걸렸을 것으로 추정되는데, 이는 가혹한 환경에서 생활하던 작은 공동체에게는 생존에 직접적으로 도움이 되지 않는 것을 위해 엄청난 노력을 기울인 것이다. 따라서 이와 같은 것들은 위험과 어려움을 극복하기 위해 지역 사회의 유대감을 형성하는 상징이었을 것으로 생각된다.[8]

현대적 두뇌 진화를 가져온 유전적 요인들

시카고 대학 하워드휴스 의학센터의 선임 연구자인 브루스 란과 동료들은 인간의 두뇌 크기를 제어하는 특정 유전자가 있다고 제안했다. 이 유전자는 뇌 진화에 계속 관여하는데, 이는 뇌가 계속 진화하고 있음을 의미한다. 란과 동료 연구자들은 단백질 변화를 일으킨 DNA 염기서열에 주목하고, 인간, 원숭이, 생쥐 등에서 유전자를 채취하여 DNA 변화와 함께 이것이 발생하는 데 걸린 진화 시간을 비교했다. 이 데이터는 인간 뇌에 있는 유전자가 다른 종의 유전자보다 훨씬 빠르게 진화했음을 보여 주었다. 그들은 유전체 증거가 확보되자, 이러한 급속한 진화를 허용하거나 제어했을 수도 있는 특정 유전자를 찾기 시작했다.[11]

그 결과 인간의 뇌 크기를 조절하는 두 유전자인 마이크로세팔린과 비정상방추형소두증 유전자ASPM가 발견되었다. 선택에 대한 압력이 있을 때 두 유전자는 상당한 DNA 서열의 변화를 보였다. 란의 초기 연구에 따르면 마이크로세팔린은 영장류 계통을 따라 급속한 진화를 경험했고, 결국 호모 사피엔스의 출현으로 이어졌다. 인간이 출현한 이후 마이크로세팔린은 보다 느리게 진화한 반면, ASPM은 인류 진화의 후반기, 침팬지와 인간이 분리되고 난 뒤에 매우 빠른 진화를 보였다.[11]

각각의 유전자 염기서열은 특정한 변화를 거쳐 인간의 진화를 이끌었다. 이러한 변화를 확인하기 위해 란과 동료들은 여러 영장류의 DNA 염기서열을 인간의 염기서열과 비교, 대조하고 영장류와 인간 DNA의 주요 차이점을 통계적으로 분석한 결과 그 차이가 자연선택 때문이라는 결론을 내렸다. 이들 유전자 DNA 염기서열의 변화는 누적되었고, 다른 영장류에 비해 인간은 경쟁 우위와 보다 높은 적합성을 갖게 되었다. 이 비교 우위는 더 큰 뇌와 결합되어 궁극적으로 인간이 더 높은 인지능력을 갖도록 했다.

연구에 따르면 인간의 뇌는 계속 진화하고 있으며, 뇌의 발달을 조절하는 두 유전자의 새로운 변종이 지난 수천 년 동안 인간 개체군의 대부분에서 보인다고 한다. 그러나 인간의 뇌 크기는 지난 20만 년 동안 눈에 띄게 변하지 않았고, 지난 2만 8천 년 동안은 도리어 작아졌다. 이러한 유전적 적응이 뇌의 크기나 지능에 얼마나 영향을 미치는지 평가하기는 어렵다. 모든 사람이 이러한 유전자를 소유하는 것도 아니어서, 이것이 다른 집단에 속한 사람들에게까지 영향을 미치는지에 대한 논쟁을 불러올 수 있다.

아인슈타인은 "지능의 척도는 변화할 수 있는 능력이다."라고 말했다. 그가 살았던 20세기 초반부터, 특히 컴퓨터 시대가 도래한 이후 인류는 극적이고 폭발적인 변화를 경험해 왔다. 아인슈타인도 이를 상상했을 것 같지는 않다.

유전적 변화와 돌연변이가 생존에 유리한 진화적 변화를 시작하는 데 영향을 미쳤다는 점은 확실하지만, 다윈이 매우 중요하다고 생각한 후성유전적 요인 중 하나로 뇌 발달에 필수적인 영양소를 우리 조상에게 제공한 것은 독특한 수변 서식지와 그곳에서 구할 수 있는 먹을거리였다. 지난 400만 년에서 500만 년 동안 호미닌 뇌의 생리적·해부학적 변화에서 가장 중요한 요소는 DHA 및 기타 필수 요소가 풍부한 수생 먹을거리를 많이 섭취했다는 점이라는 증거들은 압도적으로 많다. 이것이 우리의 진화적 적응과 영장류 사촌의 진화적 적응을 구별되게 했고, 이후 지난 20만 년 동안 인간의 지능 진화를 가능하게 했다.

지금까지 육지의 사촌들보다 생존 우위를 제공하는 다른 서식지 때문에 초기 호미닌에서 생긴 고유한 물리적·해부학적 수생 특성이 어떻게 진화했는지 살펴보았다. 호모 사피엔스가 동물계 전체에서 지배적인 호미닌으로 자리 잡자 경쟁자들은 자연선택을 통해 사라졌다. 가축화가 뒤따랐고, 1만 년 전의 농업혁명, 2세기 전의 산업혁명, 그리고 지난 50년 동안 컴퓨터 시대가 이어졌다. 란이 제안했듯이 우리의 지능은 계속 진화하고 있지만, 앞으로 인류에게 어떠한 대가가 따를까? 사바나 이론에 대한 대안적인 인류 진화의 시나리오를 받아들이지 않으려는 이들은 잠시 멈추어 아인슈타인의 말을 생각해 봐야 할 것이다.

14 후두와 목소리의 진화

인간 후두의 진화 속에는
우리가 어떻게 생겨났는지를
이해할 수 있는 많은 비밀이 담겨 있다.
_제프리 레이트만, 조이 라이덴버그•

인간이 동물계의 다른 모든 생물들과 구별되는 가장 중요한 특징은 말하는 능력이다. 이는 호미닌 진화에서 설명하기 어려운 것 중 하나이기도 하다. 인간은 빨리 변하는 연속적인 소리로 사실이나 추상적인 생각들을 포함하여 복잡한 정보를 전달할 수 있다. 수신자들과 시각적 접촉이 필요하지도 않고, 다른 작업이나 활동을 하면서 동시에 말을 할 수도 있다. 기호나 글은 인간이 정보를 다양한 방식으로 표현할 수 있다는 점에서 독특하지만, 의사소통의 주된 수단은 음성이다.

• 제프리 레이트만(Jeffrey T. Laitman)과 조이 라이덴버그(Joy S. Reidenberg)는 미국 뉴욕에 있는 마운트 시나이 아이칸 의과대학 교수다.

인간에게서 언어라는 특성은 어떻게 진화해 왔을까? 이는 인간과 다른 동물의 음성과 소리 생성에 대해 해부학적·생리학적으로 이해하고 초기 호미닌의 화석에 관한 고고학적 기록을 결합함으로써 답할 수 있다. 그래야만 무슨 일이 언제 일어났는지 진화적 순서를 이해할 수 있다. 왜 이런 일이 일어났는지에 대해서는 다른 진화적 변화에서처럼 한 단어로 간단하게 대답할 수도 있다. '생존'을 위해서다.

그러나 음성의 진화뿐 아니라 호모 사피엔스 특유의 다른 특성들을 이해하려는 시도에 있어서 중요한 걸림돌은, 역사적으로 과학자들이 우리의 초기 호미닌 조상을 유인원 사촌과 마찬가지로 사바나에서 살던 육상 포유류라고 가정해 왔다는 점이다. 숲속에 사는 우리의 친척들과 별반 다르지 않은 육상 서식지에서의 생활이 우리와 원숭이 사촌 사이의 극적 차이에 어떤 영향을 미쳤는지는 파악하기 어렵다. 그러나 우리가 수변 유인원 이론을 받아들이고 초기 인류가 육상 포유류가 아닌 반수생 동물로 진화하기 시작했다고 인정하면, 수생 및 해양 생물에 대한 진화적 적응이 우리 조상의 삶과 이 독특한 특징의 진화에 영향을 미쳤다는, 완전히 새로운 차원의 생각이 가능하다.

이 복잡한 주제에서 '의사소통'과 '인간의 말과 언어'를 구별하는 것은 매우 중요하다. 이 둘은 상당히 다르다.[2] 육상 및 수생 생물과 조류를 포함한 다양한 동물종은 사회적 의사소통을 위해 소리를 만들고,[3] 음파 탐지, 냄새(후각) 및 시각, 기타 감각적 수단 등 다양한 기제를 진화시켰다.

우리는 동물에서 음성을 바탕으로 하는 의사소통이 주로 숨쉬고 먹기 위해 진화해 온 목구멍과 입을 통해 이루어진다는 것을 알고 있다. 성대는 폐로 물이 들어가는 것을 막기 위해 수백만 년 전에 우리의 먼 해양 또는 파충류 조상에서부터 진화했다. 목구멍 뒤쪽에서 숨을 쉬기 위한 길과 음식물이 지나가는 길 사이에 생긴 영구적 교차점은 진화로 인해 포유류에서 나타난 새로운 특징이지만, 후두의 하강은 인간에서만 보이는 고유한 것이다.

언어에 필요한 인간의 신체적·해부학적 특징의 대부분은 특별히 목적에 맞게 조정되었지만 대부분은 굴절적응exaptation•이다. 이는 저명한 인류학자 스티븐 제이 굴드와 엘리자베스 우르바가 도입한 용어로, 진화생물학에서 '자연선택이 구축한 것 이외의 용도로 채택된' 특성을 설명하기 위해 사용된다.[4] 성인 인간의 목소리 진화는 굴절적응이다. 관련된 변화의 대부분은 수영과 잠수 중에 숨을 참기 위해 수변 서식지에 대한 적응으로 초기 호미닌에서 진화한 것이고, 다른 육상 영장류 사촌에게는 이와 같은 진화가 일어나지 않았다. 수백만 년의 진화 과정을 거치면서 후두가 해부학적으로 새로운 위치를 찾고 움직일 수 있도록 혀뿌리가 길어진 것이 대뇌 피질의 신경학적·지적 변화와 함께 보다 다양한 발성 능력과 말하기의 진화적 발달로 이어졌을 수 있다.

인간을 포함한 포유류에서 소리는 공기가 후두에 있는 성대를

• 진화 과정에서 나타나는 기능의 변화로, 원래는 특정 기능을 달성하기 위해 발전했지만 나중에는 그 특성이 전혀 다른 기능으로 이용되는 것을 말한다. 고전적인 예로 새의 깃털은 원래 보온을 위해서 존재했지만 나중에 비행에 적합하도록 진화되었다.

통과하면서 생성된다. 소리는 들숨일 때도 생성되지만, 보다 일반적으로 폐에서 공기가 배출되는 날숨 동안에 생성된다. 성대는 호흡하는 동안 V자 모양(V의 정점이 앞쪽)의 열린 상태로 유지되지만, 소리를 낼 때에는 성대가 조여져서 공기가 그 좁은 틈을 통해 나가며 성대 가장자리에 있는 섬세한 막이 진동하여 물결 모양의 공기 기둥을 방출하면서 소리를 만들어 낸다. 소리의 높이 또는 주파수는 성대의 장력과 길이에 따라 달라진다. 이 음파는 후두와 성대의 위쪽으로 상승하면서 혀, 입술, 입천장 및 치아의 움직임과 위치에 따라 다른 소리를 형성하는데, 이와 같이 생성된 소리를 목소리라고 부른다.

상기도와 소화관

우리의 영장류 사촌들과 다른 동물들은 소리를 내기 위해 후두를 사용하지만,[5] 인간은 독특하게도 말을 하기 위해 후두뿐만 아니라 혀, 입천장, 치아 및 입술을 비롯해 공명을 위한 비강 및 부비동 등을 활용하는 방법을 진화시켰다. 인간만이 가진 역동적인 해부학적 차이 두 가지는 후두가 아래로 내려가 있는 것과 혀의 모양과 움직임이 다차원적으로 변형될 수 있다는 점이다.

포유류나 다른 육상 동물들은 코와 입으로 들어가는 공기가 입 뒤쪽의 구인두oropharynx에서 합쳐진다. 하지만 말이나 설치류, 토끼 등 코로만 숨을 쉬는 동물들은 후두개가 연구개 위에 놓여 있어 공기가 옆으로 새지 않는 밀폐된 통로를 만든다. 이런 방식으로 동물들은 음식이나 액체가 기도로 들어갈 위험 없이 호흡과 음식 섭취를 동시에 할 수 있고, 포식자의 냄새를 감지할 수 있는 후각을 유지한다.

갓난아이들도 모유 수유와 호흡을 동시에 할 수 있도록 후두개와 입천장의 위치가 이와 비슷하게 정렬되어 있다. 갓난아이도 울거나 소리를 낼 수 있지만, 일반적으로 생후 6-12개월이 지난 뒤, 후두가 아래로 내려갈 때까지 '목소리'라는 것을 낼 수 없다. 대부분의 유아는 코가 막히면 입으로 숨을 쉴 수 있는데, 골막으로 비강 뒷부분이 막혀 있는 후비공폐쇄choanal atresia와 같은 선천성 이상은 수술로 교정되지 않으면 치명적일 수도 있다. 갓난아이들은 비강 기도를 들어올리고 봉쇄해 구강기도를 여는 데 필요한 근육이 약하기 때문에 구강 호흡을 장시간 지속하지 못할 수도 있다.[6]

영유아와 소아는 흔히 아데노이드 비대증을 앓는데, 이는 코 뒤쪽의 기도를 막으면서 유스타키오관도 막아 중이에 문제를 일으킨다. 그러나 두 살이 되면 후두가 내려가고 구강 기도가 잘 발달되어 기도 문제를 피할 수 있다. 생후 6-12개월 때 기도가 중요한 해부학적 위치 변화를 겪게 되는데, 유아의 후두가 내려가면서 구개와 후두개가 분리되는 독특한 과정은 유아돌연사증후군SIDS의 의 발생 위험과도 관련이 있는 것으로 보인다.•

• 구개와 후두개가 분리되면서 인두가 형성되는데, 이 부분은 연부조직으로만 이루어져 자세 등에 따라 자칫 눌려져 기도가 막히기 쉽다.

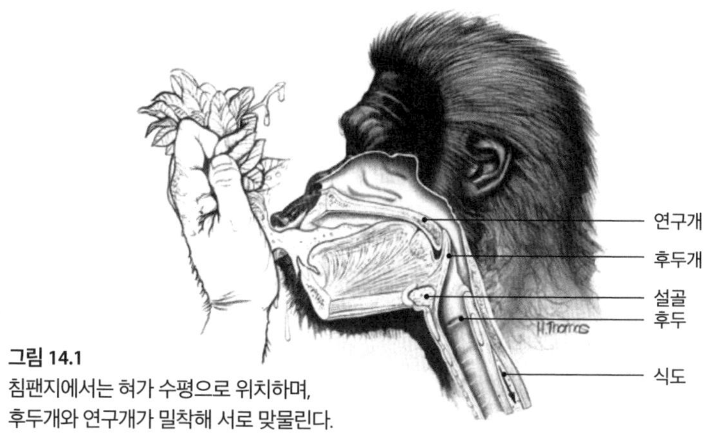

그림 14.1
침팬지에서는 혀가 수평으로 위치하며,
후두개와 연구개가 밀착해 서로 맞물린다.

후두의 하강과 함께 후두개와 연구개의 분리가 인간에서만 일어나는 것은 아니다. 개, 돼지, 염소, 사슴, 사자 및 기타 고양잇과의 동물에서도 볼 수 있다. 그러나 사람이 아닌 포유동물에서는 으르렁거리는 소리로 크게 포효하거나 신호를 보낼 때 나타나는 일시적 하강이다. 설골hyoid bone이 제자리에 있고 혀는 입안에서 수평 상태를 유지하지만, 사람처럼 인두조음기관pharyngeal articulator의 역할을 하지는 못한다(그림 14.1).[7]

인간의 언어 진화에 대해 중점적으로 연구해 온 필립 리버먼은 음성 생성에 있어 설골의 영구적 하강과 함께 혀뿌리가 길어지는 점이 중요하다고 강조한다(그림 14.2). 이로 인해 혀가 구부러지게 되고 입안에는 수평 부분이 있고 구인두에는 비슷하게 길어진 수직 부분이 있는데, 둘 다 사람의 언어에 필수적이다.[8] 그러나 후두 하강의 이유에 대해서는 과학자들 사이에 의견이 나뉜다. 인간은 태

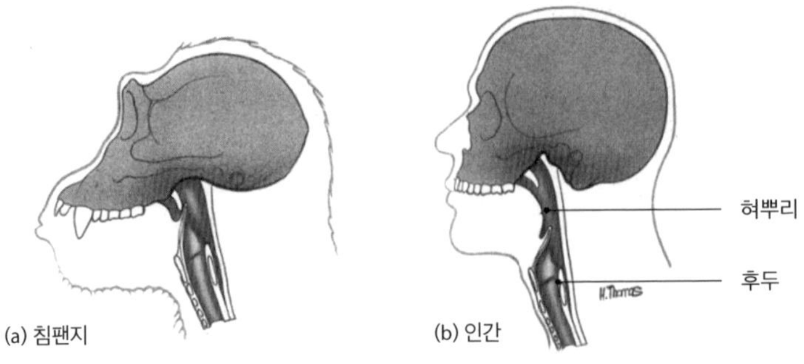

그림 14.2 침팬지와 성인 인간. 인간에서는 후두가 내려가고 혀뿌리 부분이 길어진다.

어날 때 후두가 목의 아래쪽으로 내려가 있지 않은데, 아기가 엄마에게 전적으로 의존하는 동안에는 모유 수유와 코 호흡을 동시에 할 수 있도록 연구개와 후두개 모양을 가지는 것이 다른 진화나 생존의 잠재적 이점보다 훨씬 크다는 것이다. 이런 유전적 특성은 남성형 대머리와 비슷하지만, 이 경우에는 아기가 모유 수유를 뗀 후에 나타난다.

아기는 엄마로부터 차차 독립하면서 후두가 내려가기 시작하고, 포유류가 음식을 삼키는 동안에도 호흡기와 소화관이 분리되는 정상적인 모습이 깨지면서 액체와 음식이 흡인되거나 질식을 일으킬 위험이 증가한다. 사춘기 이후에는 남성에게서 두 번째 후두 하강이 나타난다. 그렇다면 이러한 극적인 변화의 이점은 무엇일까?

어떤 사람들은 그것이 말을 가능하게 하기 위한 목적이라고 주장하지만, 과학적 증거에 따르면 인간의 말하기는 지난 5만 년에서 10만 년 동안에만 진화했으며, 성대의 하강과 함께 성대와 상부 기도-소화관의 독특한 해부학적 재구성을 가져온 후두 하강 현상은 수백만 년에 걸쳐 진화했음에 틀림이 없다. 버클리 대학의 언어학 명예교수인 존 오할라는 후두 하강이 언어에 대한 적응이라면, 성인 여성보다 남성의 후두가 훨씬 더 잘 적응할 것으로 기대되지만 사실은 그 반대라고 주장한다.[9]

따라서 수백만 년 동안 일어난 인간의 후두 하강에 또 다른 진화적 생존 이유가 있음이 틀림없다. 이후 목소리가 발달한 것은 호미닌 진화에서 훨씬 나중인 인지혁명 기간 동안 일어난, 진화적으로 유익한 굴절적응이었다. 목구멍 뒤쪽 부위에서부터 일어난 것으로 보이는 이 중요한 해부학적 변화로는 혀뿌리가 길어진 것을 들 수 있다. 즉, 아래쪽 설골과 후두에 수직으로 붙어 있는 새로 생긴 부분의 길이가 입안에 남아 있는 수평 부분의 두 배가 되었다.

해부학적·병리학적 측면에서 신체의 장기가 길어지거나 방향을 움직이는 이유는 세 가지뿐이다. 첫 번째는 정상적 성장 과정의 일부다. 예를 들어, 팔다리의 긴 뼈는 한쪽 끝에 새로운 뼈를 생성하는 성장판이 있어 뼈를 새로 만들면서 더 길어지며, 결과적으로 근육과 신경 및 혈관 같은 기타 구조도 더 길어진다.

다른 두 가지 이유는 장기가 한쪽 끝으로부터 밀리거나 다른 쪽 끝에서 당겨지기 때문이다. 전자의 예는 인두낭이나 게실염의 게실에서 보이는 내압성게실pulsion diverticulum이다. 이러한 상태에서는 장 내강의 압력이 증가하면서 점막 내막이 약해진 장의 근육 벽을 통해 밖으로 밀려나가 장벽의 외부, 인후 뒤쪽 또는 결장에 늘어진 주머니가 생긴다.

후자의 예는 귀 뒤쪽에서 만져지는 유양돌기의 견인에 의한 뼈 돌출이다. 머리를 좌우로 돌리는 주요 근육인 목 양쪽에는 강력한 흉골유돌근sternomastoid muscle이 있는데, 이는 위쪽에서는 두개 기저부의 유양돌기에, 아래쪽으로는 쇄골상부와 흉골에 부착되어 있다. 몇 년 동안 근육이 강하게 당겨지면서 위쪽에 있는 두개골 바닥의 뼈 부착 부위가 점진적으로 길어진 유양돌기를 형성한다.

포유류의 혀는 입안 바닥에 수평으로 놓여 있다. 음식을 삼키기 전에 입안에서 밀어주고 씹는 과정에서 혀의 움직임은 필수적이다. 혀의 뒤쪽 부분이 입안의 수평 위치와 완전히 다른 수직 방향으로 두 배 길이로 늘어나는, 언뜻 기이하게 보이는 이유를 생각해 볼 때, 가능한 답은 두 가지뿐이다. 위에서 아래로 밀렸거나 아래에서 당겨지는 것이다. 설골과 혀뿌리가 위에서 아래로 밀릴 수 있는 논리적 이유는 없다. 그러면 유일하게 가능한 설명은 후두, 설골 및 혓바닥을 이루는 부분이 아래로 당겨졌다는 것이다. 왜 그랬을까?

우리가 원숭이 사촌과 유사한 서식지에 사는 육상 포유류로서 진화해 온 사바나의 수렵·채집 호미닌이었다면, 다른 육상 포유류는 그렇지 않은데 상당히 길쭉한 혀를 발달시킨 이유에 대해 논리적 설명이 어렵다. 후두 하강에 대해서 진화적 변화의 기본 이유가 되는 뚜렷한 생존 이점이 없다.

호미닌의 잠수와 숨 참기

반수생 서식지에서 진화해 온 수변 유인원이 현실적으로 있다고 믿는다면, 이 조건이 초기 호미닌들의 수영, 잠수와 관련하여 후두/혀뿌리 복합체가 하강한 것을 설명하는 방정식에 완전히 새로운 차원의 간단하고도 논리적인 이유를 제공하는 듯 보인다. 중신세 후기에 있었던 가뭄 때문에 삼림 서식지에서 식량이 부족해지자, 우리 조상 호미닌이 강, 호수, 강어귀와 식량이 풍부한 해변에서 어떻게 먹이를 찾기 시작했는지 앞에서 살펴보았다. 그들은 직립보행을 했을 뿐 아니라 새로운 식량원을 찾아서 수영과 잠수 방법을 터득하면서 더 깊은 물속으로 들어갔다.

여기서 더 깊이 더 오래 잠수하기 위해 숨을 참는다는 개념이 도입된다. 그리고 이는 신체 기관, 특히 순환계와 심장 및 폐에 새로운 해부학적·생리적 영향을 초래하는데, 이와 같은 사실은 현대 프리다이빙에서 쉽게 확인할 수 있다. 전문 프리다이버이기도 한 에리카 샤가타위 교수와 동료인 안드레아스 팔만은 다양한 수생, 반수생 및 육상 포유류의 잠수 능력을 평가하는 연구를 수행했다.[10] 고래, 돌고래 등 깊게 잠수하는 고래류가 있고, 중간 정도의 시간과 수심에서 잠수할 수 있는 몇몇 종은 중간 잠수 그룹을 구성한다. 인간을 포함하여 공기호흡을 하는 많은 동물은 얕게 잠수하는 그룹을 형성한다.

인간은 얕은 물에서 먹이를 찾기 위해 들락날락하며 20분까지도 잠수할 수 있고, 얕은 잠수 중 시간의 최대 60퍼센트를 물속에 잠겨 있을 수도 있으며, 한 번 숨을 들이쉰 다음 5분 동안 물속에 머무를 수도 있다. 현재 인간이 숨을 참을 수 있는 최장 시간은 24분 3초•이고, 물갈퀴 없이 잠수할 수 있는 최대 수심은 101미터다. 훈련을 받고 경험이 많은 잠수부는 한 번의 잠수로 최대 수심 100미터까지 도달할 수 있다. 이러한 관점에서 보면, 인간의 잠수 능력은 반수생 포유류의 전형적인 범위 안에 있다.

야생에서 생활하는 유인원들의 수영이나 잠수에 대한 자료는 없지만, 최근 연구에 따르면 애완용 침팬지들이 수영장 물에 잠긴 상태에서 평균 7초 동안 숨을 참을 수 있는 것으로 나타났다. 침팬지는 수면에서 3미터까지 헤엄치는 것이 관찰되었고, 오랑우탄도 비슷한 결과를 기록했다. 이로 볼 때 이들 포유류가 혈중 이산화탄소분압 수치가 상승할 때 자발적으로 더 오래 숨을 참을 것 같지는 않다. 그러므로 인간의 자발적인 잠수와 숨을 참는 능력은 영장류 사이에서 호미닌의 독특한 특징이라 하겠다.

숨을 참으면서 잠수하는 인간 잠수부들은 북극을 제외한 전 세계 대부분의 해안 지역에서 발견되는데,•• 일본의 아마와 인도네시아의 바자우족•••도 포함되며, 이들 중 일부는 매일 최대 9시간 동안 잠수를 한다.[11] 남성 잠수부들은 보통 창으로 낚시를 하고, 하루에 3-9시간 동안 1-8킬로그램에 달하는 물고기, 장어, 문어를 잡을 수

• 2016년 알레이스 세구라 벤드렐이 수립한 기네스 세계 기록.

•• 우리나라의 제주도에는 2020년 현재 약 1,500여 명의 해녀가 존재하며, 유네스코에서는 제주 해녀 문화를 인류무형문화유산으로 지정했다.

••• 바자우(Bajau)족은 '바다 집시'라고도 불린다.

있다. 여성 잠수부는 주로 조개, 갑각류 및 해삼을 채취한다. 아이들은 어린 나이에 수영과 잠수를 배우고, 걷는 법을 배우기 전인 생후 약 6개월부터 숨 참는 법을 배운다.

창낚시를 하는 어부들이 20미터의 해저로 잠수할 때 심장 박동은 분당 약 30회로 느려지고, 폐는 약 3분의 1 크기로 압축되어 기관지에 당기는 힘이 엄청나게 가해진다. 성대는 폐로 물이 들어가는 것을 막기 위해 굳게 닫혀 있기 때문에 후두(그리고 설골과 혀 기저부)가 가슴 쪽으로 세게 당겨진다. 설골은 갑상설골막에 의해 후두(갑상선) 연골의 위쪽 끝에 단단히 부착되기 때문에 정기적인 잠수와 수중 사냥을 통해 후두의 하향 견인이 일정 시간 동안 반복되다가 점차 혀뿌리의 근육과 설골이 수직으로 늘어나는 것으로 보인다(그림 14.2).

입안에 있는 혀의 수평 부분은 음식을 섭취할 때 필요하기 때문에 그 위치에 그대로 유지되어야 했을 것이다. 시간이 지남에 따라 진화의 압력은 잠수 중에 수압의 변화에 더 잘 적응하고 후두가 낮은 위치에 있는 잠수부에게 유리했을 것이다. 이것은 아마도 물에서 더 효율적인 잠수와 사냥을 가능하게 하고 생존율을 향상시켰기 때문에 결국 유전적 특성이 되었을 것이다.

혀뿌리 부위와 후두의 해부학적 형태 및 위치가 변화한 것은 아마도 물속에서 먹을거리를 얻기 위한 결과로, 수만 년 또는 수십만 년에 걸쳐 진화했을 것이다. 이 변화는 약 10만 년 전에 호모 사피엔스가 두 번째로 이주하기 훨씬 전 확고하게 확립되었을 것이다. 이제 인지혁명 동안 겪을 궁극적인 신경학적·지적 진보를 위한 단계가 준비되었고, 인간의 말하기와 언어의 진화를 가능케 하는 무대가 마련된 것이다.

인간의 지연된 후두 하강

다른 육상 포유류와 마찬가지로 인간의 경우 영아기에는 후두가 연구개의 뒤쪽 끝과 가깝게 붙어 있다. 따라서 호흡을 위한 비강 기도와 음식물이 지나는 통로가 분리되어 모유 수유와 호흡을 동시에 할 수 있다. 이 단계에서 아기는 영양 공급, 보살핌, 생존을 위해 엄마에게 전적으로 의존하며, 때로는 주의를 끌거나 수유가 필요할 때 울기도 한다.

영아가 충분히 튼튼해지면 더 이상 모유 수유도 필요하지 않게 된다. 젖을 떼는 시기는 유아가 자율적으로 먹기 시작하는 때이고, 본능 진화적 관점에서 볼 때 후두가 내려가기 시작하는 단계다. 이것은 유전이 주도하는 과정으로 보인다. 초기 호미닌이 독립적으로 먹기 시작했을 때 낮은 후두를 가진 사람들에게 생존적 이점이 있었고, 시간이 지남에 따라 이 독특한 해부학적 특징을 물려받게 되었다. 영아의 경우, 최적의 생존은 모유 수유를 위해 비강과 음식 통로를 분리하는 것에 달려 있었지만, 일단 독립적으로 먹기 시작하면 식량을 찾기 위해 수영과 잠수를 해야 할 진화적 필요성이 생겼고, 후두 하강이 인류의 생존을 도운 것이다.

말하기와 언어에 대한 뇌의 진화적 변화

하강한 후두와 길어진 혀뿌리를 제외하고 식사와 호흡에 필요한 해부학적 구조는 인간과 여타 영장류가 유사하지만, 신경 제어 구조가 다르다.[5] 유인원과 대부분의 포유류에서는 식사와 발성을 동시에 수행하는 것이 불가능한 반면, 호모 사피엔스는 호흡과 삼키기를 목적으로 만들어진 이러한 메커니즘을 말하기 위해 조정하고 제어할 수 있다는 점에서 독특하다. 목소리를 내기 위해 인간의 뇌는 더 우세한 쪽(일반적으로 왼쪽)의 전두엽 하부에 브로카 영역이라고 하는 대뇌 피질의 특수한 부분을 진화시켰다. 그것은 후두, 혀 및 성대의 근육뿐만 아니라 호흡을 조절하는 근육 등 언어 생성과 관련된 운동 기능을 제어한다.

반면 언어 처리는 말하기와 독립적이다. 언어를 해석하거나 표현을 제어하는 것은 좌측 대뇌반구의 베르니케 영역에서 진화했다(그림 14.3). 브로카 영역이 손상되고 베르니케 영역이 정상적으로 기능하는 환자들을 보는 것은 매우 고통스러운 일이다. 즉, 언어를 듣고 이해할 수는 있지만, 제대로 단어를 만들거나 유창하게 말할 수 없는 이들은 점진적으로 말을 하지 않다가 결국 전혀 말할 수 없게 된다.

언어를 받아들이고 처리하는 베르니케 영역의 중요한 부분인 측두평면planum temporale은 청각피질 바로 뒤에 있다. 뇌의 이 영역이 왼쪽에서 더 우세한 비대칭 현상은 인간에게 고유한 것으로 여겨졌지만,[12] 패트릭 개넌의 침팬지 연구에 따르면, 동물의 94퍼센트에서

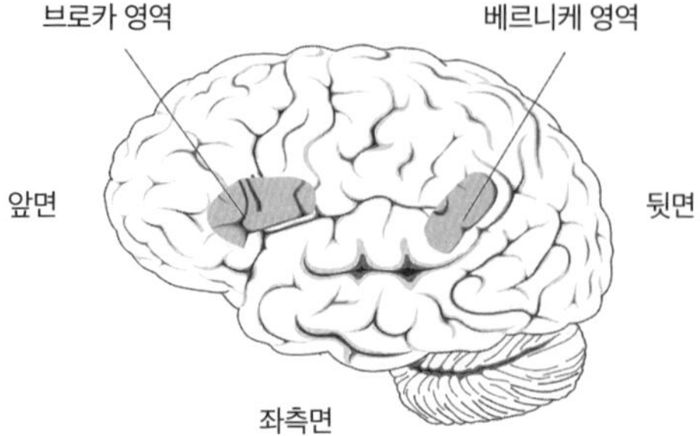

그림 14.3
말하기와 뇌의 언어 영역

측두평면의 오른쪽보다 왼쪽 부분이 훨씬 컸다.[13] 따라서 인간 언어의 진화적 기원은 이미 700만 년 전에 우리의 공통 조상에서 뇌의 이 부분으로 편향되었을 가능성이 높다. 인간과 침팬지의 의사소통과 인지에서 종별 특성을 가져온 것은 두 계통이 서로 분리된 이후 더 독립적인 진화를 통해서였을 것이다.

인간과 다른 동물의 중요한 차이점 중 하나는 인간의 언어가 양식독립적modality-independent이라는 것이다. 이는 언어를 이해하거나 표현하는 것이 반드시 말하거나 듣는 능력에만 의존하지 않는다는 것을 의미한다. 선천성 청각장애 아동도 자신이나 다른 사람의 목소리를 실제로 듣지 않고도 수어를 배우면 완벽하게 의사소통할 수 있다. 수어는 또 다른 의사소통 수단으로, 모든 언어에 적용할 수 있다. 많은 동물 종들이 의미를 전달하기 위해 특정한 소리나 제스처와 함께 복합적인 의사소통 수단을 사용하지만, 인간만이 하나 또는 두 가지 의사소통 양식(예를 들면 청각, 시각)을 상실한 경우에도 다른 방법(예를 들면 수어, 타이핑, 이메일)으로 전환하여 소통을 할 수 있다.

수생/수변 유인원 개념이 도입되면서 인간의 후두 하강에 대한 논리적 설명이 가능해졌다. 이는 5만 년에서 10만 년 전의 인지혁명 동안 음성과 언어의 진화를 가능하게 했다. 현재의 기술혁명은 즉각적인 의사소통과 인공지능에서 이전에 없던 급속한 발전을 가져왔지만, 슬프게도 이것은 부분적으로 인지 기능의 퇴보와 함께, 문법이나 철자 또는 대화 및 편지 쓰기 능력의 저하를 초래할 수 있다.

『네이처 커뮤니케이션즈』에 실린 유니버시티 칼리지 런던의 최근 연구에 따르면,[14] 위성항법시스템을 사용하면 뇌의 일부에서 스위치가 꺼지는 것으로 나타났다. 뇌의 해마와 전두엽 피질 영역은 우리가 환경에 대한 인식을 유지하는 데 중요하다. 연구진은 기억과 공간 탐색에 모두 관여하는 해마가 환경에 대한 두 가지 다른 지도를 부호화한다고 밝혔다. 하나는 까마귀가 날아갈 때처럼 최종 목적지까지의 거리를 추적하는 것으로, 해마의 앞쪽 영역에서 부호화된다. 다른 하나는 목적지에 대한 '진짜 경로'의 추적으로, 뒤쪽 영역에서 부호화된다. 경로를 찾는 내비게이션 작업 중에 해마는 유연한 안내 시스템처럼 작동하여 변화하는 요구에 따라 두 지도 사이를 전환한다. 해마 뒤쪽 영역의 활동은 자동 유도 신호처럼 작동하여 목적지가 가까워질수록 증가한다.

이 연구에서 목적지에 도달하기 위해 지도와 기억을 사용한 실험지원자들은 해마 부위에서 강한 신경 활동을 보인 반면, 위성항법시스템을 사용한 사람들은 이 뇌 영역의 신경 활동이 전혀 기록되지 않았다. 비체계적이고 복잡한 런던의 길을 찾아가는 것은 격자 모양의 체계적인 도로에서 오른쪽, 왼쪽 또는 직진이라는 결정만 내리면 되는 맨해튼에 비해 해마에 더 많은 부담을 주는 것으로 보인다. 일곱 갈래의 길이 만나는 런던의 세븐다이얼스 같은 교차로에 접어들면 해마의 활동이 증가하는 반면, 막다른 길에서는 감소한다. 장기적으로 인공지능, 로봇 및 기타 현대 기술의 사용이 증가함에 따라 인간의 두뇌와 지능이 얼마나 퇴화될지 걱정하는 사람도 있다. 인공지능의 잠재적인 이점이 엄청나서 매우 복잡한 의료 문제를 해결하고, 과학 연구를 발전시키며, 사건과 인간 행동을 더 잘 예측할 수 있다는 것에는 의심의 여지가 없다. 그러나 우리가 일상적인 문제를 해결하기 위해 인공지능에 점점 더 의존하게 되면 대뇌 피질과 인간 지능의 자연적 진화를 바꿀 위험도 있지 않을까?

말로 의사소통하는 인간의 능력은 동물계에서 독특한 것이다. 일반적으로 호미닌에서 후두가 아래쪽에 위치한 것이 일시적인 울음소리나 포효보다는 연속적인 말을 가능하게 하는 중요한 차이점 중 하나라고 인정된다. 사바나 이론으로는 왜 이런 변화가 사바나 영장류 가족의 한 부류에서만 일어났는지 설명하는 것은 불가능해 보인다.

또한 이러한 후두의 위치 변화는 수십만 년에 걸쳐 점진적으로 진화한 것으로, 새로운 서식지에서 생존할 수 있도록 집단의 능력을 향상시키기 위한 이유에서 발생했음이 분명하다. 그것은 말하기를 발전시키기 위한 목적이 아니라 앞서 말한 굴절적응이다. 왜냐하면 말하기는 인지혁명 기간 동안 비교적 짧은 시간 안에 훨씬 늦게 진화했기 때문이다.

화석 증거와 초기 인류가 사바나에서 진화했다는 가정에 근거하여 음성의 진화에 관한 몇 가지 이론이 제안되었다. 그러나 그 이론들은 이미 확립된 생리학적 또는 해부학적 원리와 맞지 않다. 나는 후두 하강에 대해, 초기 호미닌이 잠수할 때 수중 사냥 기술을 향상시키기 위해 후두와 혀뿌리를 아래로 잡아당기는 것이 음압에 의한 견인력 때문이라는 설명이 생리학적으로 유일하게 논리적이라고 생각한다.

이와 같은 해부학적 적응은 외이도 외골증, 부비동의 확장, 비강 골격의 연장과 마찬가지로 초기 호미닌에서 수영과 잠수 능력을 향상시키고 궁극적으로 생존을 위해 수십만 년에 걸쳐 진화했다. 훨씬 뒤에, 후두 위치와 성도의 변화로 인해 더 큰 발성 기술과 말하기의 습득이 가능해졌다.

15 출산과 신생아

출산할 때 태아가 회전할 수 있는 모양과 위치를 가진
지금과 같은 산도의 출현으로 우리 종의
초기 구성원은 체온 조절의 요구를 충족하고
운동 능력을 향상시키는 길쭉한 몸을 유지하면서도
산과학적으로 머리가 커지는 것에 대처할 수 있었다.
_로라 토비아스 그루스, 다니엘 슈미트•

인간 신생아와 다른 영장류의 새끼들 사이에는 독특한 차이점이 많다. 그런데 이런 차이점들은 원숭이 무리였던 우리가 지상의 포유동물로서 다른 영장류와 유사하게, 숲이 아닌 사바나에서 진화했다는 식으로 간단하게 설명될 수는 없다. 중신세 후기에 가뭄이 시작된 후, 땅 위의 인접한 두 서식지 사이에는 식량 공급원, 포식자, 그 외의 국지적 영향 등에서 큰 차이가 없었던 것으로 보인다.

이들은 다윈이 매우 중요하게 여겼던 진화적 후성유전 동력이 서로 달랐음에 틀림없다. 그리고 이 다른 동력은 시간이 지나면서

• 로라 토비아스 그루스(Laura Tobias Gruss)는 미국 래드퍼드 대학의 생물학과 교수이고, 다니엘 슈미트(Daniel Schmitt)는 미국 듀크 대학의 진화인류학과 교수다.

임신 기간, 출생 시 성숙도, 자궁 안에서의 뇌 발달, 폐와 심장의 발달, 배냇솜털, 태지, 산후 모성 관리가 필요한 기간 등 중요한 차이를 초래했다. 인간에서 볼 수 있는 이러한 독특한 변화는 다른 영장류나 육상 포유류에서는 나타나지 않지만, 수생 및 반수생 포유류에서는 볼 수 있다. 인간의 신생아에서 볼 수 있는 이런 점들은 우리가 수변 유인원 이론을 받아들이고 반수생 포유류로서 받은 상당한 진화적 영향을 인정할 때 논리적으로 설명될 수 있다.

출산 과정의 딜레마

출산은 태아와 엄마 모두에게 결코 쉬운 과정이 아니다. 가장 큰 문제는 산도를 통과하기에 태아의 두개골이 커서 생명을 위협하는 경우가 자주 있다는 것이다. 침팬지와 다른 영장류는 뇌가 훨씬 작기 때문에 출산이 상대적으로 쉽다. 갓 태어난 침팬지의 뇌는 약 155cc로, 갓난아기 뇌의 절반 크기이지만, 산도의 크기는 인간과 거의 비슷하다. 그러나 인간과 침팬지의 골반 모양은 340만 년 전의 루시나 다른 오스트랄로피테쿠스에서도 분명하게 나타난 것처럼 직립보행으로 진화하면서 상당히 달라지게 되었다.

우리는 물속에서 먹을거리를 채집하기 위해 했던 수영과 잠수가 어떻게 초기 인간인 오스트랄로피테쿠스 조상들을 네발 동물에서 날렵한 두발보행으로 바꾸었는지, 즉 하지의 방향이 어떻게 점진적으로 변화했는지 살펴보았다. 머리와 기도를 수면 위로 유지하면서 위로 향하는 물의 부력을 지탱하기 위해서 골반과 척추가 점차 수직 방향으로 회전했다. 다른 네발 영장류는 골반강이 더 깊은데, 호미닌들이 수직 자세로 변화한다는 것은 더 짧으면서 넓게 지지해 주는 골반이 필요함을 의미했다. 그러나 이와 동시에 직립보행은 골반 너비에 제약을 가져왔다. 또한 두 다리로 몸 전체의 무게를 지탱하기 위해서는 하지의 근육이 더 강할 뿐 아니라, 골반뼈에 단단히 부착되어 있어야 했다.

출산을 위해서는 넓은 골반이 필요하고, 직립보행을 위해서는 좁고 튼튼한 골반이 필요했다. 상반된 요구 사이에서 균형을 이루어야 하는 초기 오스트랄로피테쿠스의 산과적 딜레마는 진화 과정에서 궁극적으로 더 나은 생존, 더 쉽고 안전한 출산과 성공적인 번식을 위해 수정과 타협을 가져왔다. 오스트랄로피테쿠스는 골반의 변형 외에도 커진 뇌를 수용하기 위해 태아의 두개골 변화라든가, 뇌가 너무 커지기 전에 아기를 낳을 수 있도록 임신기간 단축 같은 변화를 가져왔다.

숨구멍과 두개골 구조

영장류 두개골의 둥근 윗부분은 네 쌍의 뼈, 즉 전두골, 두정골, 후두골, 측두골로 구성된다. 이것들은 성장 기간 동안 섬유질인 봉합선으로 연결되다가 나중에는 결국 뼈로 융합된다. 또한, 이마 위의 전두골과 두정골의 교차점, 뒤쪽의 두정골과 후두골의 교차 부위에

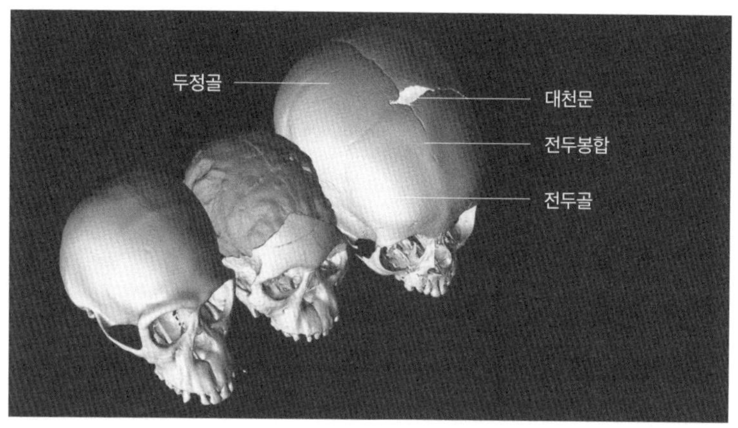

그림 15.1 삼차원 전산화단층촬영(3D-CT scan)을 통해 재구성한 두개골. 인간 신생아(오른쪽), 침팬지(왼쪽), 네 살 난 오스트랄로피테쿠스 아프리카누스(300만 년 전)의 두개골.

는 전방 및 후방 천문泉門, fontanelle(숨구멍)이 있다. 전방 천문(대천문)은 아기의 머리 상단의 중앙선에서 만져지는 말랑말랑한 부위다(그림 15.1).

인간의 경우 태아의 뇌는 출생할 때까지 최대 400cc로 급속하게 성장하고 생후 첫 2년 동안은 최대 약 800cc까지 커진다. 두개골의 봉합선과 천문이 단단하게 고정되어 있지 않기 때문에 커진 두뇌에 맞게 두개골이 확장될 수 있다. 두개골의 이러한 유연성은 출산 중 두개골이 산도를 통과할 때 알맞게 변형되도록 한다.

그에 반해 갓 태어난 침팬지 새끼의 두개골은 확장될 필요가 없어서, 봉합선과 천문은 출생 직후 융합된다. 최근 연구에 따르면 초기 호미닌 태아의 두개골은 오늘날 우리보다 훨씬 작았지만, 봉합 부위와 천문의 융합이 지연되는 현상이 나타난 것은 빠르면

300만 년 전부터다.[1] 인류학자 딘 포크가 이끄는 연구팀은 많은 수의 초기 인간 화석, 현생인류, 침팬지, 보노보에서 두개골 융합의 핵심 지표들을 살펴보았다. 이 연구는 전설적인 인류학자 레이먼드 다트가 1924년에 남아프리카에서 발견한, 300만 년 전 오스트랄로피테쿠스 아프리카누스인 네 살 아이 타웅Taung에 대한 새로운 분석도 포함했다. 화석에는 얼굴, 아래턱, 그리고 자연적으로 두개골 내부가 채워져서 생긴 '엔도캐스트endocast'도 포함된다. 엔도캐스트는 뼈 사이의 봉합선 부위를 포함해 두개골의 많은 특징을 보존하고 있었다.

포크와 연구팀은 타웅의 엔도캐스트 CT 촬영을 통해 두 전두골 사이의 관절을 형성하는 전두봉합metopic suture 부위를 면밀히 조사했다(그림 15.1). 인간 신생아의 경우에 전두봉합 부위는 코에 가장 가까운 쪽에서 융합되기 시작하여 앞쪽 천문에 도달할 때까지 지퍼처럼 닫힌다. 연구팀은 타웅의 뇌 크기가 400cc이고 성인 오스트랄로피테쿠스 아프리카누스의 뇌가 약 460cc에 불과했지만, 어린 타웅의 전두봉합 부위는 융합되지 않았다는 사실을 발견했다.

연구진은 타웅의 전두봉합 부위를 수백 마리의 침팬지와 보노보, 1천 명 이상의 현대인, 62명의 호미닌(오스트랄로피테쿠스, 호모 에렉투스, 네안데르탈인을 포함한 고대 인류)과 비교했다. 그 결과 침팬지와 보노보의 전두봉합 부위는 출생 직후에 융합되는 반면, '타웅 차일드'와 마찬가지로 초기 및 후기 호미닌의 전두봉합 부위는 첫 번째 어금니가 나온 뒤, 즉 두 살 이후에서야 융합되는 경향이 나타났다.

연구진은 산과적 딜레마가 똑바로 걷기 시작한 초기 호미닌에서부터 이미 문제시되었을 수 있다고 생각한다. 다 자란 오스트랄로피테쿠스의 뇌는 현생인류에 비해 작지만 이미 침팬지보다 약 22%가 더 컸다. 또한 초기 호미닌의 뇌는 출생 후 가속화된 성장을 시작했을 수 있다. 이것은 특히 신피질이 더 주름 잡힌 구조로 진화하기 시작한 전두엽에서 나타났다.

뇌 크기와 출생 전후의 고려 사항들

인간의 뇌 크기를 결정하는 중요한 요소 중 하나는 여성 호미닌의 골반 크기였다. 240만 년 전에 최초의 인간종이며 처음으로 석기 도구를 만든 것으로 알려진 호모 하빌리스가 동아프리카에서 나타났다. 호모 하빌리스가 보인 행동의 복잡성은 석기 문화에만 국한되지 않는다. 우리는 그들이 이쑤시개를 치료용으로 상시 사용했다는 것도 안다.

도구의 사용은 결정적으로 진화적 이점을 부여하는 것이며, 이 작업에 필요한 손의 미세한 움직임을 조정하기 위해 더 크고 더 정교한 두뇌가 필요했다. 그러나 더 큰 두뇌는 더 큰 산도를 필요로 하기 때문에 초기 호미닌 여성에게 문제가 되었다. 산도가 너무 넓어지면 골반이 넓어지고 달리는 능력을 잃게 된다. 우리의 초기 직립 조상인 오스트랄로피테쿠스는 네발 달린 영장류 사촌과 비교하여 직립보행이 쉽도록 골반에 근본적인 변화가 있어야 했다. 그들은 벌어진 장골iliac bone로 형성된 편평골반platypelloid형 산도를 가지고 있었는데, 이는 약 20만 년 전 아프리카와 중동에서 호모 사피엔스가 출현할 때까지 300만 년에서 400만 년 동안 거의 변화 없이 유지되었다. 그리고 이 즈음에 더 둥그런 모양의 산도를 가진 좁은 골반으로 진화되었다.[2]

이 중요한 변화는 신생아의 뇌가 커지고 따뜻한 환경에서 열 방출에 유리한 호리호리한 체형에 대한 선택적 압력을 반영한 것으로 보인다. 출생 시 태아의 회전이 필요한 지금과 같은 산도의 출현으로 초기 인류는 체온 조절과 운동 능력의 향상을 위해 호리호리한 신체를 유지하면서도 뇌가 커지는 이중적 요구 사항을 최적화할 수 있었다.[2]

두개골이 산도를 쉽게 통과할 수 있으려면 그 크기가 너무 커지기 전에 출산하는 것이 해결책이 될 수 있겠지만, 이것은 미숙한 아기를 돌봐야 하는 또 다른 문제를 야기했다. 이것은 어머니가 한 곳에 오랫동안 머물면서 아이를 돌보고, 포식자들로부터 보호하며, 생존 기술을 가르치면서 아이가 걷고 더 독립적으로 될 때까지 시간을 보내야 함을 의미했다. 한편 남성은 먹이를 사냥해야 했고, 그에 필요한 도구를 제작하면서, 땅과 물에서 민첩하게 사냥하기 위해 수변 서식지에 더 머무르게 되었다. 그들은 더 지능적이고 행동이 정교해졌으며, 완력이나 크기에만 의존하지 않게 되었다.

배냇솜털과 통통한 아기

다른 육상 포유류에서는 볼 수 없고 인간 아기들에게만 보이는 몇 가지 특징이 있다. 많은 과학자들은 이것이 우리의 반수생 기원에 대한 적응과 관련이 있다고 생각한다. 임신 3개월경 인간의 태아에서 라누고lanugo, 우리말로 '배냇솜털'이라고 불리는 미세한 털이 자라는데, 이것은 임신 5개월이 되면 전신을 덮었다가 36주가 되면 사라진다.

임신 중반 3개월 동안 모든 주요 기관이 발달하게 되면, 아기의 에너지 대부분은 수생 및 일부 포유류에서 볼 수 있는 피하지방의 생산이나 축적으로 전환된다. 임신 기간 마지막 3개월 동안은 30그램이던 지방 저장량이 400그램 이상으로 급격하게 증가한다. 아기는 태어날 때 평균 지방량이 체중의 약 16퍼센트를 차지하는 반면, 개코원숭이의 새끼는 3퍼센트에 불과하다. 출생 시의 지방 비율이 이 정도로 높은 다른 포유동물은 물개밖에 없다.

임신 기간 동안 배냇솜털이 없어지고 두꺼운 피하지방층으로 바뀌는 변화는 우리 진화 역사의 유전적 순서를 반영하는 것으로 보인다. 다른 육상 포유류들과 마찬가지로 보호와 단열을 위해 초기에는 털이 발달하지만 인간에서 이 털은 곧 없어지고, 출산을 앞두고는 훨씬 효율적으로 물을 차단하고 부력을 가지는 피하지방층으로 대체된다. 이는 다른 영장류나 육상 포유류와 비교할 때, 우리의 진화 역사에 매우 다른 점이 있음을 시사한다. 가장 큰 차이점은 자궁 안에서 인간 태아의 피부가 육상 동물의 전통적인 덮개 역할을 하는 원시 모발로부터, 반수생적 아기에게 필요한 부력과 단열이라는 독특한 요구 사항에 맞게 전환되었다는 것이다.

태지

또 다른 흥미로운 특징은 출생 시 아기의 피부가 흰색 치즈 같은 물질인 태지vernix caseosa로 덮여 있다는 것이다(그림 15.2). 자궁 안에서 아기는 40주 동안 양수로 목욕하는 셈인데, 태지의 방수 코팅으로 보호되지 않으면, 피부에 주름과 염증이 생길 것이다. 태지의 양은 아기의 피부가 자궁에서 성숙함에 따라 감소한다. 미숙아에서는 태지가 상당히 두꺼울 수도 있다. 자궁 안에서 태지는 태아를 감염으로부터 보호하고 피부를 부드럽게 하며, 분만 중에는 피부 표면의 윤활에도 도움이 될 수 있다. 임신 기간을 다 채운 아기들에서 태지가 거의 없거나 전혀 없는 이유는 뱃속에 있는 동안 아기들이 태지를 양수와 함께 섭취했기 때문인데, 이렇게 섭취한 태지는 내장을 보호하는 기능을 한다.

태지로 덮인 채 태어나는 것으로 알려진 다른 포유류는 물개가 유일하며, 땅 위에서 태어난 새끼가 물에 들어가기까지 걸리는 시간과 태지의 두께 사이에 상관 관계가 있는 듯하다. 태지 덮개가 매우 얇은 코주머니물개의 새끼는 태어난 뒤 물에 들어가기까지 하루가 넘게 걸리는 반면, 태지가 두꺼운 회색물개는 태어난 지 몇 시간 뒤면 물속에 들어간다. 출생 후 30분 이내에 물에 들어가는 항구물

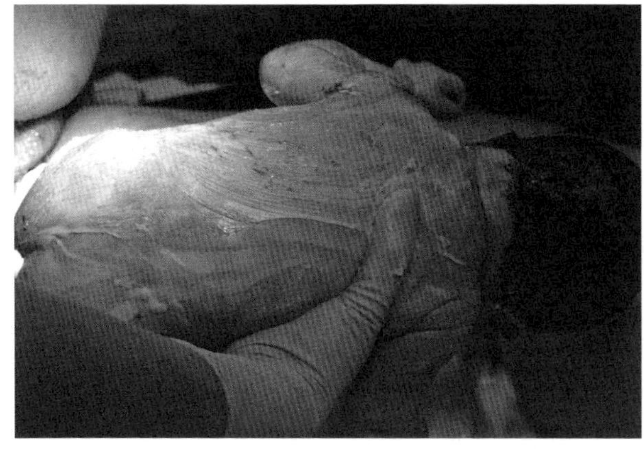

그림 15.2
신생아의 태지

개는 물개 중에서 태지가 가장 두껍지만 인간보다는 얇다.

아기들에서 보이는 수중 적응

1930년대에 머틀 맥그로에 의해 'water baby'라는 개념이 처음 소개되었는데, 그녀의 연구는 신생아와 유아의 수영에 대한 폭넓은 관심을 불러일으켰다. 생후 몇 달밖에 되지 않은 아기가 안전하게 물에 뜰 뿐 아니라, 수영하고 잠수하는 것을 우리는 쉽게 볼 수 있다. 지난 40년 동안 수중분만과 아기들의 수영 지도가 증가했다. 새끼들이 물에 들어가는 행동은 유인원을 비롯해, 침팬지, 고릴라 또는 보노보와 같은 다른 영장류에서 관찰된 적이 없다.

동물은 분만을 위해 가장 안전하고 편안한 환경을 선택하기 마련이다. 포유류 중에는 완전 수생하는 고래류와 하마나 해달 같은 반수생 포유류만이 물에서 출산한다. 최근까지도 연안 지역의 원주민들이 바다에서 출산을 하기도 했지만, 이를 잘못된 것이라 생각한 선교사들의 만류로 지금은 중단되었다.[3]

임신, 골반 구조, 출산 및 신생아의 발달 측면 등 인간과 다른 유인원 영장류 사이에 보이는 수많은 차이가 초기 호미닌이 육지를 기반으로 한 사바나 서식지에서 살았다는 주장을 받아들이기 어렵게 만든다. 다른 육지 동물종에서 논리적 증거나 비슷한 진화의 진행이 발견된 바 없으며, 이용 가능한 모든 데이터는 수생/수변 서식지에서 살았다는 주장을 뒷받침한다.

16 인간 콩팥의 해양 적응

인간의 콩팥 수질이 여러 개의 피라미드 모양인 것은
해양 생태계에 적응하기 위해 진화한 것일 가능성이 높다.
_마르셀 윌리엄스•

대지구대

동아프리카의 대지구대 지역에서 지난 천만 년 동안 초기 호미닌의 진화와 관련된 모든 주요 사건이 일어났다는 것은 잘 알려져 있다. 대지구대는 홍해가 인도양과 합류하는 아파르 삼각지에서부터 모잠비크까지 40 내지 60킬로미터의 폭으로 뻗어 있다. 천만 년 전 이 지역에서는 호미닌 출현에 큰 영향을 미친 극적인 변화가 있었는데, 이 시기에 아열대 삼림으로 뒤덮인 비교적 평평한 지역에서 숲과 사막이 있는 산악 지역으로 바뀌었다.[1]

이 지역에서 일어난 지각 활동이 동아프리카의 누비아판Nubian

• 마르셀 윌리엄스(Marcel Williams)는 무 오메가 엔터프라이즈(Mu Omega Enterprises)의 대표로, 2006년 『의학 가설(Medical Hypotheses)』에 이 내용을 발표했다.

plate과 소말리아판Somali plate을 점진적으로 분리시켰고, 그 결과로 대지구대가 형성되었다. 대지구대는 동부 지구대와 서부 지구대로 나뉜다(그림 16.1). 아덴만에서 동부 열곡대가 침수되면서 내륙해와 비교적 얕고 작은 소금물 호수가 형성되었다. 동부 열곡대에는 화산이 많은 반면, 더 내륙에 있는 서부 열곡대에는 화산이 거의 없고 훨씬 깊고 큰 담수 호수가 있었다. 동부 및 서부 균열 가지의 호수 유역은 기후에 따라 매우 민감하게 변화했는데, 이러한 주기적인 변화가 인류의 아프리카 탈출을 포함한 인류 진화의 사건을 만들어 내는 데 영향을 미쳤을 수 있다.[1]

이러한 아프리카 지역의 지각 변동과 지질학적 역사는 초기 인류의 화석이 보존되었다가 발견되는 데 이상적인 조건을 제공했다. 이를 통해 우리는 인류 진화에서 중요한 네 단계를 맞춰 볼 수 있었다.[2] 첫 번째 단계는 지금부터 400만 년에서 700만 년 전 사이에 사헬란트로푸스*Sahelanthropus*, 오로린*Orrorin*, 아르데피테쿠스*Ardepithecus* 속의 초기 호미닌이 출현한 것이다. 가장 널리 알려진 두 번째 단계는 약 350만 년에서 400만 년 전의 오스트랄로피테쿠스 기간과, 약 200만 년에서 700만 년 전의 파란트로푸스*Paranthropus* 기간이다. 호모속의 가장 초기 구성원들은 약 180만 년에서 250만 년 전에 나타났으며, 해부학상 현생인류는 약 20만 년 전에 나타났다.

550만 년 전보다 오래된 초기 화석 표본은 대부분 두개골 조각들이거나 치아 유물뿐이다. 두개골의 크기는 침팬지와 비슷했지만, 발견된 두개골 뒷부분 유골이 부족하여 그들의 생활 양식을 복원하거나 직립보행 여부를 판단하기는 어렵다. 보다 완전한 골격이 남

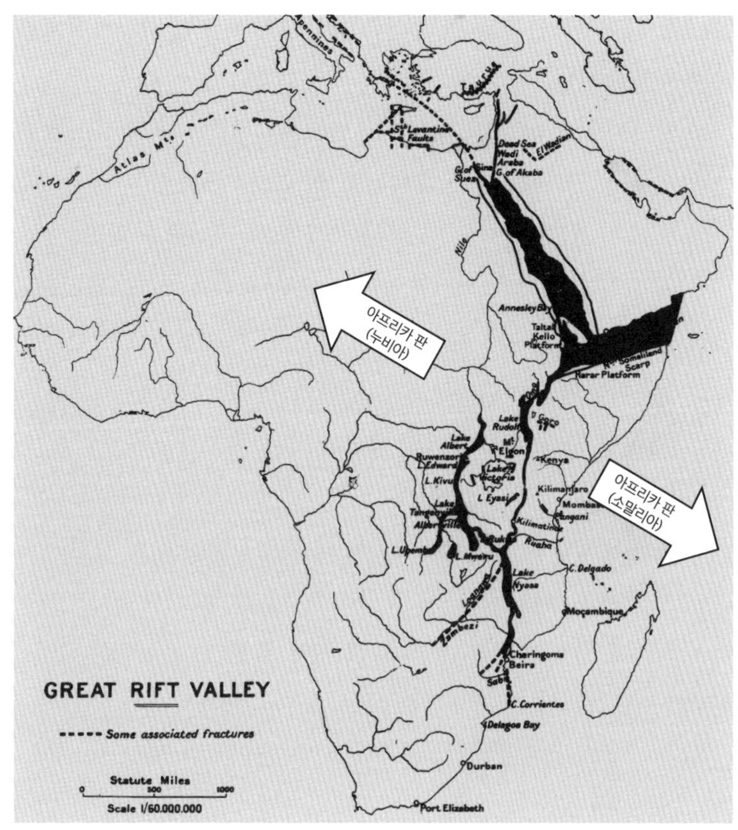

그림 16.1 동아프리카의 대지구대

아 있는 약 440만 년 전의 아르디피테쿠스 라미두스의 유골이 발견되었는데, 뇌와 신체 크기가 오늘날의 침팬지와 비슷하지만 두개골 뒷부분의 증거•는 원시적인 두 발 이동 양식을 시사한다.[3] 아르디피

• 네발로 이동하는 동물에 비해, 두 발로 이동하는 동물은 두개골의 밑면과 척추가 이루는 각도가 작다.

테쿠스 라미두스와 연관된 동식물들은 이들이 수변 삼림지대에 살았음을 암시한다.[3,4]

시대적으로 더 최근인 오스트랄로피테쿠스 아파렌시스와 루시의 발견은 그 당시 초기 호미닌이 직립보행을 했다는 것을 결정적으로 보여 주었다. 이는 더 원시적인 아르디피테쿠스 라미두스로부터 확실하게 변화된 것이다. 마지막으로 확인된 오스트랄로피테쿠스 중 하나는 아와시 계곡의 250만 년 된 퇴적물에서 발견된 오스트랄로피테쿠스 아나멘시스로, 다른 오스트랄로피테쿠스보다 더 긴 대퇴골이 특징이다. 데이빗 그린과 동료 연구자들은 이 특징이 보폭을 크게 하여 더 효율적으로 걸었음을 암시한다고 해석했지만,[5] 이것은 직립보행뿐 아니라 효율적인 수영과 잠수를 위한 강한 하체와 관련된 것일 수도 있다.

호미닌 진화의 가장 중요한 세 번째 단계는 약 180만 년에서 190만 년 전의 '손을 사용하는 사람'인 호모 하빌리스의 출현이다. 이들은 오스트랄로피테쿠스와 비슷한 모습이지만 뇌는 좀 더 크고 도구를 사용했다. 이 시기에 아프리카에서 유라시아로 첫 번째 이주가 일어났고, 그 직후에 호모 에렉투스가 출현했다. 이때 신체 형태와 생활 방식이 크게 바뀌고, 뇌도 커지면서 해부학상 현생인류와 더 비슷한 모습이 되었다. 호모 에렉투스와 호모 에르가스터의 뇌는 오스트랄로피테쿠스보다 80% 더 크고, 호모 하빌리스보다 40% 더 컸다. 인간 진화의 마지막 단계는 약 80만 년 전의 호모 하이델베르겐시스(하이델베르크인)와 20만 년 전 해부학상 현생인류의 출현이다.[1]

물가 서식지에 대한 호미닌 콩팥의 적응

생물체의 세포와 체액 속에 있는 염분의 중요성은 아무리 강조해도 지나치지 않는다. 지구상의 생명체는 바다 생물에서 진화했으며, 해양 전체 미네랄 함량의 90%를 구성하는 소금(염화나트륨)[1]의 존재가 세포의 정상적인 대사 기능에 필수적이다. 바다는 지구 표면의 70% 이상을 차지하지만, 그 깊이까지 고려하면 생명체가 사는 생활 공간의 99%에 해당한다.[2] 우리의 혈액은 미네랄의 비율이 바닷물과 거의 같지만 소금기는 4-5배 더 적다.[3]

5천만 년에 걸쳐 진화해 온 포유류는 육지 생활에 적응했지만 고래류와 같은 일부는 수생 포유류로 바다로 돌아왔다. 물개, 하마, 수달, 비버 같은 반수생 포유류는 육지에서 살지만 먹이를 찾기 위해 물에서 많은 시간을 보낸다.

호미닌의 종분화와 뇌 크기의 변화는 대지구대 지역에 일시적으로 깊은 호수가 형성된 것과 관련이 있다고 생각된다. 약 200만 년 전 호수 면적이 가장 넓었던 시기에 큰 뇌를 가진 호모 에렉투스가 출현한 것이다.[1] 대지구대의 동쪽 분지에 있는 많은 호수는 아파르 반도로부터 바닷물이 침수하여 생긴 것으로, 알칼리성이었다. 초기 유인원 화석들이 올두바이 협곡 등 이 지역에서 발견되었다.

포유류에서 콩팥은 음식물을 통해 섭취하거나 몸 안에서 대사를 통해 만들어진 물, 염분 및 질소 폐기물을 배설하는 주요 기관으로,[6] 피질이 내부의 수질을 둘러싸고 있다. 혈액이 콩팥의 피질로 들어가면, 혈구와 단백질은 빠져 나가지 못해 혈액 순환에 남는 반

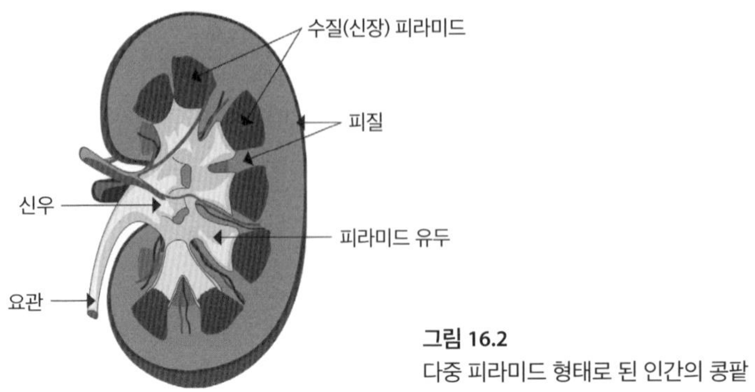

그림 16.2
다중 피라미드 형태로 된 인간의 콩팥

면, 수분과 크기가 더 작은 분자인 염분이나 질소 폐기물은 사구체 막을 통해 여과된다. 여과된 액체가 콩팥의 수질 부위로 들어가 수분은 순환계로 다시 흡수되고, 소금과 노폐물은 소변을 통해 몸 밖으로 배출된다.

인간의 콩팥은 여러 개로 이루어진 피라미드 형태를 보이는데(그림 16.2), 이런 형태는 다른 영장류와 육상 포유류에서는 찾아볼 수 없는 반면, 해양 포유류에서는 일반적이다. 바닷물 환경에서는 다중 피라미드 구조가 피질과 수질 사이의 표면적을 증가시켜 소금이나 질소 폐기물의 배설량을 증가시키는 기능을 한다. 이는 주름 잡힌 인간의 대뇌 피질과 유사한 원리다.

그림 16.3에서 볼 수 있듯이 육상 포유류의 콩팥은 대부분 단일 피라미드 형태로 되어 있다. 코끼리, 곰, 코뿔소 등 콩팥이 다중 피라미드 형태로 된 육상 포유류는 해양 서식지에서도 활동하는 반수생 조상을 가지고 있다. 박트리아낙타(쌍봉낙타)와 아라비아낙타(단봉낙타) 등은 염분이 많은 물과 식물을 섭취하여 진화된 다중 피라미

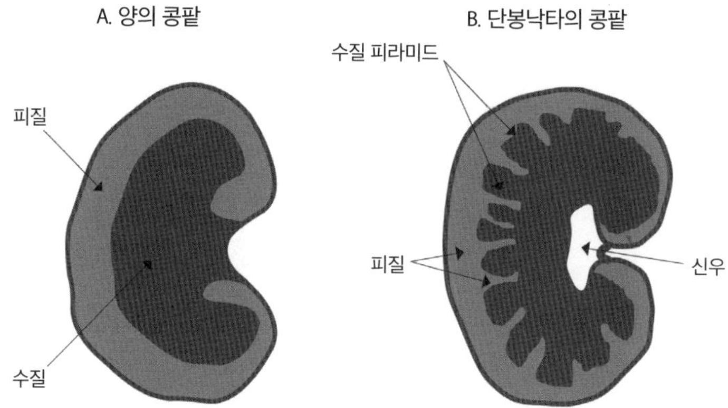

그림 16.3 양(sheep)과 단봉낙타(*Camelus domedarius*)의 콩팥 종단면. 양의 콩팥은 육상 동물에서 관찰되는 단일 피라미드 모양인 반면 단봉낙타의 콩팥은 다중 피라미드 모양이다.

드형 콩팥을 가지고 있다.

소금을 배출하는 외분비 땀샘이나 소금기 있는 눈물을 배설하는 것처럼 인체의 다른 수생 적응도 해양 및 수생 포유류와 유사하다. 이는 상대적으로 건조한 육지 환경보다는 물가 또는 해안의 서식지에 진화적으로 적응했다는 증거를 추가로 제시한다.[6]

17 진화가 남긴 상처

우리는 고귀한 자질을 가진 인간이지만
여전히 우리 몸 속에 미천한 기원의 흔적을
지니고 있음을 인정해야 한다.
_찰스 다윈

포유류의 진화

지구 역사를 거슬러 올라가면, 포유류는 약 2억 년 넘게 존재해 온 단궁류라는 양막류과의 한 부류에서 진화했다.• 파충류는 냉혈 동물로 외부의 열에 의존해 활발하게 활동할 수 있을 만큼 체온을 올린다. 밤과 추운 날씨에는 음식을 소화할 동안 몸의 모든 기능이 느려진다. 온도가 올라가는 낮이 되어서야 다시 활동할 수 있는데, 그 시간은 먹을거리를 찾는 데 필요한 짧은 시간에 불과하다.[1]

• 최근 척추동물을 분류할 때 어류, 양서류와 배아가 양막을 지닌 양막류로 우선 나누고, 양막류에서 다시 파충류와 조류를 석형류(Sauropsida)로, 포유류 계통을 단궁류(Synapsida)로 분류한다.

포유류는 온혈 동물로, 음식을 몸 안의 '내연 기관'에서 대사하여 내부적으로 열을 발생시키기 때문에 포유류와 같은 형태로 진화하기 위해서는 상당한 변화가 필요했다. 체온이 일정하게 유지되면 훨씬 오랫동안 활동을 할 수 있지만, 에너지를 뇌, 신장 및 소화계로 전환하기 위해 근육이 쉬는 시간도 필요하다. 또한 포유류는 털이나 지방층(특히 고래 등에서는 두꺼운 피하지방층)을 사용하여 열을 효과적으로 유지하는 방법을 개발해야 했다.

이렇게 활동이 증가하면서 효율적인 신진대사와 함께 더 많은 산소와 먹을거리가 필요했다. 보다 효과적인 혈액 순환을 위해 네 개의 방으로 심장을 강화하고 폐를 확장하는 적응이 필요했고, 대사 노폐물을 더 효율적으로 배설하기 위한 변화도 필요했다. 이것은 콩팥과 비뇨기계가 소화관에서 분리되어야 한다는 것을 의미했다. 초기 포유류는 대부분 땃쥐과 정도로 매우 작았고, 오리너구리를 포함한 일부는 여전히 하나로 된 배설 통로를 가지고 있다.[1]

파충류와 포유류의 또 다른 주요 차이점은 생식과 번식 체계다. 파충류는 알을 낳는데, 새끼는 상당히 성숙한 상태에서 부화해 자신을 스스로 보호한다. 반면에 포유류는 새끼가 태어나면 새로 진화한 어미의 젖샘으로부터 영양분이 풍부한 젖을 섭취하면서 장기간 보살핌을 받는다. 추가적으로 더 긴 보호와 발달 기간은 더 복잡한 동물로 진화하기 위해서는 시간과 자원이 필요함을 의미한다.

고래류는 약 1억 년 전에 바다로 떠났고, 신경 성장에 필수적인 두 가지 중요한 지질단백질인 DHA와 아라키돈산을 쉽게 얻을 수 있었기에, 훨씬 더 발달한 두뇌와 신경 시스템을 진화시킬 수 있었다. 200만 년에서 400만 년 전에 이 지질단백질들은 초기 호미닌의 성공적인 반수생 진화에서 중요한 요소로 작용했다.[2]

호미닌의 진화

레이먼드 다트는 1925년 1월에 남아프리카에서 '오스트랄로피테쿠스 아프리카누스'라고 이름 지어진 네 살짜리 '타웅 차일드'의 두개골을 발견하고, 유인원과 인간 사이의 '잃어버린 연결 고리'를 발견했다고 발표했다. 어린 침팬지의 두개골을 잘못 알아본 것이라는 비난과 조롱을 받기도 했지만, 1947년 로버트 브룸이 성인 오스트랄로피테쿠스를 발견한 후에 다트의 의견과 관찰도 점차 받아들여졌다. 1985년 다트는 그의 92번째 생일에 이렇게 말했다. "사람들이 나를 믿지 않을 것임을 알았다. 그러나 나는 서두르지 않았다."[3]

1960년대와 1970년대에 올두바이 협곡과 대지구대에서 리키 부부와 그의 아들에 의해서 이루어진 중요한 발견과 함께, 도널드 조핸슨이 루시를 발견하고, 팀 화이트가 가장 오래된 호미닌족인 440만 년 전의 아르디피테쿠스 라미두스를 에티오피아에서 발견한 것은 초기 호미닌의 혈통을 확립하는 데 도움을 주었다. 그 당시의 논쟁은 주로 유인원과 인간의 분기 시기에 관한 것이었다. 분기 시기를 당시에는 약 3천만 년에서 4천만 년 전으로 추정했었는데, DNA 분석이 가능해진 뒤에 이 시점은 700만 년에서 800만 년 전으로 가까워졌다.[4] 큰 두뇌와 직립보행 중 어느 것이 먼저인가에 대한 논쟁은 루시와 라에톨리의 발자국 발견으로 결론이 내려졌다. 즉, 초기 오스트랄로피테쿠스는 직립보행을 했지만 뇌의 크기는 여전히 침팬지와 비슷했음이 확인되었다.

그러나 초기 유인원의 생활 양식과 서식지, 그리고 다른 육상 영장류나 포유류와 달리 왜 직립보행을 했는지와 같은 중요한 질문들이 대체로 간과되었다. 그들이 나무에서 사바나로 내려와 얻게 된 더 높은 지능과 손재주로 무기와 도구를 만들고, 사바나에서 더 멀리 보고 양손을 자유롭게 하기 위해 두 발로 서게 되었다고 가정했다.

초기 호미닌의 진화와 관련하여 지난 40-50년 동안 많은 일이 일어났지만, 여전히 수변 진화 이론을 뒷받침하는 강력하고 새로운 과학적 증거를 받아들이지 못하는 사람들이 많다. 『인간의 유래』에서 다윈은 다음과 같이 결론을 내렸다. "인간의 선조들에게 있어 직립하고 두 발로 보행하는 것이 유리하지 않았을 이유를 모르겠다."[5] 그러나 다윈은 더 큰 두뇌와 높은 지능보다 직립보행이 선행된다는 사실을 알지 못했다. 그럼에도 불구하고 초기 인류가 사바나에서 직립보행을 하게 되었다는 다윈의 개념은 고고학계와 대중의 인식에 뿌리내리게 되었다.

직립보행으로의 적응

사람이 두 다리로 걷는 것이 당연하다고 생각하겠지만, 아기들을 보면 그것은 확실히 자연스러운 방식이 아니다. 걷는 법을 배우는 것은 쉬운 일이 아니며, 우리 대부분은 간신히 앉고 기어 다니다가 수 개월 동안 어른들의 격려와 지원을 받으며 수없이 넘어진 후에 몇 걸음을 떼기까지 약 1년이 걸린다. 그러나 많은 아기들은 걸을 수 있기 훨씬 전부터 수영할 수 있으며,[6] 이는 해안 지역에서 자란 사람들이라면 잘 알고 있는 사실이다.[7-9]

직립보행에는 대가가 따랐다. 우리의 초기 호미닌 조상은 생존에 큰 이점이 없었다면 뒤뚱거림을 감수하며 두 발로 서는 것을 선택하지 않았을 것이다. 결국 그들은 다른 유인원처럼 여전히 평범한 포유류였으며, 생존 본능 외에 다른 열망이나 지적 동기가 있었던 것은 아니다. 그들이 갑자기 지능이나 영감을 가지고 사바나에서 똑바로 서서 걷고 사냥감을 찾으러 나갔다고 생각하기 어렵다. 광활한 땅에 사는 다른 많은 육상 포유류와 마찬가지로 주변 환경을 더 잘 살피기 위해 두 다리로 섰을 수 있지만, 포식자의 위협이 닥쳤을 때 탈출하는 가장 빠른 방법은 네발로 달아나는 것이다.

반면에 식량이 부족할 때에는 강과 호수의 얕은 물에서 식량을 더 쉽게 얻을 수 있음을 알게 되었다. 그들이 더 깊은 물로 영역을 확장해 물에서 나는 또 다른 먹을거리를 찾는 것은 자연스러운 수순이었고, 이런 활동은 심지어 임신한 여성도 할 수 있었다.

유인원과 원숭이가 잠깐 동안 물속에서 걷는 광경을 많이 볼 수 있지만(그림 17.1), 육지에서 이동할 때는 자연스럽게 네발 보행으로 돌아간다. 땅 위에서 잠깐이나마 두 발로 걷는 것이 관찰된 유인원은 보르네오의 맹그로브 늪지에 사는 코주부원숭이가 유일하다.

그러나 육지에서 잠깐 두 발로 걷는 것과 직립보행 방식으로

그림 17.1 얕은 물에서 식량을 채집하는 보노보

영구 전환하는 것은 완전히 다른 이야기다. 왜냐하면 직립보행을 하면서 신체와 척추에 가해지는 압력은 우리 원숭이 조상에게는 무척이나 생소하고 어려웠을 것이기 때문이다. 그들은 더 나은 생존 기회를 얻으려고 물고기나 다른 수생 동물을 막대기를 사용해 사냥하고, 물에서 음식을 찾는 데 상당한 시간을 보내게 되었을 것이다. 수중에서 먹이를 찾기 위해 수영하고 잠수하면서 하지가 점차 강화되었고, 코주부원숭이처럼 육지로 돌아왔을 때 몸을 지탱하고 두 다리로 걷기 시작할 수 있었다. 호미닌 유적과 관련하여 육상 동물의 뼈와 함께 발견된 많은 물고기 화석이나 갑각류의 퇴적물을 제외하고는 이에 대한 직접적인 증거는 없다.

네 개의 다리와 수평으로 놓인 척추를 가진 포유류의 장점 중 하나는 척추 아래에 매달려 있는 내부 장기를 고정해 주는 뛰어난 안정성이다. 일레인 모건은 이 모습을 "걸어 다니는 다리walking bridge"와 비슷하다고 설명한다.[3] 땅 위나 나무 위 등 다양한 서식지에서 네발 보행은 육상 포유류에게 이상적인 자세였다.

그러나 초기 오스트랄로피테쿠스가 이 검증된 이동 방식을 포기하고 똑바로 서서 보행한 데에는 분명한 이유가 있었을 것이다. 우리는 그들이 물에서 새로운 식량원을 찾아야 했기 때문에, 직립 보행은 더 나은 생존의 기회를 제공하는 유리함이 있었다고 가정한다. 식량을 풍부하게 공급하는 곳을 찾기 위해 수영과 잠수를 하는 것이 이들에게는 분명하게 도움이 되었고, 주요 해부학적·생리학적 변화를 확립하고 진화하는 가장 중요한 동기였음이 분명하다.

이런 독특한 진화는 서식지를 육지에서 수변 환경으로 크게 바꾸지 않고서는 가능하지 않았을 것이다. 중력이 최소화된 물속에서 점점 더 많은 시간을 보내게 된다면 몸무게의 분배는 큰 문제가 되지 않았을 것이다. 물속의 부력이 내부 장기를 받치고 골반의 점진적 회전을 허용해 두 발로 걷고, 보다 유선형인 외형을 만들었을 것이다. 초기 호미닌은 손과 팔이 자유로워지면서 물건과 음식을 운반하고, 다양한 물건과 무기를 만들며, 다른 활동을 하는 데 직립 자세의 이점을 활용할 수 있다는 것을 발견했다.

허리 디스크와 좌골신경 문제

내부 장기를 지지하기 위해서는 특히 척추와 골반에서 상당 기간에 걸쳐 진화가 이루어져야 했다. 원숭이는 대부분의 시간 동안 나무에 팔로 매달린 채 흔들거린다. 따라서 척추에 가해지는 수직 방향의 압력은 매우 적고, 매달리기 때문에 자신의 몸무게가 척추를 뻗게 하고 척추 사이를 넓게 할 수 있다. 척추의 뼈들 사이에는 쿠션처럼 작용하는 연골 조직인 디스크가 있어 안정성을 제공하고, 허리와 목이 모든 방향으로 비교적 넓게 움직일 수 있게 하고, 충격 흡수 장치처럼 작용하여 과도한 압력을 흡수하거나 급성 충격으로 인한 손상을 최소화한다. 척추는 가슴 부분에서 갈비뼈와 앞쪽 흉골로 연결되면서 안정적으로 심장과 폐를 보호하는 역할을 한다. 가슴은 갈비뼈가 수직 방향으로 오르내리며 움직이고, 폐가 확장하기 위해서 척추를 중심으로 벌어진다.

양팔로 번갈아 매달려 움직이는 유인원의 경우 추간판에 가해지는 압력이 매우 적다. 유인원과 비교할 때 인간의 척추에서 눈에 띄는 점 중 하나는 목에서부터 꼬리뼈까지 개별 척추의 크기가 점진적으로 증가한다는 것이다. 척추의 맨 아래에 있는 허리뼈는 수직으로 가해지는 신체의 무게를 효과적으로 지탱하기 위해 훨씬 더 두껍고 더 튼튼하다. 대부분이 알고 있듯이, 하중이 증가하면 허리의 디스크에 엄청난 압력이 가해진다.

성인의 약 80%는 살아가면서 허리 통증을 경험한다. 최근 시행된 대규모 조사 결과 성인 대다수가 지난 3개월 동안 어떤 형태로든 허리 통증을 경험한 것으로 나타났다. 최근 들어 허리 통증으로 인한 부담이 더욱 심해지고 있다. 1990년에 미국에서 시행된 한 조사에서는 허리 통증이 심신을 쇠약하게 만드는 질병 중 6위를 차지했지만, 2010년에는 허혈성심장질환과 만성 폐쇄성 기도질환에 이어 3위로 뛰어올랐다.[10]

영국에서는 2016년에 질병이나 부상으로 인해 약 1억 3,700만 일의 근무일이 손실되었다. 이는 1인당 4.3일에 해당한다. 2016년에는 경미한 질병(기침, 감기 등)으로 인한 손실 일수가 가장 많아서 3,400만 일(24.8%)을 기록했고, 근골격계(허리, 목 및 상지 포함) 문제도 3,080만 일(22.4%)을 차지했다.[11]

허리 통증은 대부분 급성이며, 며칠 또는 몇 주 후에 자연스럽게 회복되는 경향이 있다. 증상은 꼼짝 못할 정도의 날카로운 급성 통증에서부터 서 있을 때 더 심해지는 둔하고 지속적인 통증까지 다양하다. 뼈의 퇴행성 변화와 좌식 생활 방식이 허리 문제의 중요한 요인으로, 남성과 여성에게 똑같이 영향을 미친다. 특히 운동을 하지 않다가 갑자기 격렬한 활동을 하게 되면 더욱 그렇다. 무거운 물체를 들거나 사고로 인해 척추를 지탱하는 인대 중 하나가 국소적으로 긴장하는 경우도 있다.

또 다른 허리 문제는 맨 아래쪽에 위치한 두 개의 요추 사이에 있는 디스크의 탈출로 인한 것이다. 또한 좌골통은 바로 옆에 있는 하부 요추나 천골 뼈 사이의 공간 또는 구멍에서 나오는 큰 좌골신경의 뿌리 중 하나에 압박이 가해져 생기는 것으로, 흔히 겪는 문제다. 디스크 중 하나가 탈출하여 신경 뿌리를 눌러서 생기는 좌골통은 다리 아래로 쑤시거나 쏘는 듯한 통증, 무감각 또는 감각 이상(저림 또는 '바늘로 찌르는 기분')이 특징적이다.

현기증, 목 통증, 그리고 기린이 어지러워하지 않는 이유

목 부위의 척추 문제는 목, 가슴 위쪽이나 팔에 증상을 초래할 수도 있다. 경추 디스크는 두개골의 무게만 지지하기 때문에 요추만큼 수직 압력을 많이 받지는 않지만, 이 부위의 흔한 질병 상태로는 퇴행성 변화로 인해서 목 뼈에 영향을 미치는 경부척추증cervical spondylosis과 '채찍질whiplash' 부상으로 인한 손상을 들 수 있다. 증상은 목뼈 사이의 구멍에서 나오는 경추의 감각신경 뿌리를 압박해 목이나 가슴 위쪽에 통증이 생길 수 있고, 두통, 어깨 주위와 팔의 통증을 유발할 수도 있다.

또 다른 목의 문제(13장에서 자세히 논의됨)는 현기증에 관한 것이다. 많은 환자들이 어지럼증을 호소하는데, 그것이 어떤 유형인지 파악하는 것이 중요하다. 지속적으로 빙빙 도는 경우 세반고리관에 영향을 미치는 내이의 문제로 인한 것일 수 있으며, 일시적인 불안정감이나 실신하는 느낌의 에피소드는 소뇌로의 혈액 공급이 잠시 감소하여 생긴 것일 가능성이 더 크다.

균형을 조절하는 뇌와 소뇌의 후방 '원시' 부분으로 가는 혈액 공급은 '척추동맥'이라는 이름에서 알 수 있듯이 경추의 작은 구멍을 통해 이루어진다(그림 13.2). 척추동맥은 직경이 작기 때문에 뇌의 뒤쪽 부위는 혈압 강하에 훨씬 더 민감하다. 예를 들어 앉거나 누워 있다가 갑자기 일어나면 심장의 박출량이 20%까지 떨어질 수 있다. 더운 날 오랫동안 서 있을 때, 피부 밑의 정맥이 확장되어 심장으로 돌아가서 다시 분출되는 혈액의 양이 감소하는 경우에도 어지럼증이 발생할 수 있다.

척추관을 통해 목 위쪽으로 가는 동맥이 압박되면 척추동맥의 혈류가 감소할 수 있다. 이것은 경추의 퇴행성 때문에 발생할 수 있고, 증식한 뼈osteophyte가 더 두꺼워지면서 작은 관이 더 좁아지기도 한다. 머리를 돌리거나 위쪽을 바라보면 동맥이 갑작스러운 혈류 감소와 함께 '꼬임' 상태가 되면서 어지럼증이 생길 수 있다. 이러한 문제는 고혈압 치료를 받는 사람에게서 더 두드러지는데, 고혈압 치료 약물은 혈압을 낮추어 일어서거나 걸을 때 체위성 저혈압으로 이어질 수 있기 때문이다.

척추동맥과 소뇌로 가는 혈액 공급과 관련된 이러한 모든 문제는 우리가 똑바로 서 있기 때문에 대부분의 다른 육상 동물들처럼 머리가 심장과 같은 높이에 있지 않아서 발생한다. 물론 기린은 예외다. 과학자들은 기린이 머리를 심장보다 높게, 땅에서 4미터가 넘는 높이까지 몇 초 만에 들어올리면서도 기절하지 않고, 머리를 낮출 때도 뇌의 혈압이 급격히 상승하지 않고 물을 마시는 방법에 대해서 궁금해했다.

오랫동안 뇌의 바닥 부위에 있는 경동맥망carotid rete이라고 불리는 거대한 혈관 네트워크가 기린이 이런 문제를 피하는 데 도움이 된다고 생각했다. 그러나 최근 연구에 따르면 경동맥 전체의 압력 강하는 1.5mmHg에 불과한데, 이는 기린이 물을 마실 때 일반적인 혈압이 약 330mmHg라는 점을 고려하면 미미한 수준이다.[12] 왜 기린은 머리 위치의 급격한 변화를 잘 견디는지 여전히 불확실하다. 그러나 경동맥망이 압력 변화를 줄이는 스펀지 역할을 할 수 있다. 기린은 머리와 뇌가 작지만, 12킬로그램에 달하는 커다란 심장을 가지고 있다. 영양분이 있는 잎사귀까지 도달하기 위해 머리를 들 때, 뇌에 필요한 혈류를 공급할 수 있는 강력한 심장을 가진 것이다.

혈압과 염분의 조절

육상 포유류는 수면 중이거나 서 있거나 사냥하거나 포식자로부터 도망칠 때라 하더라도, 신체의 각 부분에 적절한 혈액의 흐름을 유지하기 위해 혈압이 경동맥에 위치한 압력 모니터에 의해 부분적으로 조절되고, 또한 비상 상황에 대응하는 호르몬 방출을 통해 조절된다. 압력 모니터 또는 압력수용기는 경동맥 분기 바로 위의 내경동맥 벽에 위치한 경동맥동에 있다(그림 13.2 참조). 네발 동물의 경우에는 압력수용기가 심장과 어느 정도 비슷한 높이에 있지만, 호미닌과 인간에서는 심장보다 훨씬 위에 위치한다. 이 점이 혈압을 제어할 때 고려되어야 한다.

혈압을 조절하는 역할을 하는 세 가지 주요 호르몬은 양쪽 콩팥 바로 위에 있는 부신adrenal gland에서 생성되어 경동맥동에서 감지된 혈압의 변화에 반응한다. 아드레날린은 생명에 필수적인 것은 아니지만, 근육으로 가는 혈류의 양과 심장의 출력을 증가시키고, 동공 확장을 유발하여 시력을 향상시키며, 즉각적인 에너지를 제공하기 위해 혈당을 높이는 등 비상 대응 반응에 있어서 중요한 역할을 한다.

혈압 조절에 필수적인 호르몬인 알도스테론은 수술이나 출혈로 인한 혈액 손실을 포함하여 여러 가지 불안과 스트레스 상황에 반응한다. 또한 인간이 일어설 때 하지에 혈액이 쏠려 혈압이 20% 가량 낮아지는 것에 반응한다. 압력수용체는 기립으로 인한 혈압 하강을 감지하지만, 이를 출혈 상황과 구별하지 못한다. 혈압과 혈액량은 염분 균형과 밀접한 관련이 있다. 알도스테론은 신체의 염분 결핍에 반응하여 콩팥에서 나트륨 배설을 줄여 이를 보존하는데 중요한 역할을 한다. 우리 몸의 나트륨과 수분은 음식 섭취와 땀을 흘리는 결과로 끊임없이 변화하므로, 조심스럽게 균형을 유지해야 한다. 혈중 염분 수치가 증가하면 콩팥은 나트륨을 덜 흡수하고 더 많은 양을 소변으로 배설한다. 평균적으로, 우리의 콩팥은 매일 1.4-1.6킬로그램의 염분을 걸러 낼 수 있는데, 이는 우리가 매일 섭취하는 염분의 약 150배에 해당한다.[13]

하이드로코르티손(코르티솔)은 신체가 지방, 단백질 및 탄수화물을 에너지로 전환하는 방식을 조절하는 것이 주된 역할이지만 혈압과 심혈관 기능 조절에도 일정한 역할을 한다. 스트레스를 받을 때 저장된 나트륨을 피부의 땀샘으로 배출하는 것과도 관련이 있는 것으로 보인다.

코르티코스테론은 면역반응을 조절하고 염증반응을 억제하는 필수 호르몬으로, 부신에서 생성된다. 부신 호르몬을 생산하는 진화적 변화는 수생 환경에서 육상 환경으로의 적응에 필수적이었다. 염분이 있는 환경에 사는 하등 척추동물은 코르티솔과 코르티코스테론을 생산하고 육상 동물은 코르티코스테론과 알도스테론을 생산하도록 진화했다.[14] 반면에 인간은 코르티솔과 알도스테론을 생산하도록 진화되었다.

염분을 제한하는 식이요법의 조언과는 어긋나 보이지만, 중요한 신체 기능을 유지하고 체액-나트륨 균형을 유지하기 위해서는 매일 염분과 요오드를 충분히 섭취하는 것이 필수적이다. 따라서 포유류의 혈압 조절은 압력 모니터, 다양한 호르몬 방출, 체액-나트륨 균형 등이 결합된 복잡한 과정이다. 인간의 경우, 혈압 조절은 심장과 압력수용체의 상대적인 위치뿐만 아니라, 하지에서 혈액을 밀어 올리는 데 필요한 추가 압력과 중력의 영향으로 인해 훨씬 더 어렵다.

다른 육상 포유류도 고혈압으로 고통받을 수 있지만, 그 원인은 일반적으로 일부 기저 호르몬의 장애이거나 종양 때문이다. 개의 고혈압은 보통 과도한 코르티솔이 혈류로 방출되는, 주로 양성 종양에 의한 부신피질기능과다증이나 쿠싱병과 관련이 있다. 고양이는 종종 신진대사를 증가시키는 갑상선 호르몬인 티록신의 과잉 생산으로 인한 갑상선기능항진증이나 신장 질환으로 인해 고혈압이 발생한다.

탈장, 치질과 질탈출증

초기 호미닌이 땅 위에서 두 발로 걷기 시작했을 때 복부 내용물의 무게는 골반에 점점 더 많은 압력을 가하게 되었고, 하중 분산에 적합하게 골반이 넓어지기 시작했다. 우리는 추가되는 하중을 수용하고 더 큰 산도를 허용하기에 유리한 넓은 골반과, 달리기나 수영에 적합한 좁은 엉덩이 사이에 어떻게 타협을 했는지 살펴보았다. 직립보행으로 인한 추가적인 복강내 압력은 골반의 뼈 부분만이 아니라 약한 부분, 막 부분 또는 골반 바닥의 열려 있는 곳에도 압력을 가하게 된다.

남성에게서 고환은 서혜관inguinal canal이라는 좁은 구멍과 관을 통해 음낭으로 내려가 자리를 잡게 된다. 왜냐하면 정자는 복부보다 온도가 낮은 곳에서 훨씬 더 효율적으로 생성되고 저장되기 때문이다. 이 좁은 구멍과 관은 잠재적으로 취약한 부위여서 내장의 일부가 관 속으로 밀려나와 서혜부탈장inguinal hernia을 일으킬 수 있다. 이 경우 일어서거나 기침할 때 통증으로 고통스러울 수도 있지만, 쉽게 치료할 수 있으며 취약한 부위는 인공막으로 강화할 수도 있다. 그러나 서혜부탈장이 제대로 치료되지 않으면 장의 일부가 뒤틀리거나 괴사하여 응급 상황이 발생할 수도 있다.

질탈출증은 여성의 골반 장기(자궁, 장, 방광 등)가 질로 밀려나오는 것으로, 골반 장기를 지지하는 조직이 약화될 때 발생한다. 난산 경험이 있는 나이 든 여성, 에스트로겐 호르몬 수치가 낮아진 폐경 후 여성, 과체중 또는 자궁에 섬유양 염증이 있는 여성에서 발생 위험이 증가할 수 있다. 자궁적출술이나 방광복구수술 등 골반 부위에 수술을 받은 이력이 있거나 만성 기침, 반복적으로 무거운 물건을 들거나 변비로 인해 압력이 가해지면 발생 가능성이 더 커진다.

치질도 인간의 고유한 문제로, 직립 자세에서 정맥의 압력 증가로 인해 직장과 항문 주변의 늘어난 혈관이 확장되어 탈출하기 때문에 발생한다. 무증상인 경우도 있지만, 통증과 출혈을 유발할 수도 있다. 병을 일으키는 소인은 질탈출증과 유사하며 남녀 모두에게 일어날 수 있다. 변비 또는 임신 중 과도한 압력, 과체중, 만성 설사, 흡연자의 만성 기침 등은 발병률을 높이는 요인이다.

하지정맥류

영장류와 대부분의 육상 포유류에서 다리의 혈액 순환은 심장으로 되돌아가는 정맥혈이 중력에 대항하여 수직으로 위로 이동해야 한다. 이를 위해 다리의 정맥에는 혈액이 다시 심장으로 흐르도록 하는 한쪽 방향의 판막이 있다. 다리 근육이 수축하면서 근육에 인접한 정맥을 압박하여 혈액 순환이 이루어지는데, 혈액은 심장 쪽으로만 이동할 수 있다.

1600년대에 윌리엄 하비는 팔뚝 위에 몇 인치 정도 떨어진 두 곳에서 피부 아래의 정맥을 비우고 압박하는 간단한 실험을 처음으로 수행했다. 심장에서 가까운 쪽의 압력을 풀면 여전히 정맥이 비워진 채로 있었지만, 심장에서 먼 쪽의 압력을 해제하면 정맥이 다

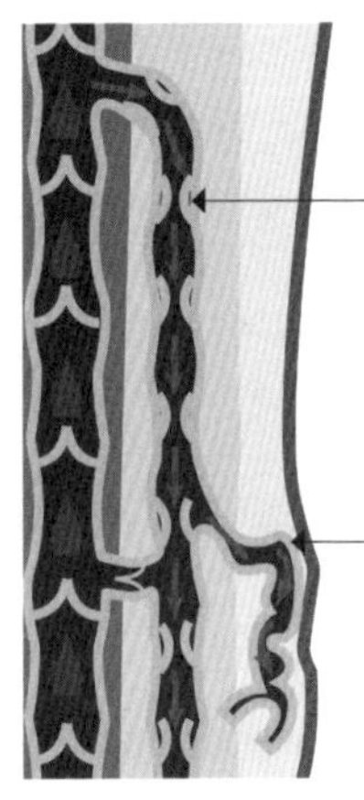

그림 17.2 하지정맥류

시 채워져 정맥혈이 한 방향으로만 흘러 심장으로 돌아가는 것을 확인했다.

똑바로 서 있는 자세는 하지 정맥에 추가적인 압력을 가하여 중력에 반해 혈액을 심장까지 끌어 올리는 것을 훨씬 어렵게 만든다. 다리에서 위로 돌아가는 혈액의 약 90%는 근육으로 둘러싸인 심부정맥을 통과하므로 별 문제가 되지 않는다. 하지정맥류varicose vein는 남성보다 여성에서 더 흔하고 유전과 관련이 있다.[15] 그 밖의 관련 요인으로는 연령, 임신, 비만, 폐경, 오래 서 있기, 다리 부상, 복부 압력 등이 있다. 때로는 골반 안의 정맥에 가해지는 압박과 역류로 정맥류가 생기기도 한다. 다리의 표재정맥superficial vein에 있는 쌍을 이룬 덮개 모양의 판막들이 과도한 역압back pressure으로 마모되면 제대로 닫히지 않아 정맥이 확장되고 뒤틀리게 된다(그림 17.2). 정맥류는 보기 흉하고 통증이 있어 종종 치료가 필요하다. 치료 방법으로는 전통적인 외과적 수술 외에도 혈관 내열요법이나 레이저 치료 등이 있다.

직립보행에 따른 의학적 결과

모든 것에는 대가가 있고, 최고의 결과로 여겨지는 '생존'이라는 마지막 이익은 그것을 위한 변화에 따른 위험과 부작용도 함께 고려되어야 한다. 암 또는 생명을 위협하는 병에 걸린 환자에게 의사는 다양한 치료 옵션과 그 성공 가능성을 신중하게 고려해야 한다. 암이나 심혈관질환 치료법들은 성공 가능성이 높지만, 방사선과 화학요법의 결과는 삶의 질에 영향을 미칠 수 있는 장기적인 부작용을 가져올 수 있다. 과거 많은 전염병에서 성공했던 것처럼, 암이나 생명을 위협하는 다른 질병의 원인에 대한 지속적인 연구를 통해 이 또한 극복할 수 있기를 바란다.

인간은 직립보행의 결과로 지상에 사는 다른 네발 동물에서는 찾아볼 수 없는 여러 가지 의학적인 문제를 겪게 되었다. 그런 점에서 본다면 지난 수백만 년 동안 희생이 있었음에 틀림없지만, 우리가 직립보행을 하고 물가에 존재한 이점을 없앨 정도는 아니었다. 결국 호미닌은 다양한 환경의 후성유전적 영향에 적응하여 생존할 수 있었고, 인지혁명 덕분에 지능과 수완이 발달하게 되었다. 호모 사피엔스는 이러한 상태를 이해하고 대응해 온 것이 분명하다. 그렇지 않았다면 우리 종은 오래전에 멸종했을 것이다.

18 먹는 음식이 바로 우리 자신이다

인간은 육지에서 시간을 보내다가 얕은 물에서 먹이를 찾곤 했다.
조개, 물풀, 게, 이런 것들은 뛰거나 헤엄쳐서 도망치지 않기 때문에
빠를 필요는 없고 1분 정도 숨을 참기만 하면 된다.
물속으로 몇 미터 들어가면 식사 거리를 얻을 수 있다.
임신한 여성도 할 수 있는 일이었다.
_데이비드 애튼버러 경

생존에 있어서 식량은 필수적이다. 식량은 인류의 진화와 인구 증가에 매우 중요한 요소 중 하나였다. 약 1만 년 전, 식량 자원을 얻는 방법이 사냥과 채집에서 농업과 가축 사육으로 전환된 이후에 복잡한 사회 구조가 비약적으로 발달했다. 식품 보존과 조리는 문화와 문명의 중요한 지표일 뿐만 아니라, 진화의 역사와 함께 인간의 생존과 형태를 결정하는 주요 요인이다.

호미닌이 숲을 떠나 건조하고 개방된 사바나 환경에 적응하면서 영장류 조상으로부터 진화했다는 가설이 오랫동안 지배적인 견해였다. 즉, 큰 포유류를 사냥하는 데 필요한 장거리 달리기와 수렵·

채집 생활 방식을 채택하기 위해 점차 직립보행을 하게 되었다는 것이다.[1,2] 이 모델은 다윈의 자연선택이론보다도 앞선 것이지만,[3] 이에 대해서 엄격한 과학적 검토가 이루어진 적은 없다.[4] 이런 생각은 인간 진화에 대한 많은 증거가 발견되기 훨씬 전에, 그들이 나무에서 땅으로 내려왔다는 가정에만 주목하여 인과 관계와 시간 관계를 혼동한 데서 비롯되었다.

초기 호미닌이 큰 포유동물을 지치게 하는 방식으로 사냥했을 것이라는 생각은 침팬지 가족의 한 구성원이었던 그들이 갑자기 두 다리로 일어서서 능숙하게 걷고 뛰는 능력을 가지게 되었고, 탁 트인 사바나에서 빠르게 달리는 사냥감을 능가하는 존재로 변화했다는 엄청난 가정을 요구한다.[5] 그렇지만 다른 육상 포유류가 이와 비슷하게 똑바로 서서 걷고 뛰는 것을 주요 이동 방식으로 하여 발달했다는 과학적 증거는 찾아볼 수 없다.[4] 사바나의 포유류에게 이러한 극적이고 독특한 진화적 변화가 완전히 자리잡을 때까지 수십만 년이 걸렸을 것이며, 두 다리로 걷고 달리는 것을 배우는 동안 포식자로부터 살아남아 건조하고 탁 트인 장소에서 생존에 필요한 먹이를 어떻게 구할 수 있었는지는 이해하기 어렵다.[5,6]

1920년대에 레이먼드 다트는 건조한 서식지에서 오스트랄로피테쿠스 화석(타웅 차일드)을 발견했는데, 그는 이 서식지가 아이가 죽은 뒤 지금까지도 거의 변하지 않았을 것이라고 가정했다.[7] 그러나 우리는 그 지역이 한때 숲이었고 훨씬 더 습했다는 것을 알고 있다.[4,8] 오스트랄로피테쿠스와 초기 호미닌의 개체군은 물가 서식지에서 살았고, 두 발로 물속을 걸었으며, 먹을거리를 찾기 위해 수영이나 잠수를 했을 가능성이 훨씬 더 크다.[9] 오랜 기간 동안 골반이 회전하고, 점차 직립보행을 하면서 다리에 힘이 생겼고, 땅 위에서 두 발로 걷다가 나중에는 달릴 수 있게 되었다.

그 이후에 사냥 기술과 전략을 확장하여 더 큰 육지 동물들을 쫓고 포획하여 육류를 획득할 수 있었다. 호모속이 출현하더라도, 그들이 육지 사바나 환경에서 육류만으로 생존이 가능했는지는 의문이며,[10-13] 쉽게 얻을 수 있었던 수중 공급원에서 중요한 영양분을 추가적으로 공급받아야 했을 것이다.

약 80만 년 전에도 가끔 불을 사용한 것이 확인되었지만 호모 에렉투스, 네안데르탈인, 그리고 기타 호미닌들이 매일 음식을 조리하는 데 불을 사용하여 질긴 고기와 야채를 훨씬 더 쉽게 먹을 수 있게 된 것은 30만 년 전의 일이다. 이로써 이전에 소화할 수 없었던 음식을 포함하여 먹을거리가 훨씬 다양해졌다. 또한 그들은 연기를 쏘이는 방법으로 고기와 생선을 살균처리할 수 있었고, 특히 겨울철 식량이 부족할 때를 위해 음식을 보존할 수 있었다. 이처럼 불은 인간과 다른 동물 사이의 간격을 넓힌 매우 중요한 진화와 생존 요인 중 하나였다.

초기 호미닌과 물에서 얻은 먹을거리

오스트랄로피테쿠스와 다른 초기 호미닌이 처음에는 강이나 소금물 호수 같은 수변 환경에서 먹이를 채집하면서 수영과 잠수 기술을 습득한 다음 땅 위에서 두 발로 걷고 달리기에 적합하도록 진화했다는 과학적 증거가 늘어나고 있다.[9] 새로운 해부학적 자료와 고생태학적 자료는 사바나 이론과 양립할 수 없음을 제시한다.

해부학적 관점에서 볼 때, 직립보행을 한 호모 에렉투스, 호모 에르가스터, 호모 하이델베르겐시스(하이델베르크인)는 장거리 달리기에 전혀 적합하지 않다. 특히 그들의 골격에서 특정 뼈가 두꺼워지고, 골수 공간이 좁아지며, 골 피질이 두꺼워지고, 골밀도가 높아지는 후골경화증이 발견되었다.[4] 또한 호미닌은 호모 사피엔스보다 체격이 더 컸다. 더 넓은 골반, 작은 키, 더 강인한 목 근육을 나타내는 두꺼운 두개골 뒷부분, 두껍고 평평해진 대퇴골 등을 게일 케네디가 호모 에렉투스에서 현저하게 중요하다고 묘사한 바 있는데,[14] 이것이 육상 포유류로서는 독특한 특징이었기 때문이다. 후골경화증의 특징을 보이는 다른 생물은 듀공(해우)과 바다코끼리처럼 천천히 움직이며 상대적으로 얕은 물에서 해초 또는 움직이지 않는 먹이를 채집하는 해양 포유류뿐이다.

돌고래 등 움직임이 빠른 수생 포유류는 날렵하고 가벼운 뼈를 가지고 있다. 무거운 뼈는 육지에서 빠르게 달려야 하는 수렵·채집자에게 단점으로 작용할 수 있다. 현존하는 동물과 화석 기록을 살펴보면, 상대적으로 움직임이 없는 먹을거리를 물속에서 채집하는 것과 후골경화증 사이에 명확한 상관관계가 있는 것으로 보인다.[4] 호미닌이 먹이를 찾아 헤엄치고 잠수하는 수변에서 서식했음을 시사하는 다른 해부학적 특징들로는 체모 소실, 피하지방, 자발적 호흡 조절, 잠수로 인해 아래쪽으로 내려간 후두, 유선형 신체와 수영할 때 기도를 보호하도록 길쭉해진 코의 모양과 비강 밸브 등이 있다.

영양적인 면이나 생물학적 관점에서 다른 수생 포유류와 마찬가지로 호미닌의 큰 두뇌와 높은 지능은 인지질(DHA, 아라키돈산)과 요오드, 그리고 염분을 풍부하게 얻을 수 있었기 때문에 가능했는데, 이 성분들은 사바나에서 쉽게 얻을 수 없는 것들이다. DHA는 육지 식물에서 합성되지 않으며, 일부 대형 반추동물은 뇌 조직의 DHA 수치가 높지만 근육과 골수에는 거의 없다.[9]

DHA의 섭취는 특히 뇌가 급격히 성장하는 임신 기간과 생후 몇 개월 동안 필수적이다. 이러한 장쇄다중불포화지방산LC-PUFA 인지질의 결핍이 주의력결핍-과잉행동장애ADHD, 난독증, 노인성 치매, 우울증, 양극성 장애, 불안, 조현병, 기타 신경학적 장애 또는 정신장애와 관련이 있다는 상당한 증거가 있다.[9,15-22] 또한 동물 연구에서도 여러 세대에 걸쳐 장쇄다중불포화지방산이 계속 결핍되면 이런 문제가 심각하게 증가하는 것으로 나타났다.[9,23-25]

플랑크톤과 바닷말은 풍부한 DHA 공급원인데, 이를 직접 섭취하거나 어류, 갑각류, 바닷말을 먹이로 하는 양서류, 파충류, 조류 및 해양 포유류를 먹음으로써 DHA를 얻을 수 있다. 캐슬린 스튜어트와 스티븐 커네인은 물고기의 흔적이 자주 발견되는 올두바이 협곡,[26] 미들아와시 계곡,[27] 투르카나 분지[28]를 비롯해 수많은 초기 유인원의 고고학 유적지에 대해 자세히 검토했다.[29]

스티븐 먼로는 연체동물의 존재를 파악하기 위해 대규모 고생물학적 조사를 수행하여 이와 관련된 호미닌과 비호미닌의 유적지를 육지, 반수생 및 수생으로 구분했다.[30] 그 결과 비호미닌 또는 비

에렉투스 등급의 유적지와 달리 모든 '에렉투스 등급'의 호미닌 유적지에서는 수생 및 해양 연체동물이 발견되었다는 사실은 그들의 서식지가 물가에 있었음을 시사한다. 그는 또한 홍적세(260만 년에서 1만 1,700년 전)의 대부분이 빙하기였기 때문에 그 당시에는 해수면이 지금보다 낮았다는 점을 지적했다. 따라서 그 시기의 호미닌 해안 유적지는 현재 대부분 물에 잠겨 있으며, 이들의 유적은 거의 발견되지 않았다. 그러나 대형 홍합과 굴이 아프리카, 중동, 이탈리아, 영국의 페이크필드, 인도네시아 및 호주의 여러 지역에서 석기 도구와 함께 발견되었고, 이 조개류는 지금도 현대인들의 중요한 식량 공급원이 되고 있다.

해부학적 자료와 고생태학적 자료를 보면, 초기 호미닌의 진화가 장거리 달리기와 수렵·채집의 사바나 모델과 일치하지 않는 것처럼 보이는 반면, 물속에 있는 먹을거리를 찾아서 수영과 잠수를 하는 해안 서식지의 생활 양식과는 완벽하게 합치한다. 이런 환경이 호모 사피엔스의 출현에 이를 수 있도록 초기 인간에게 더 큰 뇌와 높은 지능의 진화에 필수적인 인지질을 제공했을 것이다.

인지혁명

약 20만 년 전 호모 사피엔스가 남아프리카에 처음 등장했을 때, 호미닌은 수변 서식지에 훨씬 더 익숙해져 있었다. 요리에 불이 일상적으로 이용되면서 더 이상 침팬지처럼 날것을 씹느라 하루에 5시간을 소비할 필요가 없어졌다. 그들의 위장관은 더 짧아지고 음식을 효율적으로 소화시켜, 뇌로 혈액을 원활하게 공급할 수 있게 되면서 복잡한 신경회로와 지적 정교함이 빠르게 발전할 수 있었다. 대부분의 과학자들은 15만 년 전에는 아프리카에 있던 우리 조상의 외모가 우리와 매우 닮았고, 응집력 있고 협력적인 커뮤니티를 기반으로 훨씬 더 독립적인 생활 방식을 발전시키고 있었다는 데 동의한다.

이유가 어쨌든, 약 7만 년 전에 호모 사피엔스가 동아프리카로부터 아라비아반도로 가는 해안 경로를 통해 유럽과 아시아로 이주를 시작했다. DNA 분석을 통해 그들이 4만 5천 년에서 5만 년 전 호주에 도달하기 전에 유럽의 네안데르탈인과 인도네시아의 데니소바인과 살면서 교배했다는 사실이 알려졌다. 해안에서 살았던 그들의 생활 방식이 (호주 원주민을 비롯해 많은 해안의 주민 집단에서 보이는 것처럼) 오늘날까지 동일하게 유지되었다는 강력한 증거가 있다.

중동의 카르멜산•은 중요한 고고학적 유적지 중 하나로, 서남아시아의 초기 인류에 대한 기록을 제공한다. 이곳은 적어도 50만 년에 이르는 인간 진화를 보여 주는 문화적 유산을 보유하고 있으며, 중기 구석기 시대에 속하는 무스티에 시대(16만 년에서 4만 년 전)에 네안데르탈인과 초기의 해부학상 현생인류가 함께 존재했음을 보여 준다.

나투피안 동굴의 매장 유적과 초기 석조 건축물의 증거는 수렵·채집 생활 방식에서 농업과 축산업으로의 전환을 보여 준다. 그 결

• 성경에는 '갈멜산'이라는 이름으로 여러 곳에 나온다.

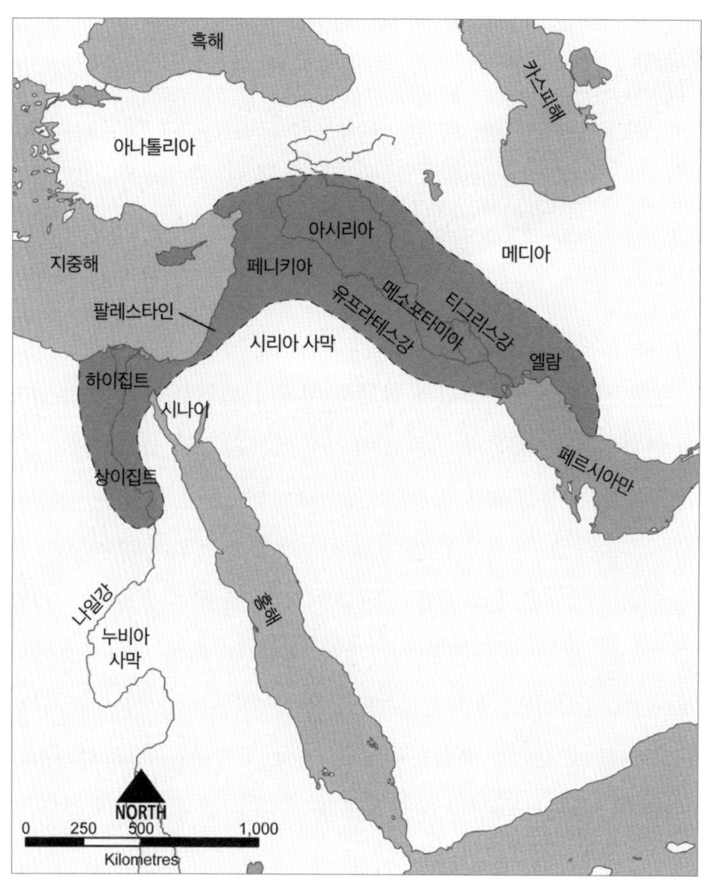

그림 18.1 레반트 지역

과 특히 레반트• 선사 시대의 동굴은 인류의 진화를 위한 연대-층 구조를 연구하는 주요 장소가 되었다(그림 18.1).

• 지중해 동부와 서아시아를 포함하는 광범위한 지역을 일컫는 역사·지리학적 명칭.

그림 18.2
카르멜산에서 발굴된
구석기 시대의 도구

현대 인간 행동의 진화와 발현에 대해서 논의할 때 중기 구석기 시대 인간의 행동 적응과 생존 전략을 이해하는 것은 중요하다. 카르멜산 미슬리야 동굴에서 발견된 20만 년 전의 동물 유적은 중기 구석기 시대 초기의 유적에 대한 자세한 분석을 가능하게 했다.[31]

미슬리야 동굴에서 발견된 동물의 뼈는 유제류에 속하는 것이 압도적으로 많다. 가장 흔한 사냥감은 메소포타미아 다마사슴이고, 그 다음이 가젤이며, 오록스의 뼈도 일부 발견된다. 작은 사냥감은 종류가 드물어서, 다마사슴을 대부분 장성한 개체일 때 사냥했음을 알 수 있다. 유물의 다변량 분석은 다음과 같은 관찰을 보여 준다.

1. 이 집합체는 동굴에 거주한 인간에 의해서 만들어졌으며, 식용으로 가공하는 활동에 의해 변형되었다.
2. 가젤의 사체는 완전한 형태로 이곳으로 옮겨졌고, 다마사슴의 사체 일부는 현장에서 뜯어 먹혔다.[31]

미슬리야 동굴에서 발견된, 살점을 발라낸 자국이 있는 뼈와 장성한 동물을 잡아먹었다는 증거는 중기 구석기 시대 초기의 사람들이 발전된 사냥 능력을 구사했음을 보여 준다(그림 18.2). 따라서 대형 사냥감을 사냥하여 운반하며, 가공하는 행동이 이미 20만 년 전 중기 구석기 시대 초기에 레반트에서 확립된 것임을 알 수 있다.[31]

농업의 시작과 신석기혁명

약 1만 2,500년 전 농업의 시작[32]은 호모 사피엔스의 진화와 문화에서 아주 중요한 기점 중 하나다. 육지와 물속에서 사냥과 채집을 하던 물가의 생활 방식에서 정착된 농업과 가축화의 생활로 점차 전환하면서 집단 구성원 간의 협력이 증가하고, 사회 조직과 위계가 발달했으며, 호미닌 공동체와 인구집단도 더 확대되었다.[33] 이렇게 정착된 공동체에서 인간은 식물이 어떻게 자라고 발달하는지 관찰하고 실험할 수 있게 되었고, 다양한 종류의 식물을 재배하기 시작했다.[34,35] 신석기혁명에서 농업 집약적 전환의 결과로 이용 가능한 음식의 종류가 대폭 줄어들면서 인간의 영양 상태가 급격히 나빠졌다는 주장도 있다.[36]

농업은 신세계와 구세계의 여러 중심 지역에서 독립적으로 시작되었으며, 기원전 약 9500년부터 신석기 시대의 것으로 인정받은 여덟 가지의 창시 작물founder crop•이 서쪽으로 지중해, 남쪽으로 아라비아 사막, 동쪽으로 메소포타미아, 북쪽으로는 타우루스산맥으로 둘러싸인 서남아시아의 넓은 지역인 레반트에서 재배되었다(그림 18.1). 쌀과 콩은 기원전 1만 1500년에서 6500년 사이에 중국에서 작물화되었고, 사탕수수와 일부 뿌리 채소는 기원전 7000년경에 뉴기니에서 작물화되었다.

기원전 8000년에서 5000년 사이에 남미의 안데스 지역에서는 감자, 콩, 코코아 등이 재배되고 라마와 기니피그가 길들여졌으며, 뉴기니의 파푸아에서 바나나가 재배되었다. 돼지 등 다른 동물들도 기원전 11000년경에 메소포타미아에서 길들여졌고, 그 뒤를 이어 기원전 11000년에서 9000년 사이에 양이 사육되었다. 소는 기원전 8500년경에 지금의 투르키예와 파키스탄에 해당하는 지역에서 야생 오록스로부터 길들여졌다. 목화는 훨씬 뒤인 기원전 3500년경에 페루에서 재배되기 시작했고, 낙타는 기원전 3000년경에 길들여졌다.

농업은 인류의 인구 구성, 유전 변이, 문화, 지구 환경에 오랫동안 중요한 영향을 미쳤다. 농업으로 인해 거의 전 세계는 정착된 생활 방식으로 바뀌었고 인구수가 크게 증가했다. 신석기혁명은 제한적인 식량 재배나 생산 방식을 채택하는 것 이상의 결과를 가져왔다. 이동하던 반수생의 소규모 수렵·채집 집단을 비유목 사회로, 작은 마을이나 더 큰 부락을 기반으로 하는 공동체로 변형시켰다.

● 창시 작물은 초기 신석기 시대의 농업 공동체에 의해 작물화된 8종의 식물을 말한다. 쌀은 동아시아의 양쯔강에서 거의 동시에 재배되었고 땅콩, 호박, 카사바(cassava)는 신대륙에서 길러졌다.

도시화와 문화 발전의 초기 중심지 대부분은 레반트 해안 지역과 그곳에 있는 세 개의 주요 강인 이집트 나일강, 메소포타미아의 티그리스강과 유프라테스강을 기반으로 했다. 이 지역은 '비옥한 초승달 지대'로 알려져 있다. 수변 공동체는 규모가 커지면서 국가로 확대되었다. 인간은 바다와 물에 대한 강한 친화력을 유지했지만, 그들의 일상적인 생활 방식은 땅에 기반해야 했다.

삼림을 벌채하고 땅을 개간하는 것이 특화된 식량 재배에 더욱 중요해졌고, 소비하고 남은 식량을 다른 국가와 지역사회에 무역을 통해 수출할 수도 있게 되었다. 청동기 시대와 철기 시대가 도래하면서 도자기나 금속 같은 재료를 이용하는 데 필요한 기술의 다양화와 개발이 뒤따랐다. 중세 시대에는 새롭고 개선된 기술이 농업을 변화시켰다. 15세기에 신세계와의 교류로 아메리카 대륙에서 옥수수, 감자, 마니옥을 교환하게 되었다. 밀, 보리, 쌀, 순무 같은 구세계 농작물과 말, 소, 양, 염소 등 가축이 신세계로 옮겨졌다. 영국에서는 17세기에서 19세기 사이에 농업혁명과 산업혁명, 작물 순환 농법 등을 통해 더 많은 발전이 이루어졌다.

세계적 식량위기

지난 세기 동안 농업에서는 기계화가 진전되었고, 합성 비료, 살충제 및 선택적 육종법의 사용이 선진국들의 농업을 변화시키며 작물 수확량을 크게 증가시켰지만, 이는 사회, 정치 및 환경 문제를 가져왔다. 선진국에서는 합성 살충제의 대안으로 유기농법이 인기를 얻고 있지만, 천재지변, 전쟁, 작황 실패 등에 따른 기근으로 전 세계 여러 지역에서 수백만 명이 사망했다. 1970년대에 노먼 볼로그가 주도한 녹색혁명과 같은 시도가 전 세계적으로 농업 생산을 증가시켰고, 그는 10억 명이 넘는 사람들을 기아에서 구한 공로를 인정받아 1970년에 노벨평화상을 받았다.[37,38]

세계적으로 빈곤과 기아의 위급한 상황은 시급히 해결되어야 한다. 2018년 전 세계 식량위기 보고서(GRFC)에 따르면 51개국에서 약 1억 2,400만 명이 지금도 식량불안정 또는 식량위기에 직면해 있으며, 사회 갈등과 불안정이 18개국에서 지속적으로 식량 불안의 주요 원인이 되고 있으며, 긴급한 지원을 필요로 하는 인구 또한 7,400만 명에 달한다.

2017년 보고서에 따르면, 48개국에서 1억 800만 명이 식량위기나 그보다 더 심각한 상황에 놓인 것으로 확인되었다. 보고서의 두 버전에 포함된 45개국을 비교해 보면, 식량 문제와 관련해서 전 세계적으로 긴급한 인도주의적 조치를 필요로 하는 사람들은 약 1,100만 명 증가한 것으로 나타난다.[39]

19 놀라운 여정

이 작은 행성에서 동이 트면 일곱 종류의 유인원이
침대에서 일어나 기지개를 켜고
하루의 첫 식사를 생각할 것이다.
이 유인원 중 여섯 종류는 멸종 위기에 처해 있고,
하나는 견줄 데 없는 성공을 거두었다.
나머지를 몰살시키기 직전에 있는
털 없는 원숭이는 보통 '인간'이라고 불리는 동물이다.
_데즈먼드 모리스, 『또 다른 인류 유인원』

21세기 초반 이 소중한 행성에는 66억 마리의 털 없는 원숭이가 살고 있다. 40년 전만 해도 33억 마리에 불과했지만, 그때보다 두 배로 늘어났다. 대부분의 종들은 한정적인 자원보다 개체수가 증가하지 않도록 제어하는 수단을 가지고 있다. 그런데 이 털 없는 원숭이들은 이러한 조절을 하지 못한다. 왜냐하면 지능이 발달하면서 필요에 맞게 환경을 활용하고 변경하는 방법을 터득해서, 자신의 운명을 통제할 수 있게 되었기 때문이다.

인류의 진화에 대한 설명을 기술하고, 우리가 어떻게 나무 위에서 살던 네발 원숭이에서 정교하고 지적인 인간으로 진화하는 놀라운 성공을 거뒀는지 설명하려는 시도는 오래된 가족사진을 찾는 것에 비유할 수 있다. 몇 장의 스냅 사진으로부터 조각을 모으고, 가능한 한 많은 출처에서 정보를 수집해 그들의 삶이 어땠는지 찾아낸다. 유일한 차이점이라면 이 이야기가 최소 600만 년 전으로 거슬러 올라간다는 것이다. 화석 발견에 의한 확실한 증거는 거의 없고, 다른 많은 정보들은 그저 정황일 뿐이다. 그렇지만 최근 유전학과 DNA 분석의 발전은 우리 유전체 구성의 역사와 진정한 우리의 조상에 대해 훨씬 더 자세한 정보를 제공해 준다.

그러나 문제는 과학자들이 네발 달린 유인원이나 현생인류가 대지에 근거를 두기 때문에 진화 사건의 순서도 땅에 기반해야 하고 다른 중간 단계나 영향이 없다는 가정에 지나치게 의존하는 경향이 있다는 것이다. 또한 특정 시대의 맥락에서 초기 인류의 진화적 변화를 고려하기보다는 지금 가지고 있는 현대적 사고, 아이디어 및 지능에 근거하여 판단을 내리는 오류를 범하기도 한다. 결국 우리는 유인원 가족의 한 부류였으며, 다른 생명체와 마찬가지로 동물이다. 진화의 한 가지 중요한 측면은 우리의 해부학적인 면과 생리 및 대사 과정이 다른 동물과 정확히 동일하다는 것이다. 이들은 다윈이 중요하다고 느꼈던 후성유전적 힘인 변화하는 환경과 외부의 영향에 따라 진화하고 적응했다. 지능에 의한 영향은 그보다 훨씬 나중에, 겨우 지난 20만 년 동안 나타났다.

오스트랄로피테쿠스의 초기에 우리 조상은 육체나 지적 수준에서 다른 침팬지와 마찬가지였고, 중신세 후기에는 가뭄의 여파로 식량이 부족해지자 생존을 위해 싸워야 했다. 오늘날까지 숲이라는 동일한 생태적 틈새에 머물며 살아남은 고릴라, 침팬지, 보노보 및 기타 영장류와 달리, 이들 중 일부는 올두바이 협곡과 대지구대 주변의 강과 호수에서 식량을 구하기 시작했다.

물에 들어간 네발 달린 원숭이는 수생 식물, 메기, 연체동물, 홍합 및 기타 갑각류를 쉽게 잡을 수 있었고, 보다 다양한 먹이를 찾기 위해 더 깊은 물로 영역을 점차 확장했을 것이라고 쉽게 상상할 수 있다. 기도를 안전하게 유지하기 위해 점차 직립보행의 자세를 취하고, 부력을 이용해 다리, 척추, 몸을 지탱하면서 이 서식지에 천천히 적응하고, 지상의 포식자를 피해 물이나 나무로 몸을 숨기는 한편, 다시 악어와 다른 수중 사냥꾼을 피해 육지로 돌아가는 것을 상상할 수 있다. 이러한 반수생 생활 방식에 더 익숙해진 우리의 조상 유인원은 털이 없고, 보온과 유선형 몸매를 위한 피하지방, 콩팥의 적응, 다른 연안 포유류에서 볼 수 있는 체온 조절 방법 등 독특한 수생 특성을 점차 진화시켰는데, 이런 특성들은 육상 포유류에서 찾아볼 수 없는 것들이다.

300만 년에서 400만 년 전, 땅 위에서 걷고 자유로운 손으로 손재주를 키울 수 있게 되면서 그들은 영장류 사촌보다 뚜렷한 이점을 얻게 되었다. 한편, 물에서 얻을 수 있는 먹을거리는 뇌의 신경을 지속적으로 발달시키고 정교하게 하는 데 필수적인 인지질을 제공했다.

이 진화 시나리오는 사바나 이론보다 훨씬 그럴듯해 보일 뿐 아니라, 사바나 이론은 다른 육상 동물의 진화를 볼 때 비교할 만

한 사례가 없다. 유인원 가족의 한 부류가 생존 본능에 의해 직립보행을 하도록 수십만 년에 걸쳐 점진적으로 변화한 이유를 설명하는 설득력 있는 주장은 지난 150년 동안 제시된 바 없다. 인간은 이 기간 동안 해부학적·생리학적 적응에 의해 골반의 회전이 생기고, 움직일 때 무게를 감당할 수 있도록 하지가 충분히 강화되었으며, 특히 움직이거나 달릴 때 두 다리로 균형을 잡는 방법을 배울 수 있게 되었다.

다른 육상 동물들이 이러한 과정을 겪지 않은 이유는 미어캣, 침팬지, 보노보, 코주부원숭이 같은 다른 육상 포유류에 의해 입증된다. 이들은 모두 두 다리로 설 수 있지만, 위험에 처해서 빠르게 움직여야 할 때는 네발로 훨씬 쉽게 도망칠 수 있다. 우리 조상 호미닌이 사바나에서 직립보행 방법을 배우려고 시도했다면 손쉬운 먹잇감을 찾아다니는 포식자에게 바로 잡아먹혔을 것이고, 그래서 두 다리로 움직이고 뛰는 방법을 습득할 만큼 사바나에서 충분히 오래 살아남지 못했을 것이다. 사바나에서 단지 두 발로 서고 움직이는 것을 배우는 데 수천 년이 걸리는데, 네발 달린 다른 동물이나 영양 같은 사냥감을 따라잡을 수 있었을까?

직립보행에 대한 설명이나 사바나에서 살아남는 문제와 별개로, 사바나 이론은 피하지방, 체모 소실, 외골증, 다른 방식의 체온 조절 기전, 콩팥과 염분 배설 방식이 다른 것, 궁극적으로 커다란 두뇌와 더 높은 지능 같은 호미닌 고유의 해부학적 또는 생리적 특성을 어떻게 설명하는가? 사바나 이론의 지지자들은 육상 포유류인 초기 인류에서 이러한 특징들이 어떻게 발달할 수 있었는지를 타당성 있게 설명하는 논리적 주장을 한 적이 없다.

말하기와 언어의 기원

구음articulation 언어는 인간을 다른 모든 동물과 구별되게 하는 근본적인 특징 중 하나다. 여기서 인간이 연속적으로 목에서 소리를 내는 능력, 분절되고 명료한 말을 하는 것, 언어 진화의 차이점을 인식하는 것이 중요하다. 다른 포유류는 일시적으로 후두를 낮춤으로써 으르렁거리거나 울기도 하지만, 후두가 즉시 원래 위치로 돌아와 후두개와 입천장이 인접하게 덧붙여지고 상시적인 비강 호흡을 재개한다. 이와 마찬가지로 신생아들도 모유를 삼키면서 동시에 호흡을 하고 일시적으로 후두를 내려서 울 수 있다. 6-12개월 정도 된 영아와 비교할 때, 성인은 후두가 영구적으로 아래쪽으로 내려와 있어 언제든지 자유롭게 소리를 낼 수 있다는 것이 다른데, 이는 다른 포유류에서는 볼 수 없는 특징이다. 인간은 구개, 치아 및 입술을 사용하고, 긴 혀를 더 많이 움직여서 모음과 자음을 포함한 여러 가지 소리를 다양하게 생성할 수 있다.

로햄턴 대학의 진화인류학 연구센터 소장인 앤 맥라논은 인간의 언어 생성에 관한 해부학적·생리학적 원리에 대한 훌륭한 분석을 제시한 바 있다.[1] 그녀는 가장 가까운 영장류 친척도 인간 고유의 커뮤니케이션 형태와 유사한 점이 전혀 없으며, 후두 하강이라는 신체적 특징은 특이적응 또는 굴절적응의 하나로 발달했을 수 있다고 강조한다. 그녀는 아기가 젖을 뗀 이후에 혀뿌리가 수직으로 길어지고 연구개와 후두개가 분리되며, 입안의 혀 길이와 혀뿌리 수직 부분 사이의 최종 비율은 6-8세경부터 1:1에 이른다고 설명한다.

맥라논은 리버먼의 말을 인용해 혀뿌리가 길어지고 후두가 아래로 내려가는 적응에 대해 다음과 같이 여러 이유를 제시한다.[2] 언어를 포함한 향상된 인지 처리를 위한 대뇌 측두엽의 확장, 두개골 기저부의 굴곡 증가, 육류 소비가 증가하고 식품 가공 기술 향상으로 인한 안면 축소, 오래달리기와 완전한 직립보행으로 머리를 더 안정시키기 위한 안면 단축 등이다. 또한, 언어 능력을 위한 직접적 선택으로, 혀와 혀뿌리 길이의 비율을 1:1로 만들기 위해 얼굴 크기를 줄이고 두개골 밑바닥을 더 꺾어 구강 길이를 짧게 만들었을 수 있다고 제안한다. 그러나 나는 제시된 설명들이 생리적인 면을 반영하지 못하고 모호하며, 합리적인 과학적 증거가 없다고 생각한다.

맥라논은 이처럼 후두 하강에 대해 다른 가능한 원인도 제시하지만, 초기의 진화적 변화 때문일 수 있다고 결론짓는다. 다른 많은 연구도 후두 하강의 여러 메커니즘을 제시했지만, 이 모든 이론은 호미닌 인간이 사바나에서 살았던 육상 포유류라는 가정에 기반을 둔 것이다. 따라서 이 이유들은 어느 것도 생리학 또는 해부학적으로 가능하지 않다. 연구자들 중 어느 누구도 대안적인 반수생적 설명을 고려하지 않았다.

초기 호미닌이 물가 환경에서 발달시킨 중요한 두 가지 기술은 수영과 잠수였는데, 더 다양한 먹을거리를 찾아 호수나 바다의 바닥으로 내려가려면 더 긴 시간 동안 숨 참는 법을 배우는 것이 필요했다. 잠수와 관련된 심장·순환기·폐의 생리학적 변화는 해안가 지역의 토착민뿐만 아니라 걷기 전의 유아나 영아, 오늘날 전문 잠수부에게서도 여전히 볼 수 있다. 나는 잠수 중에 흉부 쪽에서 당기는 힘이 기관trachea, 후두 및 혀뿌리를 아래로 당겨서 후두의 하강을 초래했으며, 이것이 인간의 독특한 특성으로 진화한 것이라고 본다. 이로 인해 연구개와 후두가 분리되고, 혀가 위아래로 길어지면서 길이는 두 배가 되고, 정중면에서 볼 때 1:1 비율이 되었다.

따라서 언어의 진화는 인간에게서 실질적으로 두 단계의 발전이었다. 초기 단계는 잠수와 숨 참기의 결과로 후두가 하강하여 코를 통하는 기도와 인두가 분리된 것으로, 아마도 수십만 년에 걸쳐 점진적으로 발달했을 것이다. 이것이 지난 20만 년 동안 인지혁명 과정을 가져온 두 번째 무대를 설정했다. 지능이 향상되면서 인간의 성도의 독특한 구조 차이가 보다 의미 있는 소리를 만들어 의사소통을 하는 데 사용되도록 했다.

언어능력이 진화한 시기를 분명하게 말하기는 어렵다. 2005년에 가이 도이처는 "이전에 부주의한 외계인이 방문했을 때 남겨 놓은 캠코더를 우리가 발견하지 못했기 때문에, 인류가 처음에 어떻게 말하기를 시작했는지 알기는 어렵다."라고 말했다.[3]

농업, 통신, 의료, 제조, 기계화와 더 나은 교육 등 괄목할 만한 발전에도 불구하고 건강과 경제에서 전 세계적으로 심각한 불평등이 존재하며, 빈곤이 세계 인구의 거의 절반에 영향을 미치고 있다.[4,5] 세계 인구는 1804년에 10억 명에 이르렀지만, 1927년 20억 명에 도달하는 데는 단지 123년이 걸렸고 33년 후에는 30억에 도달했다. 40년 후인 2000년에는 두 배로 증가해 60억 명이 되었으며, 2020년에는 80억 명에 이를 것으로 예상된다.•

100년 전 미국에서는 결핵, 독감, 위장관 감염, 폐렴 및 디프테리아가 주요 사망 원인이었다. 지금은 항생제, 예방접종, 위생 및 공중보건 개선, 더욱 효과적인 치료법으로 인해 이들 질병의 영향이 감소하거나 제거되었지만, 심장병, 결장암 및 유방암, 비만, 제2형 당뇨병, 고혈압 및 자살로 인한 사망은 크게 증가했다. 당뇨병으로 인한 사망자는 전 세계적으로 2000년에 100만 명(1.8%)에서 2015년에 160만 명(2.8%)으로 증가했다. 치매로 인한 사망은 2000년과 2015년 사이에 두 배 이상 증가하여, 2015년에 세계 7위의 사망 원인이 되었다.[6]

2004년에 유럽의 건강 조사에서 25개 회원국의 뇌 관련 질환으로 인한 비용은 3,860억 달러로 다른 모든 질병의 부담을 압도한 것으로 나타났으며,[7] 이 비용은 2010년까지 7,890억 달러로 증가했다.

• 2022년 11월 세계 인구는 80억 명을 돌파했다(www.worldometers.info).

영국에서는 정신질환으로 인한 비용이 2007년에 770억 파운드에서 2011년에 1,050억 파운드로 증가했는데, 이는 심장질환과 암을 합친 것보다 더 많은 비용이다. 1972년에 런던 임페리얼 칼리지 정신과센터 교수인 마이클 크로퍼드는 정신질환 및 뇌장애가 증가할 것이라고 예측한 바 있다.[8] 또한 장쇄다중불포화지방산 결핍 장애에 대한 상당한 증거가 있다. 주로 해산물로부터 얻어지는 장쇄다중불포화지방산은 주의력결핍-과잉행동장애, 우울증, 양극성 장애, 자살, 자해 및 불안장애와 관련이 있다.[9]

동물 연구에 따르면, 이러한 정신장애 문제는 여러 세대에 걸쳐 인지질 결핍이 계속될 때 그 심각도가 높아진다는 점에서 우려된다. 금요일마다 생선을 먹는 서구의 오래된 전통이 아쉽게도 오늘날에는 계속되지 않는다. 대구 간의 기름을 규칙적으로 섭취하도록 장려하는 것도 역시 과거의 일이 되었다.

피시오일fish oil 보충제는 우울증과 자해감을 느끼는 정신질환 환자에게 이점을 제공하는 것으로 알려져 있다.[9,10] 태아, 산모, 영유아, 사춘기 청소년의 경우 뇌에 필요한 영양소가 적절하게 공급되지 않으면 뇌 발달에 영향을 주어 뇌의 발달장애가 불가피해진다. 그 영향은 돌이킬 수 없고 영구적이며, 또 다른 세대의 빈곤과 함께 정신병 또는 우울증을 조장한다.[11]

전 세계에서 4억 5천만 명 이상의 사람들이 정신적·신경학적 문제 또는 행동 문제를 가지고 있지만, 대다수는 보호와 적절한 치료를 받지 못한다. 64%의 국가에서 정신건강 관련 법률이 없거나 시대에 뒤떨어져 있으며, 30%의 국가에서는 정신건강에 대한 예산

이 부족한 실정이다.[12]

건강, 인구 증가, 사회적 불평등과 빈곤

빈곤, 식량 섭취 감소, 통제되지 않는 출산율, 불량한 산전 관리는 전 세계적으로 사회적 불평등과 저개발의 주요 원인이다. 많은 국가에서 건강계획의 주요 문제 중 하나는 주택, 농업, 금융, 사회서비스, 교육, 엔지니어링 및 인프라 개발 등 건강에 중요한 영향을 미칠 수 있는 대부분의 요소가 건강에 대해 책임지지 않는 정부 영역에 있다는 사실이다.[12] 인구 증가가 안정되지 않으면, 교육, 건강, 개발 및 빈곤 퇴치가 훨씬 어려워진다.

세계 인구의 50% 이상이 건강 문제가 심각한 개발도상국에서 살고 있다. 암으로 인한 사망률은 이들 국가에서 사망자의 76%를 차지하지만, 쓸 수 있는 자원은 5%뿐이다. 질병의 부담은 개발도상국들, 특히 자원이 거의 없는 아프리카와 아시아에서 가장 높다. 말라위에는 10만 명당 의사가 1명이며, 이비인후과 의사는 1,200만 명당 1명뿐이다.[13] 아프리카에는 3천만 명의 HIV 환자와 1,100만 명의 AIDS 고아가 있으며, 결핵 발병률은 인구 10만 명당 900명이다. 그들 대부분은 다중약물내성이며, 50% 이상이 HIV 양성이다.

아프리카 52개국 중 30개국에는 방사선 치료 시설이 전혀 없고, 암 환자의 생존율은 고소득 국가에 비해 훨씬 낮다. 예를 들어, 유럽에서 유방암 여성의 5년 생존율은 82%인 반면, 우간다에서는

46%, 알제리에서는 39%, 감비아에서는 12% 미만이다. 2012년에 아프리카에서 약 85만 건의 새로운 암이 발병했고, 같은 해에 악성 질환으로 인한 사망이 60만 건에 달했다. 암 치료 시스템의 효능을 나타내는 발생률 대비 사망률은 아프리카는 72%였고, 유럽에서는 44%였다.[14]

암 발생과 관련하여 흡연에 이어 두 번째로 높은 원인은 비만이다. 세계적으로 만연한 비만은 그 자체로 당뇨병, 고혈압, 뇌졸중 및 기타 비전염성 질환을 포함한 여러 심각한 건강 문제의 위험 요소로, 세계보건기구WHO[15]와 범아메리카보건기구PAHO[16] 등의 최근 간행물에서 자주 검토하는 주제가 되고 있다.[17,18] 많은 부유국에서 인구의 절반 이상이 과체중이고 다섯에 하나는 비만이다. 서태평양의 일부 섬 국가와 카리브해의 다른 섬에서는 그 비율이 50%를 넘어섰으며, 최대 75%까지도 올라간다.

놀라운 여정

다른 영장류 사촌들과는 달리 식량이 부족한 어려운 시기에 생존하겠다는 단 하나의 목적을 가지고 다른 반수생 서식지와 식량 공급원을 선택하여, 단순한 영장류에서 현생인류로 놀라운 진화를 보인 지난 600만 년의 시간은 실로 놀라운 여정이었다. 이 여정 동안 우리의 초기 호미닌 조상들은 궁극적으로 어떤 결과가 만들어질지 거의 알지 못했다. 진화는 지금도 진행 중이기 때문에 미래가 어떻게 될지 우리도 알지 못한다. 그러나 적대적인 환경에서 단지 살아남으려 했던 초기의 인류 조상들과 달리 우리는 외계로부터 오는 충격이나 전 세계적인 재난을 막고 우리 자신의 운명을 통제하고 있다. 나는 이 책이 인류 진화의 일부 측면에 대해 논리적 설명을 제공하는 데 도움이 되기를 바란다. 체모 소실, 직립보행, 피하지방, 커다란 뇌, 색다른 체온 조절 방식, 목소리 내기를 포함하여 어째서 우리가 원숭이 사촌들과 독특하게 다른지 그 이유에 대해 지난 150년 동안 입증되지 않은 수많은 이론이 제안되었던 한 가지 이유는, 우리가 육상의 사바나 유인원으로 진화했다는 선입관 때문이다.

우리는 앨리스터 하디 경과 일레인 모건이 의심의 씨앗을 뿌리고 인간의 진화에 수중 단계의 개념을 도입한 것에 대해 감사해야 한다. 30년 전, 확장된 인간의 부비동, 외이도에 생기는 작은 뼈, 그리고 인간의 고유한 해부학 및 생리학적 특징에 대해서 나는 화석 증거로 얻을 수 있는 지식과 의학적 기본 원리를 결합해 이해하려고 노력했다. 16세기 초 프랑스 르네상스 시기의 의사 장 페르넬이 한 말은 중요한 의미가 있다. "해부학과 생리학의 관계는 지리학과 역사학의 관계와 같다. 해부학은 사건의 무대를 기술한다." 나는 답을 찾으려는 내 노력이, 인간이 영장류 무리로부터 육상 포유동물이 아닌 반수생 포유류로 진화했다는 급진적인 제안으로 이어질 것이라고는 거의 생각하지 못했다.

영장류 사촌들과 달리 우리는 물가 원숭이의 유산을 가지고 있으며, 이 유산은 우리가 물과 바다에 친화적인 부분에 대해 많은 것을 설명해 준다. 1962년 9월 14일에 로드아일랜드주 뉴포트에서 열린 아메리카컵 행사에서 존 F. 케네디 대통령은 다음과 같이 말했다. "우리 모두가 바다에 전념하는 것이 바다가 변하고 빛이 변하고 배가 변한다는 사실 외에 우리 모두가 바다에서 왔기 때문이라는 점을 제외하고는 이유를 모르겠습니다. 우리 모두는 혈관 속에 바닷물과 똑같은 비율의 소금을 가지고 있고, 따라서 우리의 혈액, 땀, 눈물에 소금이 있다는 것은 흥미로운 생물학적 사실입니다. 우리는 바다에 묶여 있습니다. 그리고 우리가 바다로 돌아갈 때, 항해를 하든, 구경을 하든 간에 우리는 우리가 왔던 곳으로 돌아갑니다."

우리가 사는 세계와, 함께 살아가는 인간을 돌보고 아이들과 다음 세대를 위해서 미래를 보호하는 것은 우리의 책임이다. 삶의 질 향상과 적절한 건강을 추구하는 것은 가난한 나라뿐 아니라 부유한 나라에서도 꼭 필요하다.[12] 이것을 성공적으로 수행하려면 우리 자신, 우리의 진화와 역사, 이 놀라운 행성 지구에서의 생명의 본질과 그 속에 있는 우리의 자리에 대해서 우리가 할 수 있는 한 이해의 깊이를 더하는 것이 필수적이다.

참고문헌

들어가기

1. Morgan, E. (1990). *The Scars of Evolution*. Souvenir Press, London, UK.

01 인류 진화의 이론들

1. Darwin, C. (1859). *The Origin of Species*. John Murray, London, UK.
2. Darwin, C. (1871). *The Descent of Man*. John Murray, London, UK.
3. Morgan, E. (1997). *The Aquatic Ape Hypothesis: The Most Credible Theory of Human Evolution*. Souvenir Press, London, UK.
4. Hardy, A.C. (1960). Was man more aquatic in the past? *New Scientist*, 7: 642-645.
5. Tobias, P.V. (2011). Chapter 1. Revisiting water and hominid evolution. In: Vaneechoutte, M., Kuliukas, A. & Verhaegan, M. (Eds.). *Was Man More Aquatic in the Past? Fifty Years after Alister Hardy*. Bentham Books, Danvers, MA.
6. Attenborough, D. (2016). *The Waterside Ape*. BBC Publications. Radio 4: 14-15 September.
7. Rhys-Evans, P. (1992). The para-nasal sinuses and other enigmas: An aquatic evolutionary theory. *Journal of Laryngology & Otology*, 106: 214-225.
8. Rhys-Evans, P. & Cameron, M. (2014). Surfer's ear (aural exostoses) provides hard evidence of Man's aquatic past. *Human Evolution*, 29(1-3): 75-90.
9. Rhys-Evans, P. & Cameron, M. (2017). Aural exostoses provide vital fossil evidence of an aquatic phase in Man's early evolution. *Annals of the Royal College of Surgeons*, 99: 594-601.
10. Verhaegen, M., Munro, S., Puech, P.-F. & Vaneechoutte, M. (2011). Early hominoids: Orthograde aquarboreals in flooded forests? In: Vaneechoutte, M., Kuliukas, A. & Verhaegen, M. (Eds.). *Was Man More Aquatic in the Past? Fifty Years after Alister Hardy*. Bentham Books, Danvers, MA. pp. 67-81.
11. Dart, R. (1925). *Australopithecus africanus*: The Man-Ape of South Africa. *Nature*, 115: 195-199.
12. Westenhofer, M. (1942). *Der Eigenweg des Menschen* (The Unique Road to Man).
13. Vrba, E.S. (1985). Environment and evolution: Alternative causes of the temporal

distribution of evolutionary events. *South African Journal of Science*, 81: 229-236.

14. Potts, R. (1996). Evolution and climate variability. *Science*, 273: 922-923.
15. Potts, R. (2013). Hominin evolution in settings of strong environmental variability. *Quaternary Science Reviews*, 73: 1-13.
16. Maslin, M.A., Brierley, C.M., Milner, A.M. et al. (2014). East African climate pulses and early human evolution. *Quaternary Science Reviews*, 101: 1-17.
17. Maslin, M.A. & Trauth, M.H. (2009). Plio-pleistocene East African pulsed climate variability and its influence on early human evolution. In: Grine, F.E., Leakey, R.E. & Fleagle, J.G. (Eds.). *The First Humans-Origins of the Genus Homo.* Springer Science, Berlin, Germany, pp. 151-158.
18. Schultz, S. & Maslin, M.A. (2013). Early human speciation, brain expansion and dispersal influenced by African climate pulses. *PLoS ONE*, 8(10): e76750.
19. Roberts, A. (2011). *Evolution–The Human Story.* Dorling Kindersley Ltd., London, UK.
20. Stringer, C. & Andrews, P. (2005). *The Complete World of Human Evolution.* Thames & Hudson, Ltd., London, UK.
21. Odent, M. (2017). *The Birt h of Homo, the Marine Chimpanzee.* Pinter & Martin Ltd., London, UK.

02 수생 이론에 대한 논란

1. Morris, D. (1967). *The Naked Ape.* Jonathan Cape, London, UK.
2. Morgan, E. (1972). *The Descent of Women.* Souvenir Press, London, UK.
3. Morgan, E. (1985). *The Aquatic Ape Hypothesis.* Souvenir Press, London, UK.
4. Rhys-Evans, P. (1992). The para-nasal sinuses and other enigmas: An aquatic evolutionary theory. *Journal of Laryngology & Otology*, 106: 214-225.
5. Langdon, J.H. (1997). Umbrella hypotheses and parsimony in human evolution: A critique of the Aquatic Ape Hypothesis. *Journal of Human Evolution*, 33(4): 479-494.
6. Tobias, P.V. (2011). Chapter 1. Revisiting water and hominid evolution. In: Vaneechoutte, M., Kuliukas, A. & Verhaegan, M. (Eds.). *Was Man More Aquatic in the Past? Fifty Years after Alister Hardy.* Bentham Books, Danvers, MA.
7. Gee, H. (2013). Aquatic apes are the stuff of creationism, not evolution. *Occam's Corner, The Guardian*, 9 May.
8. Hawks, J.D. (2009). Why anthropologists don't accept the Aquatic Ape Theory. *Blog post*, 4 August.
9. Frazier, K. (2015). Quacks and Cranks; GMO (genetically modified organisms) and climate, science and philosophy - CFI conference covers it all. *Skeptical Inquirer*,

39(5): 12.
10. Foley, R. & Lahr, M.M. (2014). The role of 'the aquatic' in human evolution - constraining the Aquatic Ape Hypothesis. *Evolutionary Anthropology*, 23: 56-59.
11. Attenborough, D. (2016). *The Waterside Ape.* BBC Publications. Radio 4: 14-15 September.
12. Roberts, A. & Maslin, M.A. (2016). Sorry David Attenborough, we didn't evolve from 'aquatic apes' - Here's why. *TheConversation.com.*
13. Schagatay, E., Rhys-Evans, P., Stewart, K. et al. (2016). A reply to Alice Roberts and Mark Maslin: Our ancestors may indeed have evolved at the shoreline - and here is why. Technical Report. doi:10.13140/RG.2.2.23127.68007.
14. Johanson, D.C. & Shreeve, J. (1989). *Lucy's Child: The Discovery of a Human Ancestor.* Early Man Publishing, New York.
15. Sarich, V.M. & Wilson, A.C. (1967). Immunological time scale for hominid evolution. *Science*, 158: 1200-1203.
16. Johanson, D.C. & White, T.D. (1979). A systematic assessment of early African Hominids. *Science*, 203: 321-330.
17. Bonatti, E., Emiliani, C., Ostlund, G. & Rydell, H. (1971). Final dessication of the Afar Rift, Ethiopia. *Science*, 172: 468-469.
18. Tazieff, H. (1972). Tectonics of central Afar. *Journal of Earth Science*, 8(2): 171-182.
19. Johanson, D. & Edey, M. (1981). *Lucy–The Beginnings of Humankind.* Simon & Schuster, New York.
20. Rightmire, G.P. (1990). *The Evolution of Homo Erectus.* Cambridge University Press, Cambridge, UK.
21. Morgan, E. (1990). *The Scars of Evolution.* Souvenir Press, London, UK.
22. Rhys-Evans, P. & Cameron, M. (2014). Surfer's ear (aural exostoses) provides hard evidence of Man's aquatic past. *Human Evolution*, 29(1-3): 75-90.
23. Rhys-Evans, P. & Cameron, M. (2017). Aural exostoses provide vital fossil evidence of an aquatic phase in Man's early evolution. *Annals of the Royal College of Surgeons*, 99(8): 594-601.
24. Gee, H. (2016). *Why On Earth Is the BBC Stooping Once Again?* Twitter Account.

03 우리의 유전적 유산

1. Jones, S. (2009). *Darwin's Island.* Little, Brown Book Group, London, UK.
2. Darwin, C. (1871). *The Descent of Man.* John Murray, London, UK.
3. Mendel, G. (1866). Versuche über Pflanzenhybriden. In: *Verhandlungen des naturforschenden Vereins Brünn.* Im Verlage des Vereines, Brunn, Germany.

4. Watson, J.D. & Crick, F.H.C. (1953). A structure for deoxyribose nucleic acid. *Nature*, 171: 737-738.
5. Dupont, L.M., Rommerskirchen, F., Mollenhauer, G. & Schefuß, E. (2013). Miocene to Pliocene changes in South African hydrology and vegetation in relation to the expansion of C_4 plants. *Earth and Planetary Science Letters*, 375(1): 408-417.
6. Tolley, K.A., Chase, B.M. & Forest, F. (2008). Speciation and radiations track climate transitions since the Miocene Climatic Optimum: A case study of southern African chameleons. *Journal of Biogeography*, 35: 1402-1414.
7. Leakey, R.E. (1981). *The Making of Mankind*. E.P. Dutton, New York.

04 인류의 초기 조상들

1. Roberts, A. (2011). *Evolution–The Human Story*. Darling Kindersley, London, UK.
2. Johanson, D. & Shreeve, J. (1989). *Lucy's Child: The Discovery of a Human Ancestor*. Early Man Publishing, New York.
3. Lewin, R. (2005). *Human Evolution–An Illustrated Introduction*. Blackwell Publishing, Oxford, UK.
4. McKie, R. (1999). *Ape Man–The Story of Human Evolution*. BBC Publications.
5. Morgan, E. (1990). *The Scars of Evolution*. Souvenir Press, London, UK.
6. Rightmire, G. (1998). Human evolution in the Middle Pleistocene: The role of *Homo heidelbergensis*. *Evolutionary Anthropology: Issues, News, and Reviews*, 6: 218-227.
7. Mounier, A., Marchal, F. & Condemi, S. (2009). Is *Homo heidelbergensis* a distinct species? New insight on the Mauer mandible. *Journal of Human Evolution*, 56(3): 219-246.
8. Meredith, M. (2011). *Born in Africa: The Quest for the Origins of Human Life*. Public Affairs, New York.
9. Rogers, A.R., Bohlender, R.J. & Huff, C.D. (2017). Early history of Neanderthals and Denisovans. *Proceedings of the National Academy of Sciences*, 114(37): 9859-9863.

05 네안데르탈인과 그들의 소멸

1. Rogers, A.R., Bohlender, R.J. & Huff, C.D. (2017). Early history of Neanderthals and Denisovans. *Proceedings of the National Academy of Sciences*, 114(37): 9859-9863.
2. Wallace, A.R. (1864). The origin of human races and the antiquity of man deduced from the theory of natural selection. *Journal of the Anthropological Society of*

London, 2(CLXIV): clviii-clxxxvii.
3. Walker, A. & Shipman, P. (1996). *The Wisdom of the Bones: In Search of Human Origins.* Weidenfield & Nicolson, London, UK.
4. Stewart, J.R. & Stringer, C.B. (2012). Human evolution out of Africa: The role of refugia and climate change. *Science*, 335(6074): 1317-1321. doi:10.1126/science.1215627.
5. Mounier, A., Marchal, F. & Condemi, S. (2009). Is *Homo heidelbergensis* a distinct species? New insight on the Mauer mandible. *Journal of Human Evolution*, 56(3): 219-246.
6. Rutherford, A. (2016). *A Brief History of Everyone Who Ever Lived.* Weidenfeld & Nicolson, London, UK.
7. McKie, R. (1999). *Ape Man–The Story of Human Evolution.* BBC Publications.
8. Hoffman, D.L., Standish, C.D., Garcia-Diez, M., Pettitt, P.B., Milton, J.A. & Zilhao, J. (2018). U-Th dating of carbonate crusts reveals Neandertal origin of Iberian cave art. *Science*, 359(6378): 912-915.

06 물가의 원숭이: 우리는 왜 이렇게 다를까

1. Bronowski, J. (1974). *The Ascent of Man.* BBC, London, UK, p. 26.
2. Hardy, A.C. (1960). Was Man more aquatic in the past? *New Scientist*, 7: 642-645.
3. Roede, M., Wind, J., Patrick, J. & Reynolds, V. (1991). *The Aquatic Ape: Fact or Fiction?* Souvenir Press, London, UK.
4. Darwin, C. (1871). *The Descent of Man.* John Murray, London, UK.
5. Sokolov, V.E. (1983). *Mammal Skin.* University of California, Berkeley, CA.
6. Morgan, E. (1990). *The Scars of Evolution.* Souvenir Press, London, UK.
7. Pond, C. (1997). The biological origin of adipose tissue in humans. In: Morbeck, M.E., Galloway, A. & Zihlman, A. (Eds.). *The Evolving Female.* Princeton University Press, Princeton, NJ.
8. Lewin, R. (2005). *Human Evolution - An Illustrated Introduction.* Blackwell Publishing, London, UK.
9. Ruff, C.B. (1994). Morphological adaptation to climate in modern and fossil hominids. *American Journal of Physical Anthropology*, 95(Suppl. 19): 65-107.
10. Montagna., W. & Parakkal, P.F. (1974). *The Structure and Function of Skin.* Academic Press Inc., New York.
11. Roebroeks, W. (2007). *An Integrative Approach to the Hominin Record.* Leiden University Press, Leiden.

07 털 없는 원숭이

1. Changizi, M., Weber, R., Kotecha, R. & Palazzo, J. (2011). Are wet-induced wrinkled fingers primate rain treads? *Brain, Behaviour and Evolution*, 77: 286-290.
2. Kareklas, K., Nettle, D. & Smulders, T.V. (2012). *Biology Letters*, 10, 1098.
3. Darwin, C. (1871). *Descent of Man.* John Murray, London, UK.
4. Sokolov, V. (1983). *Mammal Skin.* University of California, Berkeley, CA.
5. Morgan, E. (1990). *The Scars of Evolution.* Souvenir Press, London, UK.

08 우리는 왜 털옷을 벗었을까: 초기 호미닌 재단사들

1. Morris, D. (1967). *The Naked Ape.* Jonathan Cape, London, UK.
2. Rhys-Evans, P. & Cameron, M. (2013). Aural exostoses provide vital evidence of an aquatic phase in Man's early evolution. *Human Evolution*, 29(1-3): 75-90.
3. Sokolov, V. (1983). *Mammal Skin.* University of California, Berkeley, CA.
4. Precht, H., Christophersen, J., Hensel, H. & Larcher, W. (Eds.). (1973). *Temperature and Life.* Springer, Berlin, Germany.
5. Hiley, P.G. (1976). The thermoregulatory responses of the Galago, the Baboon and the Chimpanzee to heat stress. *Journal of Physiology*, 254: 657-671.
6. Maloiy, G.M.O., Rugangazi, B.M. & Clemens, E.T. (1988). Physiology of the Dik-Dik antelope. *Comparative Biochemistry and Physiology*, 91(1): 1-8.
7. Wheeler, P. (1992). The influence of the loss of functional body hair on the water budgets of early hominids. *Journal of Human Evolution*, 23(5): 379-388.
8. Ruxton, G.D. & Wilkinson, D.M. (2011a). Avoidance of overheating and selection for both hair loss and bipedality in hominins. *Proceedings of the National Academy of Sciences USA*, 108: 20965-20969.
9. Ruxton, G.D. & Wilkinson, D.M. (2011b). Thermoregulation and endurance running in extinct hominins: Wheeler's models revisited. *Journal of Human Evolution*, 61: 169-175.
10. Morgan, E. (1972). *The Descent of Woman*. Souvenir Press, London, UK.
11. Kittler, R., Kayser, M. & Stoneking, M. (2003). Molecular evolution of Pediculus humanis and the origin of clothing. *Current Biology*, 13(16): 1414-1417.
12. Klein, R.G. (2002). *The Dawn of Human Culture.* John Wiley & Sons, London, UK.
13. Rogers, A. (2017). Early history of Neanderthals and Denisovans. *Proceedings of the National Academy of Science USA*. doi:10.1073/pnas.1706426114.
14. Harding, R. (2000). Evidence of variable selective pressures at MC1R. *American Journal of Human Genetics*, 66(4): 1351-1361.
15. Jablonski, N.G. & Chaplin, G. (2010). Human skin pigmentation as an adaptation

to UV radiation. *Proceedings of the National Academy of Sciences USA*, 107: 8962-8968.

16. Kostyuk, V., Potapovich, A., Stancato, A. et al. (2012). Photo-oxidation products of skin surface squalene mediate metabolic and inflammatory responses to solar UV in human keratinocytes. *PLoS One*, 7(8): e44472.
17. Uribe, P. & Gonzalez, S. (2011). Epidermal Growth Factor Receptor (EGFR) and squamouis cell carcinoma of the skin: Molecular bases for EGFR-targeted therapy. *Pathology Research and Practice*, 207(6): 337-342.
18. O'Charoenrat, P., Rhys-Evans, P., Modjtadedi, H., Court, W., Box, G. & Eccles, S.A. (2000). Over expression of EGFR in human HNSCC cell lines correlates with matrix metalloproteinase-9 expression in *in-vitro* invasion. *International Journal of Cancer*, 86(3): 307-317.
19. O'Charoenrat, P., Rhys-Evans, P., Modjtahedi, H., Box, G.M. & Eccles, S.A. (2000). Epidermal growth factor like ligands differentially upregulate matrix metalloproteinase-9 in HNSCC cells. *Cancer Research*, 60: 1121-1128.
20. Khode, S.R., Rhys-Evans, P., Dwivedi, R.C. & Kazi, R. (2014). Exploring the link between HPV and oral and oro-pharyngeal cancers. *Journal of Cancer Research and Therapeutics*, 10(3): 492-498.
21. Gaffney, D.C., Soyer, H.P. & Simpson, F. (2014). The EGFR in squamous cell carcinoma: An emerging drug target. *Australasia Journal of Dermatology*, 55(1): 24-34.
22. Rogers, S.J., Rhys-Evans, P., Box, C. et al. (2009). Determinants of response to EGFR tyrosine kinase in HNSCC. *Journal of Pathology*, 218(1): 122-130.
23. Dwivedi, R.C., Rhys-Evans, P., Kazi, R., Kanwar, N., Nutting, C.M. & Harrington, K.J. (2011). Should the treatment paradigms for oral and oropharyngeal cancers be changed now? The role of human papilloma virus. *ANZ Journal of Surgery*, 81(9): 581-583.
24. Greaves, M. (2014). Was skin cancer a selective force for black pigmentation in early hominin evolution? *Proceedings of the Royal Society B*, 281: 2132955.

09 인간의 두개골과 부비동의 진화적 적응

1. Morgan, E. (1990). *The Scars of Evolution*. Souvenir Press, London, UK.
2. Versalius, A. (1543). *De Humani Corporis Fabrica*. Basel, Switzerland.
3. Negus, V. (1958). *Comparative Anatomy and Physiology of the Nose and Paranasal Sinuses*. Livingstone, London, UK.
4. Blaney, S.P.A. (1990). Why paranasal sinuses? *Journal of Laryngology and Otology*,

104: 690-693.

5. Takahashi, R. (1984). The formation of human paranasal sinuses. *Acta Otolaryngologica*, 97(Supplement 408): 1-28.
6. Hardy, A. (1960). Was man more aquatic in the past? *New Scientist*, 7: 642-645.
7. Rhys-Evans, P. (1992). The paranasal sinuses and other enigmas: An aquatic evolutionary theory. *Journal of Laryngology and Otology*, 106: 214-225.
8. Wood-Jones, F. (1916). *Arboreal Man*. E. Arnold, London, UK.
9. Cave, A.J.E. & Haines, R.W. (1940). Paranasal sinuses of the anthropoid apes. *Journal of Anatomy*, 74: 493-523.
10. Mosher, H.P. (1929). Symposium on the ethmoid: The surgical anatomy of the ethmoidal labyrinth. *Transactions of the American Academy of Ophthalmology*, 34: 376-410.
11. Bartholinus, T. (1660). *Anatomica ex Caspari Bartholini, parentis institutionibus, omnique recentiorum et propriis observationibus, tertium ad sanguinis circulationem reformata cum iconibus novis accuratissimis*. Hagae Comitis, p. 488.
12. Proetz, A.W. (1953). *Applied Physiology of the Nose*, 2nd ed. Annals Publishing Company, St. Louis, MO.
13. Haller, A. (1763). *Elementa physiologiae corporis humani*. Liber XIV, 5: p. 180. (Cited by Wright, p. 169, 1914).
14. Skillern, R.H. (1920). *The Accessory Sinuses of the Nose*, 2nd ed. Lippencott, Philadelphia, PA.
15. Mygind, N. & Winther, B. (1987). Immunological barriers in the nose and paranasal sinuses. *Acta Otolaryngologica*, 103: 363-368.
16. Cloquet, H. (1830). *A System of Human Anatomy* (translation by Robert Knox, 1838). Maclachlan & Stewart, Edinburgh, UK, p. 582.
17. Rhys-Evans, P. (1987). Anatomy of then nose and paranasal sinuses. In: Wright, D.A. & Kerr, A.G. (Eds.). *Scott-Brown's Otolaryngology, Volume 1: Basic Science*, 5th ed. Butterworths, London, UK.
18. Brothwell, D.R., Molleson, T. & Metreweli, C. (1968). Radiological aspects of normal variation in early skeletons: An exploratory study. The skeletal biology of early human populations. In: *Society for the Study of Human Biology*, Vol. 8. Pergammon Press, Oxford, UK.
19. Wolfowitz, B.L. (1974). *Pneumatization of the Skull of the Southern African Negro*. PhD thesis, University of Witwaterstrand.
20. Kowertvelyessy, T. (1972). Relationship between the frontal sinus and climatic conditions. A skeletal approach to cold adaptations. *American Journal of Physical*

Anthropology, 37: 161-173.
21. Tillier, A.M. (1975). *Les sinus crânnies chez les hommes actuels et fossils: essai d'interprétation.* PhD thesis, University of Paris.
22. Coon, C.S. (1962). *The Origin of Races.* Knopf, New York.
23. Proetz, A.W. (1922). Observations upon the formation and function of the accessory nasal sinuses and mastoid cells. *Annals of Otology, Rhinology and Laryngology*, 39: 1083-1100.
24. Shea, B.T. (1985). On aspects of skull form in African apes and orangutans with implications for hominid evolution. *American Journal of Physical Anthropology*, 68: 329-342.
25. Morgan, E. (1972). *The Descent of Woman*. Souvenir Press, London, UK.
26. Morgan, E. (1982). *The Aquatic Ape*. Souvenir Press, London, UK.

10 인간 두개골의 부력과 잠수반사

1. Skillern, R.H. (1920). *The Accessory Sinuses of the Nose*, 2nd ed. Lippencott, Philadelphia, PA.
2. Negus, V. (1958). *Comparative Anatomy and Physiology of the Nose and Paranasal Sinuses.* Livingstone, London, UK.
3. Rhys-Evans, P. (1992). The paranasal sinuses and other enigmas: An aquatic evolutionary theory. *Journal of Laryngology and Otology*, 106: 214-225.
4. Lindholm, P. & Lundgren, C.E.G. (2009). The physiology and pathophysiology of human breath-hold diving. *Journal of Applied Physiology*, 106(1): 284-292.
5. Rybka, E.J. & McCulloch, P.F. (2006). The anterior ethmoidal nerve is necessary for the initiation of the nasopharyngeal response in the rat. *Brain Research*, 1075: 122-132.
6. Seymour R.S., Bosiocic, V. & Snelling, E.P. (2016). Fossil skulls reveal that blood flow rate to the brain increased faster than brain volume during human evolution. *Royal Society Open Science*, 3: 160305.
7. Kooyman, G.L. (1989). *Diverse Divers: Physiology and Behaviour.* Springer-Verlag, Berlin, Germany.
8. Noren, S.R., Williams, T.N., Pabst, D.A. et al. (2001). The development of diving in marine endotherms: Preparing the skeletal muscles of dolphins, penguins and seals for activity during submergence. *Journal of Comparative Physiology B*, 171: 127-134.
9. Ilardo, M.D., Moltke, I., Korneliussen, T.S. et al. (2018). Physiological and genetic adaptations to diving in Sea Nomads. *Cell*, 173(3): 569-580.
10. Lundberg, J.O., Farkas-Szallasi, T., Weitzberg, E. et al. (1995). High nitric oxide

production in human paranasal sinuses. *Nature Medicine*, 1: 370-373.
11. Weitzberg, E. & Lundberg, J.O. (2002). Humming greatly increases nasal nitric oxide. *American Journal of Respiratory and Critical Care Medicine*, 166: 144-145.
12. Cardell, L.O. (2002). The paranasal sinuses and a unique role in airway nitric oxide production? *American Journal of Respiratory and Critical Care Medicine*, 166(2): 131-132.
13. Lapi, D., Scuri, R. & Colantuoni, A. (2016). Trigeminal cardiac reflex and cerebral blood flow regulation. *Frontiers in Neuroscience*, 10: 470.
14. Young, J.Z. (1950). *The Life of Vertebrates.* Clarendon Press, Oxford, UK.
15. Thompson, A. & Buxton, L.H. (1923). Man's nasal index in relation to certain climatic conditions. *Journal of the Royal Anthropological Institute*, 53: 92-122.

11 외이도 외골증

1. Hardy, A.C. (1960). Was man more aquatic in the past? *New Scientist*, 7: 642-645.
2. Morgan, E. (1990). *The Scars of Evolution.* Souvenir Press, London, UK.
3. Morgan, E. (1997). *The Aquatic Ape Hypothesis.* Souvenir Press, London, UK.
4. Rhys-Evans, P. (1992). The paranasal sinuses and other enigmas: An aquatic evolutionary theory. *The Journal of Laryngology and Otology*, 106: 214-225.
5. Rhys-Evans, P. & Cameron, M. (2014). Surfer's ear (aural exostoses) provides hard evidence of Man's aquatic past. *Human Evolution*, 29: 75-90.
6. Rhys-Evans, P. & Cameron, M. (2017). Aural exostoses provide vital fossil evidence of an aquatic phase in early human evolution. *Annals of the Royal College of Surgeons of England*, 99(8): 594-601.
7. Roche, A.F. (1964). Aural exostoses in Australian Aboriginal skulls. *Annals of Otology, Rhinology and Laryngology*, 73: 82-91.
8. Hrdlička, A. (1935). Ear exostoses. *Smithsonian Miscellaneous Collections*, 93: 1-100.
9. Gregg, J.B. & Bass, W.H. (1970). Exostoses in the external auditory canals. *Annuals of Otology, Rhinology and Layyngology*, 79: 834-839.
10. Gregg, J.B. & Gregg, P.S. (1988). *Dry Bones. Dakota Territory Reflected.* University of South Dakota Press, Vermillion, SD.
11. Aufderheide, A.C., Rodriguez, C. & Langsjoen, O. (1998). *The Cambridge Encyclopaedia of Human Paleopathology.* Cambridge University Press, Cambridge, UK.
12. Okumura, M.M., Boyadjan, H.C. & Eggers, S. (2007). Auditory exostoses as an aquatic activity marker: A comparison of coastal and inland skeletal remains from tropic and subtropical regions of Brazil. *American Journal of Physical Anthropology*,

132: 558-567.
13. Van Gilse, P.H.G. (1938). Des observations ulterieurs sur la genèse des exostoses du conduit externe par l'iritation d'eau froid. *Acta Oto-laryngologica*, 26: 343-352.
14. Ascenzi, A. & Balistreri, P. (1975). Aural exostoses in a Roman skull excavated at the 'Baths of the Swimmer' in the ancient town of Ostia. *Journal of Human Evolution*, 4: 579-584.
15. Kennedy, G.E. (1986). The relationship between auditory exostoses and cold water: a latitudinal analysis. *American Journal of Physical Anthropology*, 71: 401-415.
16. Deleyiannis, F.W., Cockroft, B.D. & Pinczower, E.F. (1996). Exostoses of the external ear canal in Oregan surfer's. *American Journal of Otolaryngology*, 17: 303-307.
17. Hutchinson, D.L., Denise, C.B. et al. (1997). A re-evaluation of the cold water etiology of external auditory exostoses. *American Journal of Physical Anthropology*, 103: 417-422.
18. Ballachandra, B. (1994). *The Human Ear Canal*. Singular Publishing Group, San Diego, CA.
19. Kerr, A.G. (1997). *Scott Brown's Otolaryngology, Embryology*, 6th ed. CRC Press, Boca Raton, FL.
20. Michaels, L. (1997). The ear. In: Sternberg, E. (Ed.). *Histology for Pathologists*, 2nd ed. Lippincott-Raven, New York, pp. 337-366.
21. Pilch, B.Z. (2001). *Head and Neck Surgical Pathology*. Lippincott Williams & Wilkins, Philadelphia, PA, p. 59.
22. Fowler, E.P. & Osman, P.M. (1942). New bone growth due to cold water in the ears. *Archives of Otolaryngology*, 6: 455-456.
23. Harrison, D.F.N. (1962). The relationship of osteomata of the external auditory meatus to swimming. *Annals of the Royal College of Surgeons of England*, 31: 187-201.
24. van den Broek, A.J.P. (1943). On exostoses in the human skull. *Acta Neerland Morphol*, 5: 95-118.
25. Lerner, U.H. (1994). Regulation of bone metabolism by the Kalllicrein-kinin system, the coagulation cascade and the acute phase reactants. *Oral Surgery, Oral Medicine, Oral Pathology*, 78: 481-493.
26. Mundy, G.R., Boyce, B., Hughes, D. et al. 1995. The effects of cytokines and growth factors on osteoblastic cells. *Bone*, 17(2 Suppl): 71-75.
27. Luo, Z.X., Ruf, I. & Martin, T. (2012). The petrosal and inner ear of the late Jurassic cladotherian mammal *Dryolestes leiriensis* and implications for ear evolution in therian mammals. *Zoological Journal of the Linnean Society*, 166: 433-463.

28. Stenfors, L.A., Sade, J., Hellstrom, S. & Anniko, M. (2001). How can the hooded seal dive to a depth of 1000m without rupturing its tympanic membrane? *Acta Otolaryngologica*, 121: 689-695.
29. Belgraver, P. (1935). Over exostoses van de Uitwendige Gehoorgang. Luctor, Leiden, the Netherlands.
30. Field, G.P. (1893). *A Manual of Diseases of the Ear*. Balliere, Tendall, and Cox, London, UK.
31. Körner, O. (1904). Über den angeblich zyklischen Verlauf der akuten Paukenhöhlenentzündung. *Z. Ohrenheilkd,* 46: 369-372.
32. Wong, B.J.F., Cervantes, W., Doyle, K.J., Karamzadeh, A.M., & Boys, P., Brauel, G. & Mushtaq, E. (1999). Prevalence of external auditory canal exostoses in surfers. *Archives of Otolaryngology–Head & Neck Surgery*, 125(9): 969-972.
33. Mann, G.E. (1986). The torus auditivus: A reappraisal. *Paleopathology Newsletter*, 53: 5-9.
34. Moore, R., Schuman, T.A., Scott, T.A., Mann, S.E., Davidson, M.A. & Labadie, R.F. (2010). Exostoses of the external auditory canal in white water kayakers. *The Laryngoscope*, 120: 582-590.
35. Verhaegen, M. (1993). Aquatic versus Savanna: comparative and paleo-environmental evidence. *Nutrition and Health*, 9(3): 165-191.
36. Kroon, D.F., Lawson, M.L. et al. (2002). Surfer's ear: External auditory exostoses are more prevalent in cold water surfers. *Otolaryngology Head & Neck Surgery*, 126: 499-504.
37. Barr, T. (1901). *Manual of Diseases of the Ear: Including Those of the Nose and Throat in Relation to the Ear for the Use of Students and Practitioners of Medicine*. James Maclehose, Glasgow, UK.
38. Verhaegen, M. & Munro, S. (2011). Pachyosteosclerosis suggests archaic Homo frequently collected sessile littoral foods. *Journal of Comparative Human Biology*, 62: 237-247.
39. Pérez, P.J., Gracía, A., Martínez, I. & Arsuaga, J.L. (1997). Paleopathological evidence of the cranial remains from the Sima de los Huesos Middle Pleistocene site (Sierra de Atapuerca, Spain). Description and preliminary inferences. *Journal of Human Evolution*, 33: 409-421.
40. Joordens, J.C.A., Wesselingh, F.P., de Vos, J., Vonhof, H.B. & Kroon, D. (2009). Relevance of aquatic environments for hominins: A case study from Trinil (Java, Indonesia). *Journal of Human Evolution*, 57: 656-671.
41. Braun, D.R., Harris, J.W.K., Levin, N.E. et al. (2010). Early hominin diet included

diverse terrestrial and aquatic animals 1.95 Myr ago in East Turkana, Kenya. *Proceedings of the National Academy of Sciences USA*, 107: 10002-10007.
42. Rightmire, G.P. (1990). *The Evolution of Homo erectus*. Cambridge University Press, Cambridge, UK.
43. Verhaegen, M. (1991). Aquatic features in fossil hominids. In: Roede, M., Wind, J., Patrick, J. & Reynolds, V. (Eds.). *Aquatic Ape: Fact or Fiction?* Souvenir Press, London, UK, p. 83.

12 인간 두뇌의 진화

1. Kaas, J.H. (2013). The evolution of brains from early mammals to humans. *Wiley Interdisciplinary Reviews: Cognitive Science*, 4(1): 33-45.
2. Hofman, M.A. (2001). Evolution and complexity of the human brain: Some organizing principles. In: Roth, G. & Wullimman, M.F. (Eds.). *Brain Evolution and Cognition*. Wiley, New York, pp. 501-552.
3. Bernd, F. (1998). Of mice and others: Evolution of vertebrate brain development. *Brain, Behavior and Evolution*, 52: 207-217.
4. Rosa-Molinar, E. & Pritz, M.B. (2005). *Hindbrain Evolution, Development and Organisation*. Karger, San Diego, CA.
5. Rilling, J.K. (2014). Comparative primate neuroimaging: Insights into human brain evolution. *Trends in Cognitive Sciences*, 18: 45-55.
6. Crawford, M.A., Hussein, I., Nyuar, K.B. & Broadhurst, C.L. (2014). The global crisis in brain nutritionand the rise in mental ill-health. *Human Evolution*, 29(1-3): 207-227.
7. Brenna, J.T., Salem, Jr. N., Sinclair, A.J. & Cunnane, S.C. (2009). Alpha-linoleic acid supplementation and conversion to n-3 long-chain polyunsaturated fatty acids in humans. *Postaglandins Leukot Essent Fatty Acids*, 80(2-3): 85-91.
8. Williams, G. & Crawford, M.A. (1987). Comparison of the fatty acid component in structural lipids from dolphins, zebra and giraffe: Possible evolutionary implications. *Journal of Zoology London*, 213: 673-684.
9. Broadhurst, C.L., Wang, Y., Crawford, M.A. et al. (2002). Brain-specific lipids from marine, lacustrine, or terrestrial food sources: Potential impact on early African Homo sapiens. *Comparative Biochemistry and Physiology Part B, Molecular Biology*, 131: 653-673.
10. Morwood, M.J., O'Sullivan, P.B., Aziz, F. & Raza, A. (1998). Fission track ages of the stone tools and fossils on the east Indionesian island of Flores. *Nature*, 392: 173-176.
11. Klein, R.G., Avery, G., Cruz-Uribe, K. et al. (2004). The Ysterfontein 1 Middle

Stone Age site, South Africa, and early human exploitation of coastal resources. *Proceedings of the National Academy of Sciences USA*, 101(16): 5708-5715.

12. Marean, C.W., Bar-Matthews, M., Bernatchez, J. et al. (2007). Early human use of marine resources and pigment in South Africa during the Middle Pleistocene. *Nature*, 449(7164): 905-908.
13. Stringer, C. (2000). Coasting out of Africa. *Nature*, 405: 24-27.
14. Leigh, S.R. (2004). Brain growth, life history and cognition in primate and human evolution. *American Journal of Primatology*, 62: 139-164.
15. McGraw, M.B. (1939). *The Neuromuscular Maturation of the Human Infant*. Institute of Child Development, New York.

13 두뇌를 위한 식량과 인지혁명

1. Darwin, C. (1871). *The Descent of Man*. John Murray, London, UK.
2. Seymour, R.S., Bosiocic, V. & Snelling E.P. (2016). Fossil skulls reveal that blood flow rate to the brain increased faster than brain volume during human evolution. *Royal Society Open Science*, 3: 160305.
3. Gibbons, A. (2007). Food for thought: Did the first cooked meals help fuel the dramatic evolutionary expansion of the human brain? *Science*, 316(5831): 1558-1560.
4. Harari, Y.N. (2014). *Sapiens: A Brief History of Humankind*. Harvill Secker, London, UK.
5. Rampiro, M.R. & Self, S. (1992). Volcanic winter and accelerated glaciations following the Toba super-eruption. *Nature*, 359(6390): 50-52.
6. Smith, E.I., Jacobs, Z., Johnsen, R. et al. (2018). Humans thrived in South Africa through the Toba eruption about 74,000 years ago. *Nature*, 2018. doi:10.1038/nature25967.
7. Cross, I., Zubrow, E. & Cowan, F. (2002). Musical behaviours and the archaeological record: A preliminary study. In: Mathieu, J. (Ed.). *Experimental Archaeology*. British Archaeological Reports International Series, pp. 25-34.
8. Cook, J. (2017). The Lion Man: An Ice Age masterpiece. *Blog*, 10 October, The British Museum.
9. Dunbar, R.I.M. (1998). The social brain hypothesis. *Evolutionary Anthropology: Issues, News and Reviews*, 6(5): 178-190.
10. David-Barrett, T. & Dunbar, R.I.M. (2013). Processing power limits social group size: Computational evidence for the cognitive costs of sociality. *Proceedings of the Royal Society B*, 280(1765): 20131151.

11. Evans, P.D., Gilbert, S.L., Mekel-Bobroz, N. et al. (2005). Microcephalin, a gene regulating brain size, continues to evolve adaptively in humans. *Science*, 309(5741): 1717-1720.

14 후두와 목소리의 진화

1. Laitman, J.T. & Reidenberg, J.S. (1993). *Comparative and Developmental Anatomy of Laryngeal Position*, Vol. 1. J.B. Lippincott Co., Philadelphia, PA.
2. Lieberman, P. (1984). *The Biology and Evolution of Language*. Harvard University Press, Cambridge, MA.
3. Keleman, G. (1963). Comparative anatomy and performance of the vocal organ in vertebrates. In: Busnel, R. (Ed.). *Acoustic Behaviour of Animals*. Elsevier, Amsterdam, the Netherlands, pp. 489-521.
4. Gould, S.J. & Vrba, E.S. (1982). Exaptation - A missing term in the science of form. *Paleobiology*, 8: 4-15.
5. Riede, T., Bronson, E., Hatzikirou, H. & Zuberbuhler, K. (2005). Vocal production mechanisms in a non-human primate: Morphological date and a model. *Journal of Human Evolution*, 48(1): 85-96.
6. Bergeson, P.S. & Shaw, J.C. (2001). Are infants really obligatory nasal breathers? *Clinical Paediatrics*, 40(10): 567-569.
7. Fitch, W.T. (2000). The evolution of speech: A comparative review. *Trends in Cognitive Science*, 4(7): 258-267.
8. Lieberman, P. (2007). The evolution of human speech: Its anatomical and neural bases. *Current Anthropology*, 48(1): 39-66.
9. Ohala, J.J. (2000). The irrelevance of the lowered larynx in modern Man for the development of speech. In: *The Evolution of Language*. ENST, Paris, France, pp. 171-172.
10. Fahlman, A. & Schagatay, E. (2014). Man's place among the diving mammals. *Human Evolution*, 29(1-3): 47-66.
11. Schagatay, E. & Lodin-Sundstrom, A. (2011). Underwater working times in two groups of traditional apnea divers in Asia: The Ama and the Bajau. *Diving and Hyperbaric Medicine*, 41(1): 27-30.
12. Geschwind, N. & Levitsky, W. (1968). Human brain left-right asymmetries in temporal speech region. *Science*, 161: 186-187.
13. Gannon, P.J., Holloway, R.L., Broadfield, D.C. & Braun, A.R. (1998). Asymmetry of chimpanzee Planum Temporale: Humanlike pattern of Wernicke's brain language area homolog. *Science*, 279: 220-222.

14. Spiers, H., Emo, B. & Javadi, A.-H. (2017). Satnavs 'switch off' parts of the brain. *Nature Communications*, 21 March.
15. Laitman, J.T. (1986). L'origine du langage articulé. *La recherche*, 181, 17: 1165-1173 (Figs. 1 and 6).

15 출산과 신생아

1. Falk, D., Zollikofer, C. & Ponce de León, M. (2012). Metopic suture of Taung (*Australopithecus africanus*) and its implications for hominin brain evolution. *Proceedings of the National Academy of Sciences* (*PNAS*), 109(22): 8467-8470.
2. Gruss. L.T. & Schmitt, D. (2014). The evolution of the human pelvis: changing adaptations to bipedalism, obstetrics and thermoregulation. *Philosophical Transactions of the Royal Society B*: *Biological Sciences*, 370(1663).
3. Mansfield, F. (2015). Birth and babies. Website.

16 인간 콩팥의 해양 적응

1. Maslin, M.A., Brierley, C.M., Milner, A.M. et al. (2014). East African climate pulses and early human evolution. *Quaternary Science Reviews,* 101: 1-17.
2. Wood, B. (2014). Fifty years after *Homo habilis. Nature,* 508: 501-503.
3. White, T.D., Asfaw, B., Beyene, Y. et al. (2009). *Ardepithecus ramidus* and the paleobiology of early hominids. *Science,* 64: 75-86.
4. Cerling, T.E. (2014). *Stable Isotope Evidence for Hominin Environments in Africa. Treatise on Geochemistry*, 2nd ed., Harvard University, Cambridge, MA, pp. 1213-1214.
5. Green, D.J., Gordon, A.D. & Richmond, B.G. (1997). Limb-size proportions in *Australopithecus afarensis* and *Australopithecus africanus. Journal of Human Evolution*, 52: 187-200.
6. Williams, M.F. (2011). Marine adaptations in the human kidneys. In: Vaneechoutte, M., Kuliukas, A. & Verhaegen, M. (Eds.). *Was Man More Aquatic in the Past*? Bentham Books, Danvers, MA.

17 진화가 남긴 상처

1. Pickett, R. (2018). *The Evolution of Mammals.* http://www.bobpickett.org.
2. Crawford, M.A. & Sinclair, A.J. (1972). Nutritional influences in the evolution of the human brain. In: Elliot, K. & Knight, J. (Eds.). *Lipids, Malnutrition and the Developing Brain.* Elsevier, Amsterdam, the Netherlands, pp. 267-292.
3. Morgan, E. (1990). *The Scars of Evolution.* Souvenir Press, London, UK.

4. Sarich, V. & Wilson, A. (1967). Immunological time scale for hominid evolution. *Science,* 158: 1200-1203.
5. Darwin, C. (1871). *The Descent of Man.* John Murray, London, UK.
6. Hardy, A.C. (1960). Was man more aquatic in the past? *New Sci.,* 7: 642-645.
7. Gislen, A., Dacke, M., Kroger, R., Abrahamsson, M. et al. (2003). Superior underwater vision in a human population of sea gypsies. *Current Biololgy,* 13: 833-836.
8. Grey, G. (1841). *Expeditions in Western Australia 1837-1839.* T & W Boone, London, UK.
9. Bailey, G. & Parkington, J. (1988). *The Archaeology of Prehistoric Coastlines.* Cambridge University Press, Cambridge.
10. Herkowitz, H. (2004). *The Lumbar Spine. International Society for Study of the Lumbar Spine.* Ch. 1, p. 5.
11. Corner, M. (2016). Sickness absence in the labour market. *Office for National Statistics.*
12. O'Brien, H. & Bourke, J. (2016). Vascular 'safety net' doesn't protect the brains of giraffes from dangerous pressure changes. *Anatomy to you.* January 20.
13. Dinicolantonio, J. (2017). *The Salt Fix.* Piatkus, London, UK.
14. Denton, D.A. (1965). Evolutionary aspects of the emergence of aldosterone secretion and salt appetite. *Physiological Reviews,* 45: 245-295.
15. Ng. M., Andrew, T., Spector, T., & Jeffery, S. (2005). Linkage to the *FOXC2* region of chromosome 16 for varicose veins in otherwise healthy, unselected sibling pairs. *Journal of Medical Genetics,* 42(3): 235-239.

18 먹는 음식이 바로 우리 자신이다

1. Bramble, D. & Lieberman, D. (2004). Endurance running and the evolution of *Homo. Nature,* 432: 345-352.
2. Lieberman, D., Bramble, D. et al. (2007). The evolution of endurance running and the tyranny of ethnography. A reply to Pickering and Bunn. *Journal of Human Evolution,* 53: 439-442.
3. Bender, R., Tobias, P.V. & Bender, N. (2012). The savannah hypotheses: Origin, reception and impact on palaeoanthropology. *History and Philsophy of the Life Sciences,* 34: 147-184.
4. Munro, S. (2013). Endurance running versus underwater foraging: An anatomical and palaeo-ecological perspective. *Human Evolution,* 28: 201-212.
5. Pickering, T.R. & Bunn, H.T. (2007). The endurance-running hypothesis and hunting and scavenging in savanna-woodlands. *Journal of Human Evolution,* 53(4):

434-438.
6. Speth, J.D. (1987). Early hominid subsistence strategies in seasonal habitats. *Journal of Archaeological Science,* 14: 13-29.
7. Dart, R. (1925). *Australopithecus africanus:* The Man-Ape of South Africa. *Nature,* 115: 195-199.
8. Potts, R. (1998). Environmental hypotheses of hominin evolution. *American Journal of Physical Anthropology*, 41: 93-136.
9. Verhaegen, M., Munro, S., Vaneechoutte, M. et al. (2007). The original econiche of the genus *Homo*: Open plain or waterside? In: Munoz, S. (Ed.). *Ecology Research Progress.* Nova, New York, pp. 155-186.
10. Broadhurst, C.L., Crawford, M.A. & Munro, S. (2011). Littoral man and Waterside woman: The crucial role of marine and lacustrine foods and environmental resources in the origin, migration and dominance of *Homo sapiens.* In: Vaneechoutte, M., Kuliukas, A. & Verhaegen, M. (Eds.). *Was Man More Aquatic in the Past?* Bentham Science Publishers, Brussels.
11. Larick, R. & Ciochon, R. (1996). The African emergence and early Asian dispersals of the genus *Homo. American Scientist,* 84: 538-552.
12. Arribas, A. & Palmqvist, P. (1999). On the ecological connection between sabre-tooths and hominids: Faunal dispersal events in the Lower Pleistocene and a review of the evidence for the first human arrival in Europe. *Journal of Archaeological Science,* 26: 571-585.
13. Anton, S.C., Leonard, W.R. & Robertson, M. (2002). An eco-morphological model of the initial hominid dispersal from Africa. *Journal of Human Evolution,* 43: 773-785.
14. Kennedy, G.E. (1985). Bone thickness in *Homo erectus. Journal of Human Evolution*, 14: 699-708.
15. Cenacchi, T., Bertoldin, T. et al. (1993). Cognitive decline in the elderly. A double-blind placebo-controlled multicenter study on efficacy of phosphatidyl serine administration. *Aging* (*Milano*), 5: 13-33.
16. Stevens, L.J. Zentall, S.S. et al. (1996). Omega-3 fatty acids in boys with behaviour, learning and health problems. *Physiology & Behavior*, 59: 915-920.
17. Stordy, B.T. (1997). Dyslexia, attention deficit hyperactivity disorder - do fatty acids help? *Dyslexia Review,* 9: 1-3.
18. Frasure-Smith, N., Lesperance, F. & Julien, P. (2004). Major depression is associated with lower omega-3 fatty acid levels in patients with recent acute coronary syndromes. *Biological Psychiatry,* 55: 891-896.
19. Peet, M.I. & Stokes, C. (2005). Omega-3 fatty acids in the treatment of psychiatric

disorders. *Drugs,* 65: 1051-1059.
20. Parker, G., Gibson, N.A. et al. (2006). Omega-3 fatty acids and mood disorders. *American Journal of Psychiatry*, 163: 969-978.
21. Nurk, E., Drevon, C.A., Refsum, H. et al. (2007). Cognitive performance among the elderly and dietary fish intake: the Hordaland Health Study. *American Journal of Clinical Nutrition*, 86: 1470-1478.
22. Hibbeln, J.R. (2002). Seafood consumption, the DNA content of mother's milk and prevalence rates of postpartum depression: A cross-national, ecological analysis. *Journal of Affective Disorders*, 69: 15-29.
23. Catalan, J., Moriguchi, T. et al. (2002). Cognitive deficits in docosahexaeonic acid-deficient rats. *Behavioral Neuroscience,* 116: 1022-1031.
24. Lim, S.Y., Hoshiba, J., Moriguchi, T. & Salem, N. (2005). N-3 fatty acid deficiency induced by a modified artificial rearing method leads to poorer performance in spatial learning tasks. *Paediatric Research*, 58: 741-748.
25. Fedorova, I., Hussein, N. et al. (2007). An n-3 fatty acid deficient diet affects mouse spatial learning in the Barnes circular maze. *Prostoglandins Leukotrienes Essential Fatty Acids,* 77: 269-277.
26. Stewart, K.M. (1994). Early hominid utilisation of fish resources and implications for seasonality and behaviour. *Journal of Human Evolution,* 27: 229-245.
27. Clark, J., Beyene, Y. et al. (2003). Stratigraphic, chronological and behavioural contexts of Pleistocene *Homo sapiens*from Middle Awash, Ethiopia. *Nature,* 423: 747-752.
28. Feibel, C., Harris, J. & Brown, F. (1991). Palaeoenvironmental context for the late Neogene of the Turkana Basin. In: Harris, J. (Ed.) *Koobi Fora Research Project Vol. 3. The Fossil Ungulates: Geology, Fossil Artidodactyls, and Palaeoenvironments.* Clarendon Press, Oxford, UK, pp. 321-370.
29. Cunnane, S.C. & Stewart, K.M. (Eds.) (2010). *Human Brain Evolution. The Influence of Freshwater and Marine Resources*. John Wiley & Sons, Hoboken, NJ.
30. Munro, S. (2010). *Molluscs as Ecological Indicators in Palaeoanthropological Contexts.* PhD Thesis, Australian National University, Canberra, Australia.
31. Yeshurun, R., Bar-Oz, G. & Weinstein-Evron, M. (2007). Modern hunting behaviour in the early Middle Paleolithic: Faunal remains from Misliya Cave, Mount Carmel, Israel. *Journal of Human Evolution,* 53(6): 656-677.
32. Barker, G. (2009). *The Agricultural Revolution in Prehistory: Why Did Foragers Become Farmers?* Oxford University Press, Oxford.

33. Bocquet-Appel, J-P. (2011). When the world's population took off: the springboard of the Neolithic demographic transition. *Science,* 333: 560-561.
34. Pollard, E., Rosenberg, C. & Tigor, R. (2015). *Worlds Together, Worlds Apart Concise Edition.* Vol. 1. W.W. Norton, New York.
35. Lewin, R. (2009). The origin of agriculture and the first villagers. In: *Human Evolution: An Illustrated Introduction.* John Wiley & Sons. Malden, MA, p. 250.
36. Armelagos, G. (2014). Brain evolution: The determinants of food choice and the omnivore's dilemma. *Clinical Reviews in Food Science and Nutrition,* 54(10): 1330-1341.
37. Borlaug, N. (1970). The Green Revolution, Peace, and Humanity-Nobel Lecture, December 11, 1970.
38. Hazell, P.B.R. (2009). *The Asian Green Revolution.* IFPRI Discussion Paper. International Food Policy Research Institute.
39. Global Report on Food Crises. (2018). *World Food Programme.*

19 놀라운 여정

1. Maclarnon, A. (2011). The anatomical and physiological basis of human speech production: Adaptations and exaptations. In: Tallerman, M. & Gibson, K. (Eds.). *The Oxford Handbook of Language Evolution.* Oxford University Press, Oxford.
2. Lieberman, D. (2008). Speculations about the selective basis for modern human craniofacial form. *Evolutionary Anthropology,* 17: 55-68.
3. Deutscher, G. (2006). *The Unfolding of Language: An Evolutionary Tour of Mankind's Greatest Invention.* Holt, New York.
4. Borlaug, N. (1970). The Green Revolution, Peace, and Humanity—Nobel Lecture, December 11, 1970.
5. Hazell, P.B.R. (2009). *The Asian Green Revolution.* IFPRI Discussion Paper. International Food Policy Research Institute.
6. Lozano, R. et al. (2012). Global and regional mortality from 235 causes of death for 20 age groups in 1990 and 2010: A systematic analysis for the Global Burden of Disease Study 2010. *Lancet,* 380(9859): 2095.
7. Andlin-Sobocki, P., Jonsson, J. et al. (2005). Cost of disorders of the brain in Europe. *European Journal of Neurology,* 12(1): 1-27.
8. Crawford, M.A. & Crawford, S.M. (1972). *What We Eat Today.* Neville Spearman, London, UK.
9. Crawford, M.A., Hussein, I., Nyuar, K.B. & Broadhurst, C.L. (2014). The global crisis in brain nutrition and the rise in mental ill-health. *Human Evolution,* 29(1-3):

207-227.
10. Hallahan, B., Hibbeln, J.R. et al. (2007). Omega-3 fatty acid supplementation in patients with recurrent self-harm, single-centre, double-blind randomized controlled trial. *British Journal of Psychiatry,* 190: 118-122.
11. Meyer, B.J., Grenyer, B.F., Crowe, T. et al. (2013). Improvement of major depression is associated with increased erythrocyte DHA. *Lipids.* Jun 4 online.
12. Stuart, K. & Soulsby, E.J.L. (2011). Reducing global health inequalities. Part 2: Myriad challenges. *Journal of the Royal Society of Medicine,* 104: 442-448.
13. Fagan, J.J. & Jacobs, M. (2009). Survey of ENT services in Africa: need for a comprehensive intervention. *Global Health Action,* 2: 1932. doi:10.3402/gha.v2i0.1932.
14. Stefan, D.C. (2015). Cancer care in Africa: An overview of resources. *Journal of Global Oncology*, 1(1): 30-36.
15. World Health Organisation. (2000). Obesity: Preventing and managing the global epidemic. WHO Technical Support Series. No 894. WHO, Geneva, Switzerland.
16. Eberwine, D. (2002). Globesity: The crisis of growing proportions. *Perspectives of Health,* 7: 3.
17. Prospective Studies Collaboration, Whitelock, G., Lewington, S. et al. (2009). Body-mass index and cause-specific mortality in 900 000 adults: Collaborative analyses of 57 prospective studies. *Lancet,* 373: 1083-1096.
18. Berrington de Gonzalez, A., Harge, P. et al. (2010). Body-mass Index and mortality among 1.46 million white adults. *New England Journal of Medicine* 363: 2211-2219.

그림 출처

그림 1.1 *Harper's Weekly*
그림 1.2 Peter Rhys-Evans
그림 1.3 Science Photo Library/Science Source
그림 1.4 Don Mammoser/Shutterstock
그림 2.1 Times Newspapers Limited
그림 2.2 Times Newspapers Limited
그림 3.1 Peter Rhys-Evans
그림 3.2 Glen Fergus
그림 3.3 The Library of Congress, Prints and Photographs Division(Reproduction number LC-DIG-matpc-00451; digital file from original photo)
그림 3.4 Peter Rhys-Evans
그림 4.1 Peter Rhys-Evans
그림 4.2 Dr. Donald Johanson
그림 4.3 Chris Howes/Wild Places Photography/Alamy
그림 4.4 Peter Rhys-Evans
그림 5.1 Chronicle/Alamy
그림 5.2 Science Photo Library/Science Source
그림 5.3 Thipjang/Shutterstock
그림 6.1 Michael Poliza National Geographic; Air Images/Shutterstock
그림 6.2 Courtesy of Natural History Museum, London/Bridgeman Images
그림 7.1 Peter Rhys-Evans
그림 7.2 Henry Vandyke Carter, *Anatomy of the Human Body* (1918)
그림 7.3 Wael Khamas, Hrvoje Smodlaka, Jessica Leach-Robinson and Lauren Palmer, "Skin histology and its role in heat dissipation in three pinniped species," *Acta Veterinaria Scandinavica*, 54: 46 (2012)
그림 9.1 udaix/Shutterstock
그림 9.2 Wilburn White/123RF
그림 9.3 Jakub Krechowicz/Shutterstock
그림 9.4 Peter Rhys-Evans

그림 9.5 E. Denion et al., "Unique human orbital morphology compared with that of apes," *Sci. Rep.* 5, 11528; doi: 10.1038/srep11528 (2015)
그림 9.6 Dorling Kindersley/Science Source
그림 10.1 Netfalls Remy Musser/Shutterstock
그림 11.1 Science Photo Library/Science Source
그림 11.2 Peter Rhys-Evans
그림 11.3 Peter Rhys-Evans
그림 11.4 Miles Away Photography/Shutterstock
그림 11.5 P. J. Pérez, A. Gracía, I. Martínez and J. L. Arsuaga, "Paleopathological evidence of the cranial remains from the Sima de los Huesos Middle Pleistocene site (Sierra de Atapuerca, Spain). Description and preliminary inferences," *Journal of Human Evolution*, 33: 412 (1997).
그림 12.1 Peter Rhys-Evans
그림 12.2 Medicalstocks/Shutterstock
그림 12.3 Medical gallery of Blausen Medical (2014)
그림 12.4 Peter Rhys-Evans
그림 13.1 The Royal Society
그림 13.2 Fotosearch
그림 13.3 deMenocal et al., "Climate and the peopling of the world," *Nature*, 538: 49-50 (2016)
그림 13.4 World History Archive/Alamy
그림 14.1 Jeffrey Laitman
그림 14.2 J. T. Laitman, *La recherche*, 181(17): 1165-1173 (1986) [Figs. 1 and 6]
그림 14.3 National Institute of Health
그림 15.1 M. Ponce de León and Ch. Zollikofer, University of Zurich
그림 15.2 Llapissera
그림 16.1 Library of Congress, Prints and Photographs Division (Reproduction number LC-DIGmatpc-00451; digital file from original photo)
그림 16.2 Peter Rhys-Evans
그림 16.3 Peter Rhys-Evans
그림 17.1 Gudkov Andrey/Shutterstock
그림 17.2 Peter Rhys-Evans
그림 18.1 Norman Einstein
그림 18.2 Strannik_fox/Shutterstock

찾아보기

ㅊ

ㅋ

ㅌ

ㅍ

ㅎ